ラヌルフ・ファインズ 著
小林政子 訳

Shackleton

極地探検家
シャクルトンの生涯

国書刊行会

1　アーネスト・シャクルトン（後列で立つ）と弟のフランク（前列で座る）および8人姉妹。

2　11歳のアーネスト・ヘンリー・シャクルトン、ダリッジ校で。

3　商船隊に入り、1890年4月に16歳で初めてホートンタワー号に乗船。

4　1885年、シデナムのファーロッジ小学校。1889年までダリッジ校へ通学。

5　1902年２月４日、ディスカバリー号がクジラ湾の棚氷に上陸した後実施した偵察気球の処女飛行。

6　スコットとウィルソンと共に南極での最長記録を達成してロンドンへ戻った時のシャクルトン。1909年夏にはあらゆる新聞に彼の顔が掲載され、国民的英雄になった。

7　バーバリーの極地服を着てポーズするシャクルトン。スコットはディスカバリー号隊員用にイヌイットの動物皮や毛皮ではなくバーバリーを選んだ。

8　1904年11月ロンドンに帰還したディスカバリー号一行。シャクルトン（下列左から4番目）は先に帰国を命じたスコットを許していなかったが、写真撮影に参加。

9　エミリー・ドーマンは1904年4月9日にウエストミンスターのクライストチャーチでアーネスト・シャクルトンと結婚。35歳で、夫より6歳年上だった。

10　ロイズ岬の海岸基地の小部屋。

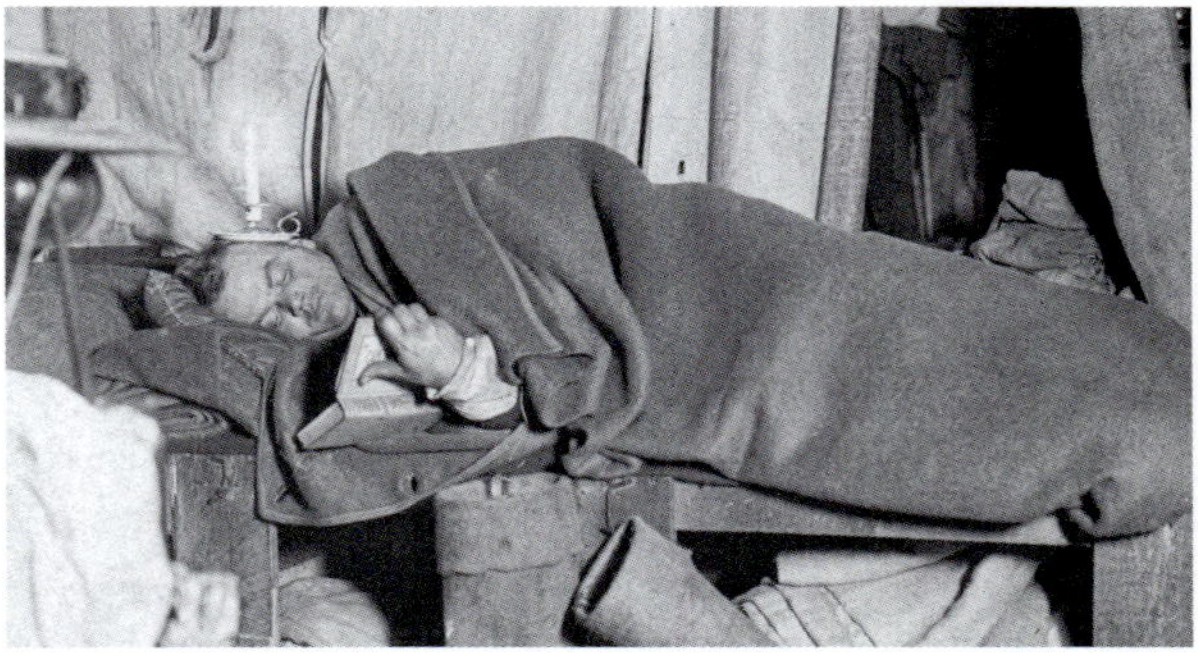

11　遠征隊の画家のジョージ・マーストン。ロイズ岬の冬季基地にて。「笑顔を絶やさない太ったコメディアン」と呼ばれた。

12　(a.) チェスで過ごす。
(b.) 1990年の南極大陸横断（マイク・ストラウドは血液サンプルをチェスの駒にした）。

(c.) アロール・ジョンソン製自動車。南極では初めて使用され、バーナード・デイが極点を目指して出発直後の数マイルを運転。

(d.) 4頭のポニーがソリを引いた。

13　シャクルトン一行は南極点を目指して９日後に54マイル（約87キロ）進んだ。ディスカバリー号の時に同じ日数で進んだ距離よりも長かったが、その直後に暴風雪に見舞われ、嵐が収まるまでテントに閉じこもるしかなかった。１マイル、１マイルが大事で「夢に向かう厳しい試練だ」とシャクルトンは記した。

14　（左から）ワイルド、シャクルトン、アダムズ、そしてマーシャル。南極での最長記録を達成して戻った後ニムロド号上で。

15　1909年６月12日付『イラストレイテッド・ロンドン・ニュース』の切り抜き。シャクルトンは帰国を歓迎する観衆の波に囲まれ「時の英雄」と報じられた。

16　1908年９月のシャクルトン。当時はまだ南極点への最短地点到達の英雄だった（1911年12月14日ローアル・アムンセンのノルェー隊が初到達に成功)。

17　1909年の欧州巡回講演中にコペンハーゲンで花束を贈られるシャクルトン夫妻。

18　シャクルトンの巡回講演中の新聞の切り抜き。

19　つねに女性に人気のシャクルトン。1914年７月のガーデンパーティで。

20　1915年1月、氷に閉じ込められたエンデュアランス号。1914年〜16年の帝国南極横断探検隊（ウェッデル海隊）。船は10カ月以上も流氷に流された末、10月に氷のために壊れ始めた。

21　(a.) 1915年、サッカーに興じるエンデュアランス号の隊員。(b.) 1980年南極でクリケットをする著者。

22　1915年６月22日の冬至に太陽が戻ってくることを祝う食事会。極地探検家たちの伝統。

23　(a.) 犬のサムソンを抱えるハッセー。この写真はしばしば「最大の犬と最小の男」というキャプションが付く。
(b.) ディスカバリー号上で愛犬のテリアを抱くスコット隊長。著者の亡き妻ジニーは南北両極にジャック・ラッセル・テリア（イギリス原産の小型テリア）のボシーを連れて行った。

(a.) シャクルトンは42歳のニュージーランド人、フランク・ワースリー船長をすぐに気に入った。彼は腕が良く、冒険好きで、南極への航海に向いていた。彼は優秀な仲間になりシャクルトンと同じくらい話し上手だった——エンデュアランス号の船長に最適任者だった。

(b.) シャクルトンはディスカバリー号当時からトム・クリーンを熟知していた。自分と同じくアイルランド出身で、元イギリス海軍軍人であり、最悪の条件下でもユーモアで受け流した。エンデュアランス号では二等航海士（兼料理人）に任命された。クリーンはシャクルトンの直感を信頼し、彼の指導力に疑問を投げかけたことはなかった。その忠実さを買われてワースリーとともにシャクルトンに同行してサウスジョージア島へ渡った。

(c.) フランク・ワイルドはディスカバリー号とニムロド号でシャクルトンと親しくなり、彼の代理に任じられた。つねに誠実なワイルドはどんな社会的地位の人間でも自己の権威を失うことなく、全隊員とうまくやれた。誰からも尊敬され信頼された。

(d.) 隊員の仕上げは29歳のオーストラリア人写真家のフランク・ハーリーで、モーソンと１年間氷上にいて戻ったばかりだった。ハーリーは探検隊の唯一の写真担当であり、「写真が撮れるところならどこへでも行くし、何でもする」写真家だった。

25 (a.) 1915年2月14〜15日、氷から最後の脱出を試みる。氷との闘いは絶え間なかった。
(b.) 1982年の著者の世界遠征隊（Trans Globe Expedition）の際中、チャーリー・バートンが開水路を横断する筏にするために流氷を切っているところ。

26 1982年、流氷に囲まれた著者の世界遠征隊の船。

27　1977年、流氷上で凍結を待つ著者とオリバー・シェパード。

28　沈没するエンデュアランス号を見守るフランク・ワイルド。

29　エンデュアランス号の沈没後、最も近い陸地に避難するために救命ボートをソリにして人力運搬するのを監督するシャクルトン。

30　エンデュアランス号の沈没後、乾いた陸地に行けなくなったので、一行は固い流氷上に基地を設けて「オーシャン基地」と名付けた。一行は5つのテントに分散したが、問題も浮かび上がった——海へ漂い出ることや、周囲の流氷が崩れる危険である。

31　(a. b.)　エレファント島に残る隊員に別れを告げる際、シャクルトンは責任の重さを痛感した。全員がシャクルトンを信頼し、彼は一人も残さず全員を帰国させる決意だった。「船長、隊員たちが私の戻るのを待っている間に私に何かあったら、殺人者のような気持ちになる」とワースリーに語った。

32　エレファント島残留の22人は２隻の救命ボートで〈小屋〉を造り、４カ月間その中で暮らした。

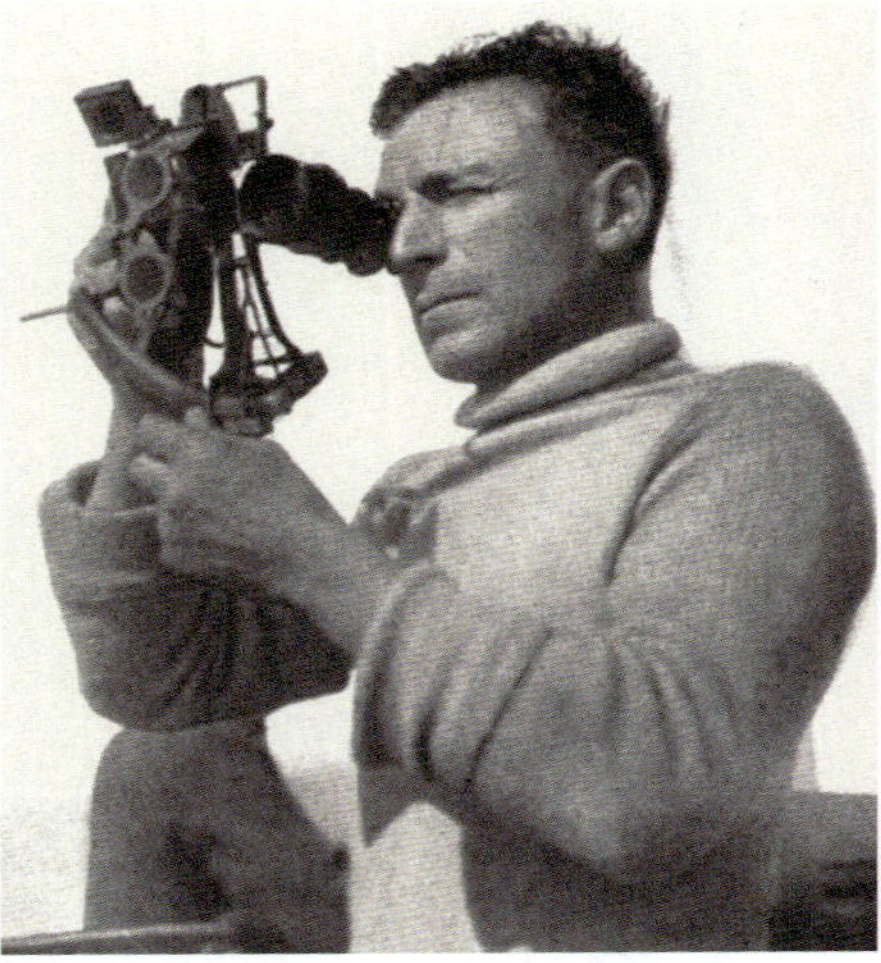

33　(a. b.)　私たちの1979～80年の南極横断時の航海法はシャクルトンの時とまったく同じだった。極軌道衛星もサトナブ（satnav　衛星を利用した航法）も、GPS（やスマートフォーン）もなかった。現在地を知るには、ワースリーと同じく経緯儀や六分儀を使った。

34　文明世界に戻った翌日、クリーンとシャクルトン、ワースリーはフスビクでトム船長（右から2番目）と撮影。風呂に入り、髭を剃り、身なりを整えた後、シャクルトンの最大の関心事はエレファント島の仲間たちのことで、一刻も早く救出する決意だった。

35　ウェッデル海へ向かうエンデュアランス号上のシャクルトン一行。一方、アエネアス・マッキントッシュ率いるオーロラ号一行がロス海から南極大陸横断チームのためのデポ設置のために出発。

36　ロス海組捜索でオーロラ号救出隊の先頭に立つシャクルトン。エバンス岬から戻る途中6人と出会うが、マッキントシュとスペンサースミス、ヘイワードの3名は命を落としていた。オーロラ号は遺体を発見できずにニュージーランドへ戻った。シャクルトンは「私は一人の命も失わなかった」ともう言えなくなった。

37　クエスト号探検隊の出発直前のアーネスト・シャクルトン。47歳。

38　1921年９月17日、クエスト号はシャクルトン＝ローウェット探検隊を乗せてタワーブリッジを通りセント・キャサリン・ドックから南極へ向かった。

39　1979年９月２日、ベンジャミン・ボウリング号は、著者の極地周回の旅の海洋部分を完成させる目的で３年間の航海に出発。

40　1922年５月、クエスト号を預かるワイルドは、同号でシャクルトンの墓参のためサウスジョージア島を再訪。

41　1922年1月5日のシャクルトンの死去を追悼するため、サウスジョージア島のドゥーゼフェルの坂の上に、仲間たちによって十字架で囲まれたケルン（積石の墓標）が立てられた。

極地探検家　シャクルトンの生涯

Shackleton
A Biography
by RANULPH FIENNES

First published as SHACKLETON in 2021 by Michael Joseph,
an imprint of Penguin Books.
Penguin Books is part of the Penguin Random House group of companies.

Japanese translation rights arranged with Penguin Books
a division of The Random House Group Limited, London
through Tuttle-Mori Agency, Inc., Tokyo

本書をアーネスト・シャクルトンの探検隊の隊員と支援者に、
また、私の探検隊の隊員と支援者に捧げる。

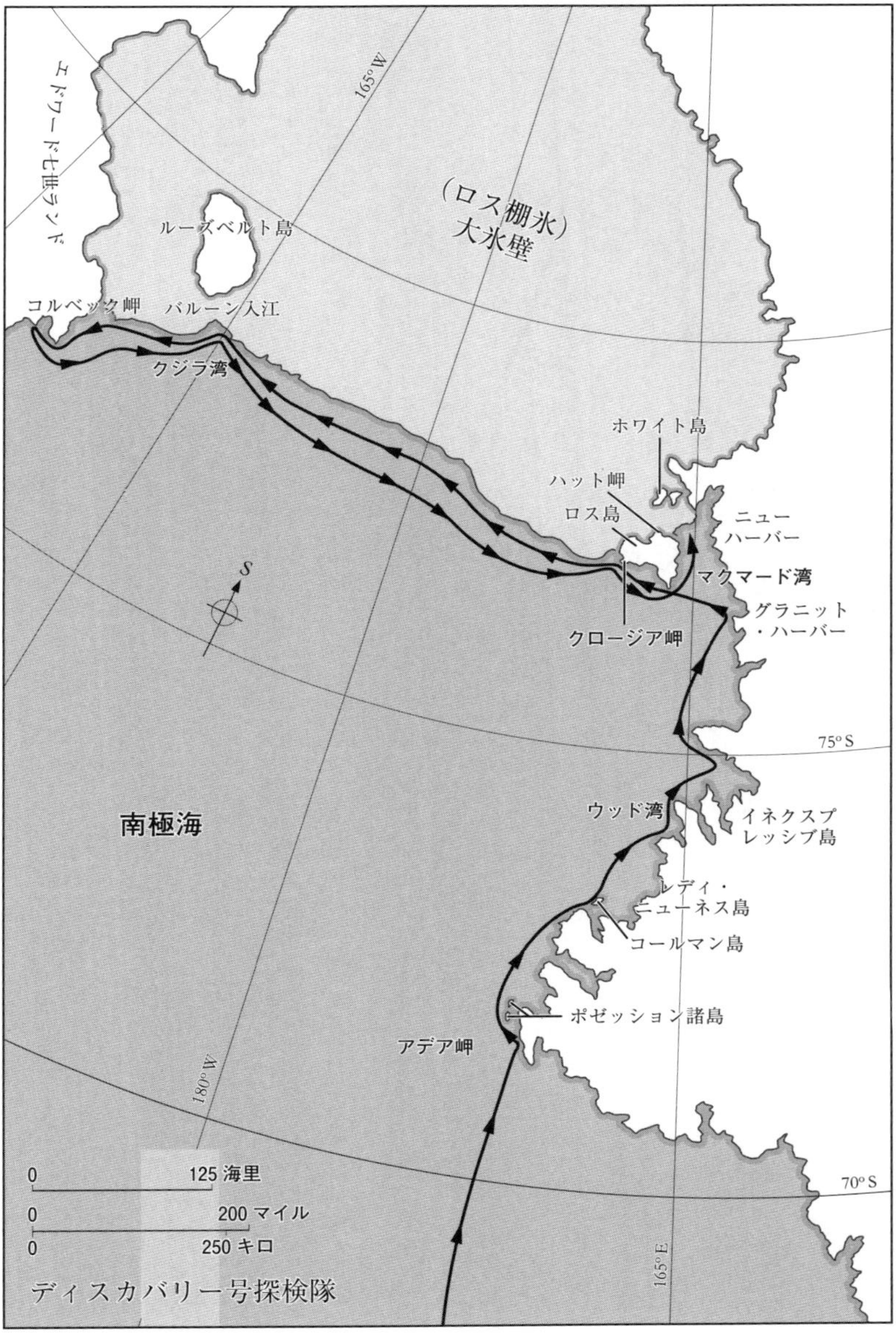
エドワード七世ランド
165° W
（ロス棚氷）
大氷壁
ルーズベルト島
コルベック岬
バルーン入江
クジラ湾
ホワイト島
ハット岬
ロス島
ニュー
ハーバー
マクマード湾
S
グラニット
・ハーバー
クロージア岬
75° S
ウッド湾
南極海
イネクスプ
レッシブ島
レディ・
ニューネス島
コールマン島
ポゼッション諸島
アデア岬
180° W
0
125 海里
0
200 マイル
0
250 キロ
70° S
165° E
ディスカバリー号探検隊

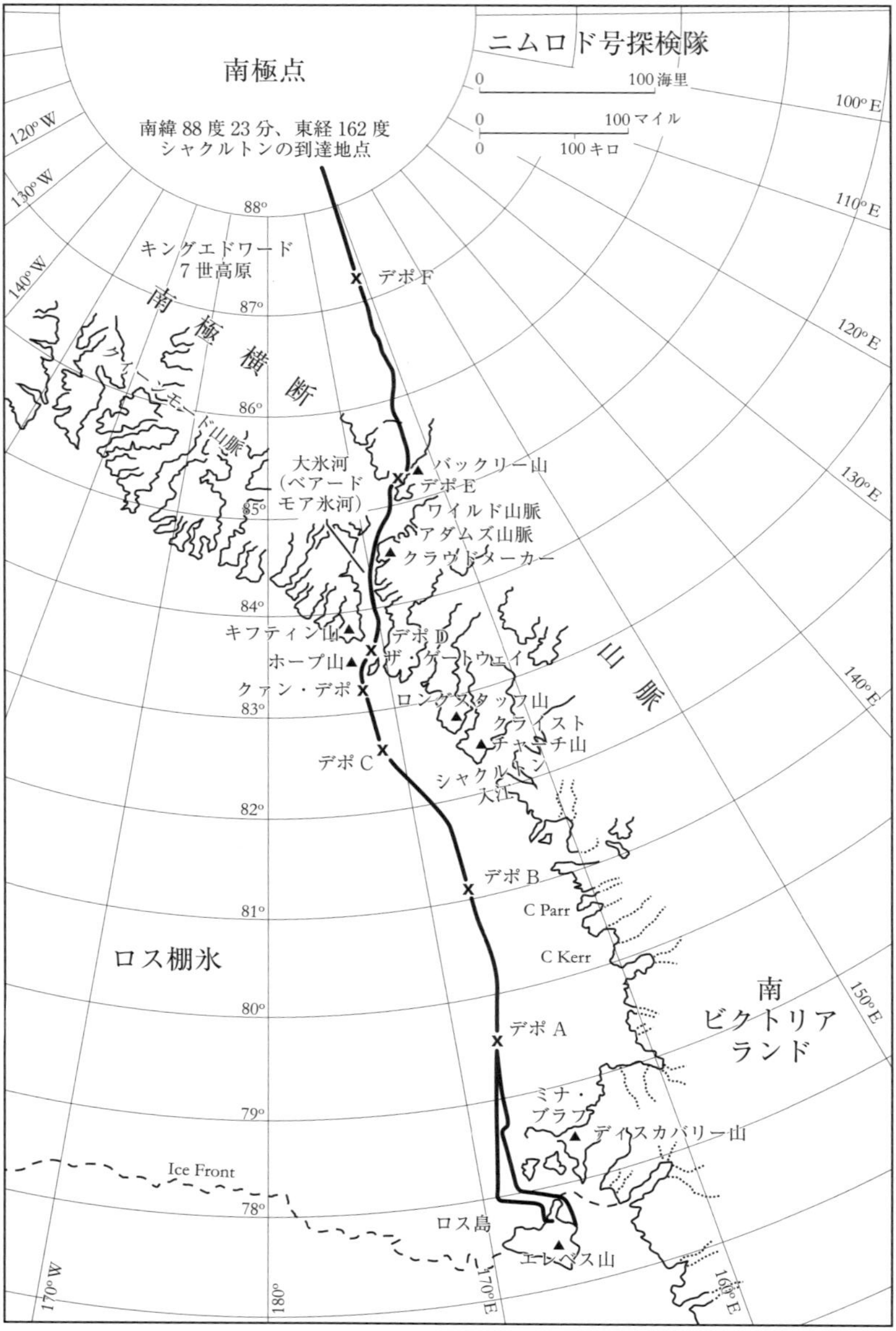
ニムロド号探検隊
0 100海里
0 100マイル
0 100キロ
南極点
南緯88度23分、東経162度
シャクルトンの到達地点
88°
87°
86°
85°
84°
83°
82°
81°
80°
79°
78°
120° W
130° W
140° W
170° W
180°
170° E
160° E
100° E
110° E
120° E
130° E
140° E
150° E
キングエドワード
7世高原
デポF
南極横断山脈
クィーンモード山脈
大氷河
（ベアードモア氷河）
バックリー山
デポE
ワイルド山脈
アダムズ山脈
クラウドメーカー
キフティン山
デポD
ホープ山
ザ・ゲートウェイ
クァン・デポ
ロングスタッフ山
クライストチャーチ山
デポC
シャクルトン大江
デポB
C Parr
C Kerr
ロス棚氷
南ビクトリアランド
デポA
ミナ・ブラフ
ディスカバリー山
Ice Front
ロス島
エレバス山

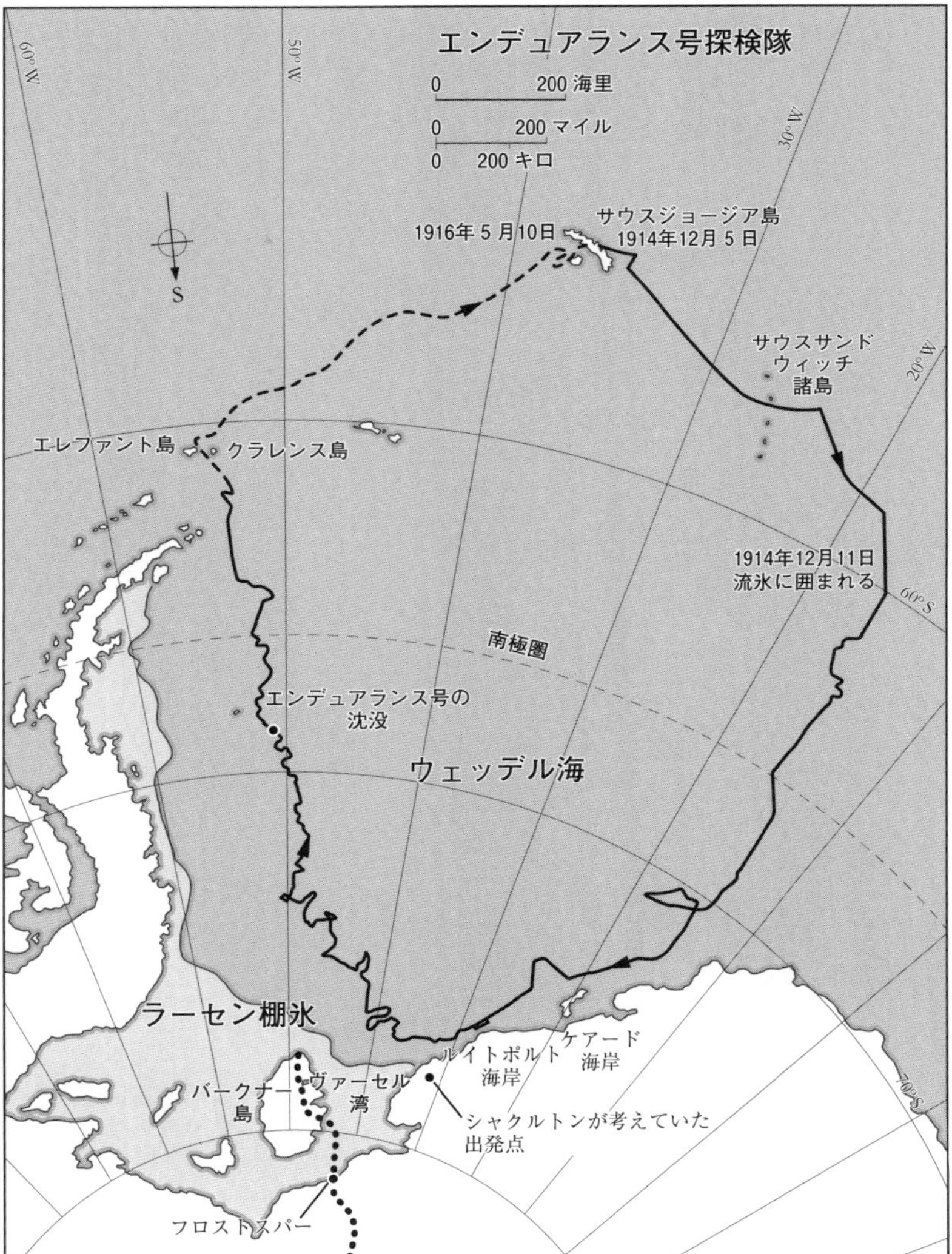

エンデュアランス号探検隊
0 200 海里
0 200 マイル
0 200 キロ
60°W
50°W
30°W
20°W
60°S
70°S
S
1916年 5 月10日
サウスジョージア島
1914年12月 5 日
サウスサンド
ウィッチ
諸島
エレファント島
クラレンス島
1914年12月11日
流氷に囲まれる
南極圏
エンデュアランス号の
沈没
ウェッデル海
ラーセン棚氷
ルイトポルト
海岸
ケアード
海岸
バークナー
島
ヴァーセル
湾
シャクルトンが考えていた
出発点
フロストスパー
南　極
シャクルトンの帝国南極横断探
検隊のルート（1914－1917）
著者とマイク・ストラウドのポ
ープ山へのルート（1992－1993）

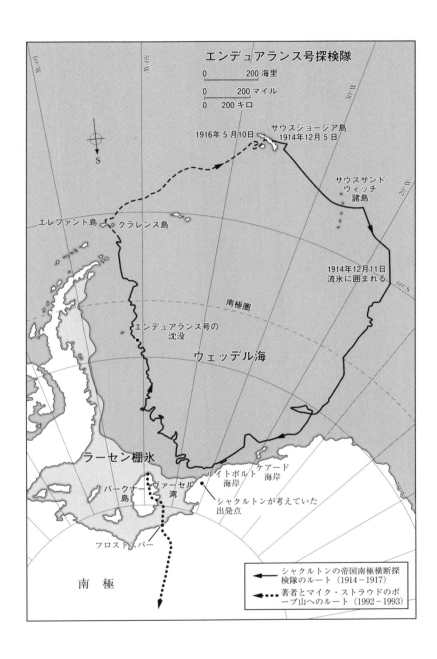

目次

序文

一九六四年の猛暑の中、私はロイヤルスコッツグレイズ連隊のカヌークラブの用務で急いでロンドンへカヌーを買いに行った。いわゆる「スウィンギング・シックスティーズ」（訳注　ロンドンの若者文化が盛んだった六〇年代）の真っただ中であり、私は一も二もなく宿舎を飛び出して活気あふれる市内へ行きたかった。

ウォータールー駅でタクシーを拾い、川面がきらめくテムズ川を渡るとき一隻の船の上が何やら騒がしかった。よく見ようとして首を曲げたり延ばしたりしていると、運転手が肩越しに「アーネスト・シャクルトンですよ……有名な探検家の」と大声で言った。

シャクルトン……名前を聞いただけで私の胸はときめいた。子供の頃からいろいろ話を聞いていて心を奪われていた。シャクルトンは未知の土地の探検家にして征服者であり、感動的な救出劇も演じた。彼の名前は南極を連想させ、勇気とリーダーシップという美点とも結びついていた。普通の人だったシャクルトンは偶像となり、その活躍は英国史に永遠に刻まれた。

死後四十二年目のこの日、テムズ川では記念行事が行われていた。彼はここから大勢の崇拝者の声援を浴びて数々の冒険に出発したのだ。時が経ってもシャクルトン伝説は消えていないようだった。後で知ったのだが、あの夜、船上には探検家仲間、報道陣、崇拝者らとともに、彼が亡くなったときに側にいた二人の医師アレクサンダー・マクリンとジェームズ・マッキルロイもいた。シャクルトンには弱点や失敗が多々あったのに、誰もがその魔力に触れたいと思っているようだったし、その魔力のせいでビクトリア朝時代の有名な極地探検家の中でも際立つ存在だった。

私は船が通り過ぎるのを少し眺めていたが、すぐに野暮用を思い出した。カヌーの購入だ。しかし、それはさておき、何のことはないこの瞬間が私の今後の道を決めることになった。

私は七〇年代初めに除隊し、仕事が必要なこともあってノルウェーとカナダの人里離れた河川や氷河の探検を始めた。その後、冒険心を刺激され、野心と自信が高まってスコットやシャクルトンが、そして、あの有名なノルウェーのローアル・アムンセンさえ果たせなかった極地への最大の挑戦に挑んでやろうという気になっていた。

その手始めが世界遠征隊（Trans Grobe Expedition）だった。七年間の資金集めと準備の後、一九七九年に私たちの遠征隊は出発した。飛行機を使わずに北極と南極の両極を巡る初の世界一周が目的だった。この遠征は、南極点到達はもちろんだが、かつてのシャクルトンの夢だった南極大陸を横断する。遠征中には、ビクトリア朝時代の有名探検家たちが目にすることも、横断すら考えられなかった土地に着目することができた。シャクルトンと彼の同時代の探検家たちと同じように、私たちは極軌道衛星時代以前であり、ＧＰＳや衛星ナビゲーション、衛星電話なしで、六分儀と経緯儀《セオドライト》、ハンドコンパスを使って進んだ。

一九九三年にはさらに一歩前進し、探検仲間のマイク・ストラウドと一緒に食糧投下や輸送、機器類の支援なしで初めて南極大陸を横断した。私たちは九十二日間、四百八十五ポンド（約二百二十キロ）の荷物を引きずって雪と氷、危険なクレバス、山々を越えて行った。その間はつねに飢えと凍傷、雪盲《せつもう》、それに、いつクレバスに落ちるかもしれない危険と隣り合わせだった。一九九六年には極地の目的がほぼ達せられたので、私は初の無支援・南極単独横断に挑戦しようと考えた。

とは言え、これらの遠征で私はシャクルトンという人物と冒険に独自の見解を持つようになった。過去数十年間シャクルトン伝説は高まりを見せて本や映画がぞくぞくと市場にあふれた。こうして彼の準備と決断について様々な議論が出たが、全部が全部好意的なものではなかった。本の中には確かに娯楽や教育目的のものもあったが、事実が捻じ曲げられていたり、嘘があったり、腹立たしい内容のものもあった。

私が本書の執筆を思い立ったのはそれが理由である。もちろん、改めてシャクルトンが歩いた道を辿り、彼の探検を繰り返す必要はなかった。しかし、聞きなれた話の焼き直しで終始したくなかった。私の目的は、どれほどの価値があるかは分からないが、私自身の視点から伝説を解明して充実させたいことだった。地獄の苦しみについて書くということは、そこでは役に立つことは確かだし、これまでのシャクルトンの伝記作家には文明から遥かに離れた地で重いソリの荷物を引きずり、ベアードモア氷河の雪原の大クレバスを進み、未知の雪原を探検し、凍傷の足で千マイル（千六百キロ）も踏破した者はいない。

死後百年になろうとする現在でもシャクルトンの偉業は光を放ち続けており、今日でも信じ難いほどのシャクルトンの物語を味わっていただきたい。

第一部

「すると、ガレー船の悪臭がし、船乗りの呪いが聞こえた」

1

アーネスト・シャクルトン少年の寝室から聞こえてくるクスクス笑いや悲鳴、奇声は、姉妹がまた彼の作り話に夢中になっているしるしだった。シャクルトン家の八人姉妹は完全に兄（弟）の手中にはまっていた。金髪で天使のような瞳の少年は立ったまま姉妹の一人一人を見つめながら想像たくましく語っていた。数週間前に友だちとロンドンへ行ったとき、ロンドン中が炎に呑まれそうなほどの大火があった。二人はどうにか無事に逃れたが、それでロンドン橋の近くに「ロンドン大火の記念塔」が建てられたのだと言った。

変な話なのに、シャクルトン家の姉妹は本当だと信じ込んだ。語り口はそれほど微に入り細を穿ち、姉妹はひと言も聞き漏らすまいとしていた。この信じられない話に疑問が投げかけられると少年は楽々とそれをかわした。姉妹は、信じられなくても、彼の世界に浸るのが楽しかった。

この「ロンドン大火の記念塔」の話はシャクルトンが少年時代から偉大なことをして誰からも尊敬される英雄になりたいと思っていたことを示している。彼は生涯それに徹した。

この話は、相手も自分をも信じ込ませてしまうほど語るのが上手かったということだ。これは後に彼の貴重な特性になった。人々の信頼を勝ち得て、遠征の資金づくりや、不可能に見えることでも他者を説得して思い通りに動かし、また、生計を立てることにも役立っただろう。彼の話を信じて操られるのは差し当たってシャクルトン家の姉妹だけだったが、将来この才能は存分に生かされることとなる。

若い頃はいろいろな夢があったが、期待を寄せたのは家族だけだったようだ。アーネスト・シャクルトンは一八七四年にアイルランドで生まれた。母ヘンリエッタはいつも青い目を輝かせて微笑む息子にうっとりした。彼の周囲には弟の動きを見逃すまいとつねに姉たちが走り回り、幼いシャクルトンは兄弟姉妹の中心だった。これは彼の全生涯を通しての特徴で、後に姉のキャサリンはこう振り返った。「航海から戻って家に着くなり『おいでよ』とみんなを呼び、横になって『ズーレイカ、何か面白いことはないの。ファーティマも。誰か楽しい話を聞かせてよ』と言いました。もちろん私たちは全員が大歓迎でした」。

愛情溢れた一家だったが、シャクルトン家の土台は揺らいでいた。父親のヘンリー・シャクルトンは一八七二年以来ダブリンから三十マイル（四十八キロ）離れたキルデア県キルキアで農家を営んでいた。しかし、一八八〇年には環境は厳しくなっていた。アメリカの小麦生産が大幅余剰となり、また小麦輸出港へ通じる道路整備により最小限のコストでの輸出が可能になった。これによりヨーロッパは激しい競争に晒されて農業不況に陥った。ヘンリーはこれを凶兆と受け取り、一八八〇年に農場を売却し、一家でダブリンへ引越すと、ダブリン大学トリニティ・カレッジで医学を学んだ。

ところが、ヘンリーの学業が終わるやいなやアイルランド民族運動の激化で社会不安が生じ、一八八四年にイギリスへ転居してクロイドンで開業した。半年後に一家はさらにシデナムへ移り、ヘンリーは事業を築いた。そのときシャクルトンは十歳で、一家の注目を集める存在だった。それが急変した。ダリッジのファーロッジ小学校に入学すると、アイルランド訛りで虐められ、除け者にされた。「ミック」（訳注　軽蔑的。ローマカトリック系のアイルランドに多いマイケルの愛称）のあだ名をつけられたが、シャクルトンはそんな嘲りに拳で応えた。級友の一人は「取っ組み合いがあるところには必ず彼がいた」と言った。

シャクルトンは訛りを直してイギリス南部に近い話し方をするようになったが、ミックのあだ名はつきまとった。だが、やがてそれを喜んで受け入れ、手紙にも「ミッキー」と署名したので苛めっ子の武器にはならなくなった。やがて分かるのだが、人生の予期せぬ危機を軽々とかわすシャクルトンの能力は恵まれた才能の一つだった。

シャクルトンは十三歳で自宅近くのパブリックスクールのダリッジ校に入学した。入学当初はまた除け者にされ、喧嘩を繰り返しがちで「喧嘩っ早いシャクルトン」のあだ名がついた。グループ遊びを好まず、スポーツ好きでもなく、クラスの怠け者だった。通知表には「積極性が足りない」、「無気力」、「元気がない」そして「物事をきちんとやることが大事」などの指摘があった。

シャクルトンが興味を引かれたのは文学だった。父親は子供たちに詩を読むように勧め、シャクルトンはテニソンの詩が好きで次々に引用した。朗読も好きで、とくに大英帝国から遠い地での勇敢な物語を好んだ。雑誌『ボーイズ・オウン』がお気に入りで毎週土曜日に一ペニーで買っていた。ライダー・ハガードとジュール・ヴェルヌの本、中でも『海底二万里』のネモ船長の冒険を貪り読んだ。

架空の冒険物語を読み漁っていた間も現実から遠く離れたものを見る必要はなかった。十八世紀末の大英帝国は世界の大陸の五分の一、地球上の人間の四人に一人――四億人以上――を支配する最大の国だった。一八八七年、シャクルトンが十三歳の時、ビクトリア女王即位五十年記念祝賀行事が熱狂的に行われ、愛国心と誇りは頂点に達した。女王と国家のために逆境を乗り越えて新大陸を征服できる探検家は誰でも大いなる栄誉と地位が得られた。遥かに遠い危険な土地を探検して有名になったサー・ヘンリー・モートン・スタンリーや伝説のブラジルのジャングルの失われた都市を探す探検で有名になり消息を絶ったインディアナ・ジョーンズばりのパーシー・フォーセット大佐などが新聞の一面を賑わせた。当時彼らのような探検家が有名になれたのは一八七〇年のフォースター教育法成立のおかげだった。同法によって五歳から十二歳までは義務教育が課され、労働者階級の子弟も読み書きができるようになった。文字を読める人間が大勢増えて、人々は帝国の探検家たちの大胆で勇敢な行為を描く物語に興じた。

これら探検家たちの活躍を読む度に、彼らがどれほど大英帝国と国民に愛されているかを知ったにちがいない。学校に馴染もうと努力する少年にとってこれは自分の祈りに対する答えだと思えた。

姉妹に語り聞かせる才能に磨きをかけ、今や作り話も『ボーイズ・オウン』の話も級友たちに聞かせるようになった。彼の語り口はそれほど素晴らしく、やがて授業をサボって森の中でシャクルトンの話に聞き入る子供たちも現れた。

海洋冒険の話をした時などは、中には興味が高じてさっそくロンドンへ行ってキャビンボーイ（訳注　船室付き給仕）になろうと波止場をうろつく少年たちまでいたが、残念ながら送り返された。

だが、この波止場への旅はシャクルトンの心に火をつけた。異郷の地へ航海するいくつもの船を見ながら、航海にこそ自分の冒険の夢の鍵があると考えた。ほとんどの友人たちにとっては夢に過ぎなかったが、彼は本気だった。後に姉妹の一人は「彼は子供の頃とくに好きだった遊びはありませんでしたが、海に関することに強く惹かれていました」と語った。

この頃、自分の地平線を拡大したいと思うきっかけになったかもしれない出来事が他にもあった。シデナムへの転居後まもなく母親が病気になり、四十年間ほとんど寝室で過ごす生活になった。最愛の母親が、自分の落ち度ではないのにそんな生活を強いられることになり、世界を見たければ一刻も無駄にできないと思ったのだろう。いつか母親のような運命になるかもしれないし、そうなれば、刺激に富み、無限に見える世界は永久に寝室の四方の壁に閉じ込められてしまうだろう。

父親からは、堅実に見えることをしても必ずしも幸福な人生を保証することにはならないことを学んだ。ほぼ何事もなく育ったのだろうが、父ヘンリーは農業に従事していたときも、医師になってからも、何度か危うい目にあっていた。堅実な仕事にも、心躍る職業にも危うさが付きまとうなら、どうして「堅実な」仕事に囚われる必要があろうかと考えたのかも知れない。

そこで、卒業に際してシャクルトンは世界中を航海したいと言った。父のヘンリーは喜ばなかった。息子をイギリス海軍に入れる余裕はなかったし、息子には後を継いで医師になってほしかったが、頑固なアーネストの決心が固いことも分かっていた。ヘンリーはしぶしぶ折れたが、同時に彼なりの考えがあった。息子が航海見習いに出て苦労したら、戻って来たとき、医学に切り換えてくれるだろう。ヘンリー・シャクルトンは、息子が最も辛い見習い航海の契約に望みをかけた。

父ヘンリーは、従兄のウーズナム師がリバプールの「マージー船員派遣団」の指導監督だったことを思い出し、港湾施設と相談してほしいと依頼した。その後シャクルトンの職場は三本マストの帆船ホートンタワー号と決まった。この船でめっぽう粗野で乱暴な乗組員とともに世界で最も危険な海域を航海することになった。それも一カ月一シリングだった。シャクルトンは〈馬鹿ではなく〉後に「父は私にできるだけ苦労の多い帆船の給仕を体験させて海への思い入れを捨てさせようとした」と記した。シャクルトンは一向に気にしなかった。ついに思い通りになり、冒険が始まることとなった。

学校では最後の三週間に勉強態度が変わり、とくに数学で急変した。数学は航海の基礎だったからだ。後に数学教師は「申し分なかった」と述べた。成績も授業態度も目立って向上した。

それでもシャクルトンは待てなかった。できるだけ早く学校をやめ、一八九〇年四月に十六歳で学校に別れを告げてリバプールへ行き、生涯の数多の大冒険の初回を開始した。とはいえ、自由と冒険への期待に気持ちが高ぶっていただろうが、命がけの体験だった。

2

シャクルトンの海の人生デビューは父親の思惑どおり実に衝撃的だった。以前はテムズ川の帆船に見とれ、船上人を羨ましいと思っただろう。現実はまるで違っていた。

ホートンタワー号は積荷二千トンを真冬に南半球のチリのホーン岬まで運ぶ航海に出た。気候の良いときでも危険の代名詞であるこの航海は、最も頑丈な船を試す絶好の機会にもなった。ホートンタワー号はかつて「鉄の造船の見本」と言われ、ファーストクラスの客室十六室を有していたが、贅沢さの日々はもはや過去のものになった。汽船時代になると三本マストの帆船は過去の遺物となり、汽船が嫌がる仕事だけを取り扱った。

激しく吹き荒ぶ嵐、砕け散る海、巨大な波、そして氷山にも遭遇しても老朽船はどうにか沈まずに済んだが、ホーン岬の沖で救命ボート二隻を失い、船員が数名負傷した。シャクルトンは嵐の間、頭を横にして吐き続け、揺れる船内をまともに歩けなかった。だが、船酔いはまだましなほうだった。

一八九〇年四月三十日に出航してから、郊外の中流家庭で育ってきた少年シャクルトンには非常に厳しい環境が待っていた。窮屈な船室で口の悪い酔っ払い水夫たちと一緒になり、呆れたシャクルトンは彼らを「獣以下」と呼んだ。放浪者や無節操な奴、白髪交じりの水夫たちが入り交じり、いずれにも深い理由《わけ》がありそうで、シャクルトンは後に友人に「黒人を殺して国外逃亡したアメリカ人がいる。大きな木材作業場の親方だった男もいる……大牧場の所有者も……この間はナイフで相手の太ももを深く突き刺した男を見たばかりだ」と書き送った。初航海を『ボーイズ・オウン』に載る話のように期待していた少年にとってこれは実に衝撃的だった。

シャクルトンは、初めは海の生活には向いていないのではないかと思ったにちがいない。まったく父親の言うとおりだったのだろう。昔の級友に宛てた手紙で「きつくて汚い仕事であり……海の生活は甘いものじゃない」のを認めていた。

乗組員が「あいつ」は自分たちの行動を非難しているのだと気づいたとき状況は悪化した。学校のときと同様にシャクルトンはバカにされ、変人の烙印を押された。新米を鍛えるにはそういう通過儀礼が必要だと思った者は確かにいたが、人生の不満を弱者にぶつけるだけの者もいた。

シャクルトンは荒くれ男たちとの違いを痛感し、冒険や探検、帝国建設などの本に没頭し、聖書の一節ばかりではなく好きな詩の暗唱に明け暮れた。「航海中の一年間に覚えた作品数は六年間の学校生活で覚えたより多かった」と後に語った。確かに、誰かがシャクルトンを探していると「あいつは本に夢中だ」という返事がいつも返ってきたという。

物静かで内気なのに、かつて級友に「喧嘩っ早いシャクルトン」と呼ばれた少年は、人の言いなりにはならなかった。ある船員に脚を蹴られて甲板に倒れたときは相手の脛に強く噛みついた。それからは、船員たちはしぶしぶ彼に一日置き、暴力を振るうのにも慎重になった。少年の血管には確かに熱い血が流れていた。

船がチリに向かって進み、新しい生活に順応するにつれて、シャクルトンは学校で級友たちにしたように、少しずつ船員たちの心を開かせていった。それ以上に文学や詩、宗教の豊富な知識は、語り聞かせる能力とともに航海では欠かせないことを知った。まもなく船長は荒くれ男の船員たちが少年を囲み、少年が次々に聞かせる話に笑いころげている様子を目にした。聖書の文句を聞かせろと言う者まで出てきたのには驚いた。行儀の良さそうなこの少年がタバコをくわえ、ときには乱暴な喋り方をするのにも驚いた。航海の生活に馴染んでくるにつれて、シャクルトンは船長にも船員にも語って聞かせながら、自分とは違う世界に住む男たちにも気兼ねをしなくなったように見えた。自分を変えたかったのではないかと思う方もおられるだろうが、彼は誰であろうと一緒にいられること以上を求めなかった。後にある船員が語ったのだが「彼には多面性があった」。

語り聞かせる能力で船員たちの自分への態度を和らげる一方で、真に信頼を勝ち得たのは辛い仕事にも懸命に取り組む姿だった。どの仕事にも華やかさは微塵もなかったが、甲板洗いやロープ結び、船倉からの重い荷の出し入れ、嵐の中で高さ百五十フィート（約四十五メートル）ものマストに昇ることとさえ厭わずにやった。屁理屈や文句を一切言わず、できるところを見せようと懸命に取り組んだ。十五週間の航海後、疲弊し切った船と船員がバルパライソに到着したとき、パートリッジ船長は褒美にシャクルトンを現地駐在領事との夕食に招いた。

約一年後、ホートンタワー号がリバプールへ帰港すると、シャクルトンは今までで「最もきつい部類の見習いだった」と言った。だが、それで父親の思惑どおり海の仕事を諦めることになったのだろうか。

シデナムの自宅に戻り、姉妹たちに冒険話を聞かせ、家庭料理と心地よいベッドを満喫すると、父親はそれとなく息子に将来について尋ねてみた。気持ちは変わらないとシャクルトンは即答した。航海を続け、できるだけ早く昇進したかった。父ヘンリーは、今度は息子を止めなかった。一年間で息子は成長して大人になった。だから息子がそう望むならば、そうすればいい。息子が何をしようとしているかがはっきり分かった。

パートリッジ船長もシャクルトンに戻ってもらいたかった。シャクルトンは「これまで会った人間の中でいちばん強情で頑固なやつだ」と船長は言い、ウーズナム師にも「欠点と言えるものは何もない」と語った。シャクルトンはすぐに四年契約を結び、ホートンタワー号に戻る準備が整ったが、今度の指揮官はロバート・ロビンソン船長だった。

一八九一年六月にチリに向けてカーディフを船出した航海は前回よりさらに厳しかった。案の定ホーン岬海域の天候はひどく荒れて、船員一人が甲板で波にさらわれて行方不明になり、八人が負傷した。シャクルトンも一カ月間濡れた服を着たままでいたため背中の痛みで数日間寝込んでしまった。チリに到着すると重い赤痢に罹り、航海は一層辛いものになった。だが、シャクルトンの不平、不満はロビンソン船長を不安にさせた。船長は前回のパートリッジ船長以上に過重な仕事を課した。

それから一年も経たないうちにシャクルトンはホートンタワー号も船長と船員たちも嫌いになったと家族に告げた。とはいえ、三回目の航海を全うしないと昇進のチャンスが失われるのは分かっていた。少なくとも、今度の最初の目的地はチリではなくインドだった。だが、シャクルトンが命を落としそうになったのはこの旅だった。

船員仲間が突然死んで、迷信深い船員たちはこの船は呪われていると言った。シャクルトンはその種の話は信じなかったが、直後に喜望峰の南で前触れもなく嵐に襲われた。帆を絞る暇もないほどの猛烈な嵐だった。横倒れを防ごうとしてシャクルトンが懸命に舵を取っていたとき、船は巨大な波をかぶって海水が甲板に溢れた。シャクルトンはその時のことを「自然が怒りの小瓶をぶちまけたようだった」と語った。

喘ぎ、塩水にむせていると、頭上で何かが折れる音が聞こえた。その瞬間にマストが倒壊して、さっきまでシャクルトンが立っていた場所に落下した。彼は自分がいかに幸運かを数え上げ、後に「死ななかったのは奇跡だった」と記した。

インドからオーストラリアへ、チリへと二年間の航海でいくつもの嵐を切り抜けて、一八九四年七月に見習い期間を終了した。最初の航海から四年が経ち、その間にシャクルトンは大人になった。童顔で不安に満ちた少年から、今や海の生活を生き延びた自信に満ちた逞しい二十歳の青年になっていた。筋肉は逞しく、強靱な顎と目的意識を持ち、多種多様な人間たちと過ごした歳月のおかげで話題も増え、海の男ならではの豊かな声量で鮮やかに語り聞かせた。

ホートンタワー号の最後の乗船は相当きつかったようだったが、シャクルトンはこの職業を続けることに何の後ろめたさも感じなかった。別の道がないということが決心を大きく左右したのかもしれないが、まもなく商務省の二等航海士の試験に合格し、シャイヤー船会社の不定期貨物船モンマスシャー号の三等航海士になった。

これは時代遅れのホートンタワー号からはかなりの前進だった。とくに同船の中国と日本への定期航路では専用の船室を与えられ、静かに読書ができた。一八九六年に試験に合格して一等航海士になると、さらに豪華なフリントシャー号に乗船することになった。

二十三歳までにシャクルトンは世界各地を見て回り、父親が格別認めた職業ではなかったにせよ、まずまずの職に就いていた。生涯にわたって海の冒険が待っているように見えた。だが、やがてシャクルトンは恋愛という別の困難な冒険に立ち向かうことになった。

3

一八九七年七月、アーネスト・シャクルトンは憧れの女性と出会った。シデナムの陽光の下で父親が熱心にバラの花の世話をしていても、帰省休暇中のシャクルトンはバラにはまるで無関心だった。彼の注意は妹が招いた客の一人に向けられていた。

その女性は格別魅力的だった。こげ茶色の髪の華奢な女性で、青い鋭い目をしていた。このアイルランド青年は彼女のにこやかさと上品な容姿に魅せられた。だが、妹にエミリー・ドーマンだと紹介されると、彼女には見た目以上のものがあるのを直観した。

裕福な弁護士の娘であるエミリーは高等教育を受けた聡明な女性で、一瞬で冗談と本気とを使い分けられた。彼女に魅せられた男性は多く、十六人もの男性から求婚され、すべて断っていた。若くして結婚していた時代には珍しく二十代後半でも独身だった。彼女は年齢で結婚相手を決めるつもりはなかった。独立心が強く、自由な考え方をしたので、彼女の心を奪える男性がいるかどうかだった。

六歳年下のシャクルトンは挑戦に出た。エミリーに夢中なのは確かなようだったが、冒険心もあったのだろう。将来の数々の冒険のように、エミリーは未征服、未知への挑戦だった。多くの男性が彼女の気を引こうとして失敗した。第二希望ではだめなのだ。だから、もしシャクルトンが彼女の目にとまり、さらに、結婚式で彼女の手を取ることにでもなれば、多くの男性が失敗したことに成功したことになるだろう。

だが、魅力的に見せようと懸命に努力しても、エミリーにキューピッドの矢は当たらなかった。よそよそしくしていて、礼儀以上の素振りは見せなかった。なぜなのか。書類上はシャクルトンは彼女より年下だが、まずまずの航海士だった。二十三歳の若さで船長免許に合格し、理論上は商船隊を指揮して世界中どこへでも航海できたが、上流階級の求婚者にはそれはほとんど無意味だった。

シャクルトンはエミリーによそよそしくされても、航海のために中断しても、結婚相手はこの女性だと思い続けていた。航海から戻る度にシャクルトンは必ず彼女を追いかけ、彼女の方は、初めのうちはうるさい航海士が一時的に熱を上げているだけだと思いながら、この逞しい青年には悪戯っぽさと冒険心の魅力があるのを認めざるを得なくなった。

シャクルトンが数カ月間全身全霊を傾けた末に、エミリーは一緒に大英博物館に行くことを承諾した。意外にもエミリーは彼の巧みな話術の下に芸術、とくに詩を愛好する繊細な青年の顔があるのを知った。シャクルトンは物語や詩を語ることで荒くれ男たちさえ手なずけてきたし、エミリーは言葉を巧みに操る彼の才能に興味を持った。シャクルトンがテニソンの長詩を一語一語引用すると、エミリーは大学で専攻して好きだったロバート・ブラウニングの詩で返した。だが、エミリーはブラウニングの詩『パラケルスス（*Paracelsus*）』について論文を書いていたので、すでにシャクルトンとの将来については危険な気配に気づいていたのかもしれない。この詩は知の追究のために恋愛を捨てた主人公パラケルススの物語だった。

詩が共通の話題となり、エミリーは航海中に読んでほしいとブラウニング伝をシャクルトンに贈った。たちまちシャクルトンもブラウニングの詩の愛好家となり、後日「ブラウニングは徹底した楽観主義者ですね。森羅万象の謎を彼ほど賛美した詩人はいませんでした。宇宙が人間に望むもの――勇気と忍耐、信念――存在への信頼が分かっています」と手紙に書いた。エミリー宛の手紙に『騎馬像と胸像（*The Statue and the Bust*）』の一行を引用してもいた。「人間に人生の最高の褒美を求めて戦わせよう」。あの青年が何よりも求めている女性が彼女であることに間違いなかった。

エミリーは近づいては離れてシャクルトンの気持ちを翻弄した。彼が航海中に書き送った別の手紙には、未来は「不確かでまったく希望がもてない」と記した。次第に彼女への愛がつのり、競争相手が気になって、一八九八年のクリスマス近くにフリントシャー号が再び長い航海に出るというときシャクルトンは不安に駆られた。出航の際にまた数カ月離れてしまうのかと落込み、チャンスが失われることを怖れた。しかし、彼には思いがけない航海中止の運命が待っていた。

一八九八年のボクシングデー（クリスマスの翌日）にフリントシャー号はヨークシャー海岸から少し離れた場所で座礁して修理が必要になった。シャクルトンはチャンスだと思い、下船してドーマン家へ直行した。何とかこのチャンスをものにしようとシャクルトンは思い切ってビリヤード室でエミリーに愛を告白した。初めてエミリーは彼の気持ちを理解した。俄かに二人一緒の将来は絵空事ではなくなった。

とはいえ、シャクルトンとエミリーの結婚の前には別の障害があった。エミリーの父親である。チャールズ・ドーマンはシャクルトンが嫌いではなかった。逆に、礼儀正しく、魅力ある相手だと思っていた。問題は職業だった。航海の生活は医師や弁護士などの職業からはかけ離れていた。確かに評判の高い、高収入の職業ではなく、数カ月留守にすることもあった。たとえシャクルトンを好ましいと思っても、娘の夫に相応しいとはいえなかった。娘はこれまでもっと相応しい相手を断ってきたのだ。

そんな心配はあるものの、シャクルトンは無視されたというのではなかった。航海に出ていない時はイーストエセックスのドーマン家の農場で度々週末を過ごし、夕食会へも招待され、そんな時は義父になるかも知れない人物に好印象を与えようとした。エミリーの姪は覚えていた。「彼はメイドにとても優しく、テーブルの側に控えるメイドたちを笑わせすぎて、彼らが待っているものを落としそうになったほどです」。

しかし、一つの話が、望みが叶わないかもしれないというシャクルトンの不安を浮き上がらせている。ドーマン家へ向かう汽車の中で、ドーマン家のオークションに参加するらしい古物商と話を始めた。古物商が「あの人から何を手に入れようと思っておられるのですか」と尋ねた時、シャクルトンは「お嬢さんです」と答えた。

シャクルトンの苦境には本当に同情する。私は、若い頃、幼友達だった亡き妻ジニーをものにしようと狙っていた。ジニーの父親が可愛い娘を守りたい気持ちはよく分かる。私のような者からは特にそうだろう。

シャクルトンのように私にも取り柄がなかった。私はイートン校に入学したが、成績優秀ではなく、軍人になるつもりだった。それに対してジニーは全寮制女子校に入学して、相手は望み次第だった。私はいくつか悪さを働き、その最たるものとして環境問題に対する間違った反対運動で『ドリトル先生』の映画のセットをぶち壊そうとした時、ジニーの父から彼女との面会を禁止され、私の母からは「とても危険な人間だ」と言われた。それでも私は諦めなかった。何があろうと私たちは結婚する決意であり、何年かかろうが、結婚するまでには、彼女の父が、シャクルトンのように、あいつを引き離すのは無理だと思ってある程度私を受け入れざるを得なくなったのだろう。ジニーが私の愛に応えてくれたことも助けになった。

私は傍迷惑だったのだろうが、シャクルトンの場合は物事がもっとスムーズにいった。彼は自分がエミリーに相応しい人間であり、彼女の父親に認めてもらえるならば海の生活よりも良いことをしなければならないと考えた。シャクルトンはフリントトシャー号の機関士のジェームズ・ダンズモーとの会話中に「この会社にいる限り船長以上にはなれない。だが、私にはそれ以上のことができると思う。はっきり言えば、私は自分のため――そして、彼女のために名声を得たい」と言った。

そこで、ドーマン家のビリヤード室でエミリーに愛を告白した直後にシャクルトンはシャイヤー船会社を辞め、もっと上級クラスの船会社を探して、早速キャッスル船会社を見つけた。同社の五千トンの客船タンタロン・キャッスル号は最高級の船だった。豪華客船で顧客は英国社会の有力者たちばかりだった。

シャクルトンは四等航海士として南アフリカへ三度航海し、タンタロン号の環境は自分の大望に合っていると思った。そして、自分の新しい役割こそはエミリーに相応しく、未来を開いてくれるかもしれないと考えた。

自信が湧き、自分には相手に好感を抱かせる稀な力があるのを知り、その力を利用するつもりだった。初めの頃の航海では、その才能をホートンタワー号の乗組員に溶け込むために利用したが、ここの上流社会にも合わせた。相手次第で人柄と話題を変えるカメレオンのような能力を研ぎ澄まし、やんちゃなアイルランド人「ミッキー」

にも、聞く人を熱くする熱血漢の船員にも、そして、世界事情に詳しい中流階級の紳士にもなって出会う人たちを誰彼となく魅了した。詩の引用から一転して航海の下世話な話をするなど、シャクルトンには初対面の人でも気楽にさせる独特の才覚があった。彼の晴れやかな眼差しと相手にすぐ伝播する熱意をキャッスルラインの船長の一人はこう評した。「きらきら輝く眼差しは素早く……テーマに関心を持つと声色が熱を帯びてきて、目を輝かせ、断固として、自立し、何ものをも恐れない顕著な人柄を見せた。それは、後に、彼を誰もが躊躇《ちゅうちょ》なく従うリーダーにした」。

実業界の成功者が強い印象を与えるとは限らないが、シャクルトンの天性はすぐ受け入れられた。彼はそれをいとも簡単に自信をもってやってのけたので相手は何か目的があってのことではなく友情からだと感じた。シャクルトンが仲間に入れる際は相手の社会的地位などは問題にしなかった。彼は船員として見られるというよりは、その存在が沈滞したムードを振り払って座を明るくした。鉄鋼王のジェラルド・ライソートはそれを認める一人で、やがて彼はシャクルトンの大物支援者の一人になった。

そんな快適な居心地も仲間も残念ながら長くは続かなかった。一八九九年十月に英国と南アフリカのボーア人定住者との間に戦争が勃発した。シャクルトンは三千五百トンのティンタジェル・キャッスル号の三等航海士に昇進し、上流階級の顧客は対ボーア人ゲリラに対する反撃のためケープへ向かう数千人の軍隊へと代わった。召集に応じた兵士の中にはシャクルトンの弟のフランクがいた。

一八九九年十二月十四日、ティンタジェル・キャッスル号は、戦争はすぐに終わると考えていた兵士千二百人を乗せてサウザンプトンからケープへ向かって船出した。そこでもシャクルトンは会う人たちみんなを魅了し、楽しませた。シャクルトンは不安にかられて慰めを求める若者たちにスポーツ競技やコンサート活動を行ったが、物語を聞かせてほしいとの要望が強かった。時間が空くと必ず読書に耽り、彼の船室は「読書家の署名が付された本が集まった本箱のようで、シェイクスピアも、ロングフェロー、ダーウィン、ディッケンズもあった」と友人は述べた。

南アフリカの戦争は、だが、期待通りには展開しなかった。戦闘開始後一週間で三千人以上の英国兵の死傷者や捕虜が出た。ティンタジェル・キャッスル号は、シャクルトンとともに直ちにケープへ戻って戦場へ兵を輸送しなければならなくなった。

絶望に見える中でも好機を見出す人シャクルトンは、功名を立ててエミリーと彼女の父親に好印象を与えられるかもしれない方法を早速見つけた。船医のウィリアム・マクリーンらとともに『公用、すなわち、兵士千二百人がテーブル湾へ行った方法』という表題で南アフリカへの旅の小冊子を出版した。この本にはお気に入りの詩の抜粋が入り、一冊二シリング六ペンスで熱心な二千人が購入した。特装本をビクトリア女王に謹呈したこの新事業を非常に誇らしく感じつつ、最も胸を高鳴らせたのはエミリーへの謹呈で「EからEへ　一九〇〇年七月　最初の成果」と刻んだ。

本の成功、そしてキャッスル船会社で素晴らしい業績を残しながら、エミリーに寄贈した本に「最初の成果」と刻んだということは、自分はまだ彼女に相応しくないと感じていたのだろう。確かに、長い航海中に別の求婚者が彼女に攻勢をかけていると思い続けて悩んでいた。彼女に宛てた手紙にこう記している。

男は女性を独り占めにしたいものです……昔は「少しだけ、ほんの少しだけでも愛してほしい」と言いましたが、大人になると「私のすべてを、私だけを愛してほしい」になります……今日のようなときに男性のことを言いました。何かが私の心を捕え、寒い中をさ迷います……なぜ最初にあなたと会わなかったのか。なぜ世界中の男の中で最初に私の感触に震えなかったのか。恋と悲しみの物語の中でも私たちは際立っている。初めも今も望みがないからです。

おかげでシャクルトンは夢を叶え、エミリーにも彼女の父親にも感動を与えられるチャンスが到来した。だが、それは前人未踏の地球の裏側への旅でもあった。

第二部

「炎に駆り立てられる心」

4

一九〇〇年の夏、ある広告がシャクルトンの目を捉えた。王立地理学会は、イギリス海軍のロバート・スコット大尉の指揮下で南極探検の資金を調達中だった。それに相応しい隊員を募集していたのだ。シャクルトンには探検も科学的経験もなかったが、これこそ彼が長年探し求めてきた類のチャンスだった。

『ボーイズ・オウン』のページから抜け出た、ほとんど未知の大陸を探検するチャンスは、冒険と名声、幸運を提供していた。その上、大英帝国はアメリカやドイツなどと競争して征服地拡大を目指していたので、南極のような未知の大陸を征服して女王陛下のものにすれば先々まで英雄として称えられるのは間違いなかった。

シャクルトンを真に駆り立てたのは実際に南極を探検するチャンスよりそちらの方だった。探検隊の物理学者で天文学者のルイ・ベルナッチは後にシャクルトンのことを「過去のどんな南極探検にもまったく関心を示さず」、「冒険と名声を欲しがっていた」と述べた。キャッスルライン号の船員仲間の一人も同様のことを述べた。「日常の単調さから――彼の個性を圧し潰しかねない存在から逃れられるチャンスに引かれたのだ。彼は定期船の指揮を執るまでには時間がかかり人生の最盛期と男盛りを無に帰することに抵抗を感じていた」。シャクルトンの初の伝記の著者ヒュー・ロバート・ミルは、南極は「チャンス以外の何物でもなかった」と後に付言した。

遠征のもう一つの大きな魅力は、もちろん自分がエミリーに相応しいことを示せるチャンスだったことだ。後にシャクルトンの娘のセシリーは、この時期は父が母を追い求めていて「この美貌の女性……輝く青い瞳と素晴らしい笑顔……に相応しい自分になろうとして……彼女に『そうだ。君は独自のやり方で人生を切り開こうとする男と結婚した。その証拠がこれだ』とぶちまけた」と語った。

シャクルトンは胸躍らせて一九〇〇年九月の探検に正式に参加した。しかし、これまで極寒の地へ行った幾つもの探検隊の運命をよく調べていたら考え直していたかもしれない。南極圏は一七七三年にジェームズ・クック船長が初めて横断したが、南極大陸を見ることはできなかった。数百マイルもの流氷に塞がれ、クック船長のリゾリューション号はそれ以上は進めなかった。一八二〇年についに南極大陸を見ることができ、一八二〇～二一年にベリングハウゼンが大陸を一周し、一八四〇年代になってイギリス海軍のエレバス号とテラー号が流氷を突破して探検を進めた。栄誉に与ったのはジェームズ・クラーク・ロスとフランシス・クロジエであり、二人は南磁極のおよその位置を突き止め、ロス海とマクマード湾、今日ではロス棚氷として知られる大氷壁《グレート・アイス・バリア》を初めて地図に記した。しかし、その後まもなく起こったイギリス海軍の不幸な出来事によってイギリスの極地探検は三十年間頓挫した。

その不幸な出来事は一八四五年にサー・ジョン・フランクリン隊がカナダ北極圏の北西航路の最後の未航海区域を探検中に起きた。流氷の中を進むエレバス号とテラー号は氷に閉ざされて動けなくなった。さっそく巨額――七十万ポンド（現在価値四千万ポンド）超――を投じた救援隊が結成され、行方不明の百二十九名の捜索に出たが無駄であった。

この費用と、その後の爪あとで、イギリス船舶は一八七四年にチャレンジャー号が南極圏を横断するまで南へは戻らなかった。その後も多くの疑問が残されたままだった。南極大陸は巨大な陸地なのか、一続きの島なのか、それとも、巨大な氷の塊なのか。だから、火星のようにほとんど何も知られていなかった。『デイリーエクスプレス』が後に報じたとおり「そこは静寂と靄と漠然とした恐怖のままである」。

海洋学者のジョン・マレーはこういう疑問に対する答えに進捗が見られないことに苛立った。彼はチャレンジャー号遠征に博物学者として参加し、また、フランクリン探検隊の悲劇の記憶が薄れかけていたので、一八九三年に改めて南極探検を行うよう王立地理学会に進言した。聴衆の中で熱心に耳を傾けていたのはサー・クレメンツ・マーカムである。王立地理学会会長のマーカムは元イギリス海軍軍人で、一八五〇年にフランクリン探検隊の船の捜索を目的とする航海に加わっていた。マレーがぶち上げた意見に発奮した彼は南極探検の先頭を切るべきとの考えが頭から離れなくなった。

マーカムはさっそく帝国南極横断探検隊（National Antarctic Expedition）の準備に取り掛かり、イギリス海軍による計画を策定した。第一歩は、船が流氷の中に分け入って越冬に相応しい投錨地を見つけることであっただろう。夏季にイギリス海軍の乗組員が「南極大陸に上陸し探検して地勢を確かめ、さらに、主に岩石の特徴を調べて地質史を明らかにする」ことだった。南極点到達には一言も言及がなかったが、マーカムの大いなる期待は、他ならぬイギリス海軍所属のイギリス人が最初にこの祝杯を挙げるべきということだった。

一八九五年、マーカム案はロンドンの第六回国際地理学会で承認された。「今後実施が予定される計画は最大級の地理的探検であり」、科学の「ほぼあらゆる分野の知識を前進させるだろう」と述べた。マーカム以外の人たちはあまり熱心ではなかった。

十万ポンド（現在価値で六百万ポンド）以上の資金を調達しなければならないことが明らかになり、マーカムは、首相と海軍、王立協会さえも関わりたくないことを知る。フランクリン隊の悲劇があり、経費の問題がなかなか解決せず、また、マーカムは、海軍の近代化には、とくにドイツ艦隊が長足の進歩を遂げているので、巨費が必要とされる旨告げられた。つまり、そんな大それた計画に充当する資金はなかったのだ。

政治家、海軍、王立地理学会、そして王立協会間の内部抗争は問題解決には役立たなかった。探検隊の特定の目的については全員が反対で、探検隊は未知の土地を女王陛下と国家のものとすることに集中すべきと考える者や、科学的探検隊のほうが有意義と考える者もいた。マーカムは諸外国と外国人探検家が自分とイギリスを出し抜こうとするのを黙って見ているしかなかった。

一八九五年一月、ノルウェー人のカルステン・ボルクグレヴィンクが南極大陸一番乗りを宣言した。三年後にはベルギー探検隊が南極圏横断を目指して出発し、初めて南極大陸で越冬した。一行の船ベルジカ号が氷に閉ざされて結果的にそうなった。

しかし、マーカムにとって真の状況悪化はライバルのイギリス探検隊が南極に出発したことだった。サザンクロス探検隊はイギリスの雑誌社社主であるサー・ジョージ・ニューネスから私的に資金提供を受けて南極大陸本土で初めて越冬し、大成功を収め、南極探検の草分けである一八三九〜四三年のサー・ジェームズ・クラーク・ロス隊以後初めて大氷壁（ロス棚氷）に到達した。この探検では南極で初めて犬とソリが使われた。これで今日「ディスカバリー号」として知られるマーカムの探検計画は吹っ飛んだかに見えた。

十九世紀末が近づき、マーカムの資金は一万四千ポンドきりで、他に寄付金の見込みもなかった。政府も王立協会も無関心で、民間の寄贈者も出て来なかった。一方でドイツ政府はガウス南極探検隊に資金を援助する旨発表した。しかし、打つ手がまったく無くなった時、富豪の実業家ルウェリン・ウッド・ロングスタッフがマーカムの願いを聞き届けて二万五千ポンド（現在価値で百五十万ポンド）を寄付した。

その後、まもなく国王エドワード七世になるウェールズ皇太子が遠征隊の後援者になり、また、将来ジョージ五世になる彼の息子が副後援者を引き受けた。経験上、私は、王室が支援者になってくれることがどれほど重要かを知っている。一九七二年に私とジニーは、全員が遠征経験は未熟だったが、世界遠征隊（Trans Globe Expedition）への寄付とスポンサー獲得のために約三千万ポンドの資金調達に乗り出した。当時、私たちには二百十ポンドの銀行預金と、中古のミニバン、高い住宅ローンでハマースミス橋近くに購入した二戸建て《セミディタッチトハウス》住宅があった。収入は英国国防義勇軍からの不定期の給与小切手だけだった。私たちの夢はたかが夢に過ぎず、大口の資金集めの最中の一九七八年にチャールズ皇太子から王室の承認印を受けると真面目に受け取ってもらえるようになって驚いた。実に一千万ポンドもの燃料費のスポンサー探しという重要な課題に直面した際には、皇太子殿下のおかげでモービル石油と合意することができた。チャールズ皇太子はその後も数々の後援者になってくださって、そのことでさらなる扉が開かれた。その上に皇太子には遠征隊結成についての助言もしていただいた。つまり、王室の支援が大きな役割を果したとマーカムは今なら思うだろう。

マーカムの計画がウェールズ皇太子に承認されたとなると、政府はもはや後ろ向きと受け取られるのはまずくなり、不足分は民間資金を充当することを条件にマーカムに四万五千ポンドを供与した。

だが、マーカムの夢が急速に実現されるかに見えた矢先に物事が音をたてて崩れた。マーカムの主目的は地理的調査であり、未知の大陸を探検して地図に記すことだった。しかし、王立協会は、岩石と鉱物の調査を主とする科学目的を主張した。マーカムはある程度までは協会と折り合いをつけたが、探検隊の隊長の人選が始まると意見の相違が表面化した。

王立協会は著名な地質学者で探検家のジョン・ウォルター・グレゴリー教授を推薦した。それに対してマーカムはイギリス海軍の三十一歳の魚雷担当大尉のロバート・ファルコン・スコットを推薦した。マーカムが初めてスコットの存在を知ったのは一八八七年に西インド諸島での海軍の二隻の船による競争だった。スコットは強烈な印象を与え、マーカムによれば「私は彼の聡明さ、知識、そして洗練された物腰にたいへん感心した」。しかし、スコットは氷の世界の経験がなく、遠征隊を率いたこともなかった。それでも、マーカムは我が道を行くことにし、頑なに自分の意見を押し通した。

スコット大尉は隊長に任じられ、隊員の人選に乗り出し、シャクルトンは隊員を希望していた。シャクルトンの申請書はスコットの手中にあったが、スコットは詳しく目を通した後でゴミ箱に捨ててしまったので、シャクルトンの夢と希望は潰えた。

5

シャクルトンは狼狽した。自分の海の経験は商船ディスカバリー号の乗組員として十分な資格があると思っていた。だが、探検の経験がなく、イギリス海軍にも所属したことがない点は致命的だった。ドアは固く閉じられてしまったかに見えた。夢を実現し、ドーマン父娘に実力を見せつけるつもりなら考え直す必要があった。しかし、その時点ではすべてが失われたわけではないことに気が付いた。

多額の探検費用をルウェリン・ロングスタッフが融資したことを知ると、彼はロングスタッフの息子のシードリックとはケープへの航海で会ったことがあるのを思い出した。シャクルトンはこの縁を利用してウィンブルドン郊外のシードリックのロンドンの自宅で彼の父親と会う段取りを取り付けた。

上流社会との交際はうまくいった。シャクルトンは相手に魅力ある人物との印象を与えることができた一方で、ルウェリン・ロングスタッフが自分と同類、つまり、自分と同じくらい冒険と危険が好きであるのを知った。お互いの仲間同士との楽しい午後を過ごした後、ロングスタッフはシャクルトンの役務をマーカムに任せると約束した。

小さな障害はあった。マーカムは全隊員をイギリス海軍出身者にして海軍の規律で統率したいと考えていた。しかし、彼はロングスタッフの求めを断る立場にはなく、その上今後さらに資金調達が必要になりそうな事情もあった。そんなわけで、ロングフタッフはスコットにシャクルトンの申請書を見直してもらう約束をした結果、今度はシャクルトンが幸運に巡り合った。

スコットは準備に没頭していたので、三十六歳で副隊長のアルバート・アーミテージに処理を任せた。自身も商船員であるアーミテージはシャクルトンの経歴に関心を持つと同時に、スコットが見落としていた点に気づいた。探検隊の船ディスカバリー号はイギリスで建造される最後の三本マストの木造船三隻のうちの一隻になるはずだった。石炭燃料の鋼鉄製の汽船が流行していたからである。シャクルトンはホートンタワー号に乗船していたことがあり、木造船の経験がある数少ない応募者の一人だった。

アーミテージはこういう探検には特別の人格が求められることにも気がついた。問題を起こすとか、責任逃れをする人物の居場所はなかった。全員が一致協調して自己の役割を全うすることが求められる。これを踏まえてアーミテージはキャッスル船会社のシャクルトンの雇用主から話を聞き、彼は「とてもいいやつ」で「普通の航海士よりも優秀」だったとの返事がすぐに返って来た。スコットにシャクルトンが適格者であることを説得するには、それで十分だった。

一九〇一年初め、シャクルトンはカリスブルック・キャッスル号でイギリスへ戻る途中で、スコットが参加を許可したことを知った。下級士官としての彼の任務は設備管理と船内図書館の設置だった。年収二百五十ポンド（現在価値一万五千ポンド）の薄給だった。それでも士気は高かった。その分野の仕事はシャクルトンにとってはお金よりも遥かに価値があった。エミリーは、すべては貴女のためだと言っても騙される女性ではなかった。彼女は「ディスカバリー号への参加は私に『有象無象』とは違うことを示すためだと言っていました。そう言われると嬉しいですが、私のためだけではありません。彼自身の気持ち、心が逸るからでした」と記した。

シャクルトンはロンドンのスコットの事務局に到着するなり好印象を与えようとした。探検隊の一員でありたい、少しでも知りたい一心から誰にでも話しかけた。イギリス海軍所属でも商船員でも、階級が何でも、遠征隊に同行する五人の科学者の一人であっても、なくても、彼にとっては変わりなかった。お喋り好きで話し上手なおかげで近くのパブで若い船員たちとタバコやビールの合間に猥談をしたりして長話を楽しむとの同じように、科学者たちに交じって質問し、彼らの関心事に聞き入った。ディスカバリー号の若い船員ジェームズ・デルは、彼は「縦横無尽」だったと、また、乗務員のクラレンス・ヘアーは「人づき合いがいい」と述べた。

シャクルトンの魅力は探検の資金に恩恵がつくことにもなった。富豪でハイミスのエリザベス・ドーソン－ラムトンは彼をとても気に入ってディスカバリー号の探検に千ポンドを寄付した。そのお金はロス・クロジエ探検隊の最後の生存者であるサー・ジョセフ・フッカーの薦めで熱気球の費用になった。フッカーはスコットに思い通り進めなくなった時に気球で未探検の大陸の比類ない海岸線を見ることができると言った。

だが、誰もがシャクルトンの魅力の虜になったわけではなかった。南極大陸で磁気研究に従事する予定だった物理学者のルイス・ベルナッチはとくに批判的だった。彼は「風刺したり仲間とふざけ合ったりする彼の態度は不愉快であり、ときには迷惑だった」と記した。

とはいえ、ホートンタワー号でもそうだったが、笑顔を絶やさない剽軽《ひょうきん》なアイルランド人にそっぽをむく人たちも彼が働き者であることは否定できなかった。彼はしばしば事務局の階段で重い荷箱を上げ降ろし、高く積み上げて場所をつくり、荷箱の重量を量っては、南極で荷降ろしがし易いように五十六ポンド（約二十五キロ）以下になるように注意していた。何の仕事でも一生懸命な彼の姿勢はすぐに広まった。マーカムは「驚くべき知的エネルギーの持主だ」と評し、批判的なベルナッチでさえ「新しい着想でいっぱいだ」としぶしぶ認めた。シャクルトンが誰よりも認めてもらいたい人物であるスコットも、いつも「やる気と協調精神に満ちている」と褒めた。

見かけはイギリス海軍士官のスコットと商船隊のシャクルトンとではまるで違っていた。十三歳から海に出ていたスコットは、どちらかといえば性格は孤独を好み、海軍の規律に拘り堅苦しかった。打ち解けにくくて頑固な面もあったようだ。逆に、シャクルトンは人懐こく、エネルギーの塊で、損になることもあった。規則にはあまり拘らなかった。その代わり生来の公平感覚をあてにしていた。

だが、スコットとシャクルトンには重要な共通点があった。極地探検については未知なる発見や目新しさにとくに関心があったわけではなかった。むしろ、二人は探検が自分の将来に大きな利益になることを望んでいた。スコットは海軍での昇進を、シャクルトンは功名を立ててエミリーとの結婚の承諾を得るためだった。極地探検に出るのは、偶々そうなったのであって、チャンスがあれば何でも同じ情熱で摑んでいただろう。だが、二人には共通の悲劇的欠陥があった。どちらも氷とは無縁だったという「選んだ分野についての見事な無知だった」。

スコットは未経験だったので二、三年はかかる探検の準備には相当苦労したことだろう。彼は一九〇〇年六月にようやく準備に着手し、出発予定が一九〇一年八月だったので、過去最大規模の探検隊の出発まで十四カ月しかなかった。その上、上陸予定のマクマード湾と南極点との間にどんな障害があり、氷の状態や地形がどうかさえ知る者は一人もいなかったので、スコットは経験に基づく推量に頼るしかなかった。

それに比べて私はとても幸運だった。私はサー・ヴィヴィアン・フックスなど極地探検の先輩に相談できたし、出発前にグリーンランドとカナダ北部で経験を積むように勧められていた。それがすんでも私はまだ極地に経験豊富とは言えなかったが、少なくとも、気温マイナス十五度の中で深雪と氷冠に閉ざされた行程を進み、また、気温マイナス四十度の中で海氷を横断する技を修得した。また、数十年前にスコットとシャクルトンが探検で使用したのと同じ器具である経緯儀《セオドライト》で真昼の太陽高度を測定して距離を計測する方法など不可欠な技術を学ぶこともできた（グリーンランドでこれを初めて試したときは六十二海里《約百五十キロ》ずれた。南極の地で初めてこの技術を修得しようとしたら惨憺たる結果になっただろう）。このように私は十分な準備ができ、南極の体験がなくてもある程度は予想することができた。

スコットにはその余裕がなかったし、また、南極の雪と氷の状態は北のそれとよく似ていた。これはつまり、過去のイギリス海軍による北西航路の凍結地帯の航海によって開拓された方法を応用できたということである。その結果、スコットはウィリアム・パリーとジェームズ・クラーク・ロス、レオポルド・マクリントックなどが印象深い人力ソリによるイヌイットの移動方法をいくつか採用していたことを知った。

とはいえ、スコットが記したとおり、それ以来「イギリスはソリの世界では名を馳せて来たとは言えず」、また「この点で現代の探検家が最新かつ最良の技術を求めるには海外へ行くしかなかった」。北極点到達競争ではアメリカ人のチャールズ・ホール、エリシャ・ケイン、フレデリック・シュウォトカ、そして、ロバート・ピアリらは全員がスキーと犬、軽ソリを使用するなどイヌイットやラップ人のやり方を採り入れた。フィリチョフ・ナンセン、オットー・スヴェルドルップ、ローアル・アムンセンなど雪と氷に馴染んでいたスカンディナビアの探検家たちもイヌイットやラップ人のやり方を試した。逆にスコット側のアーミテージは、北極海のフランツ・ヨシフ諸島での過去の体験を重視し、犬や人力よりもシベリアンポニー（小型馬）を使うことを主張した。馬は極寒に耐えられ、犬や人間よりも重い荷物を引けると言った。

スコットはさらに考えを深めるため、一八九五年に最北地到達記録を達成していた有名なノルウェー人のフリチョフ・ナンセンにも会った。ナンセンは、平らなツンドラ地帯では犬にソリを引かせたが、険しい難所では使用できず人力に頼ったと述べた。そして、南極の地勢は誰もが知るとおりひじょうに険しいと考えられた。

ナンセンは犬を連れて行くように勧めたが、マーカムはそうは考えず、犬は「使いものにならないどころか、もっと悪い」とし「私の記憶では、犬を連れた一行が、連れずに障害や危険に直面して己の力だけで困難を乗り越えることができた一行ほどの高みに達したことはない」と書いた。結局、スコットは犬を多少は連れて行ったが、大方の仕事は人の力で行われるべきとするマーカムにも同意したのだ。重いソリを人力運搬するのである。

決断に当たってスコットはなるべく多くの専門家の意見を聞き、犬と人力について一つに絞らないようにした。それを批判できる者はなく、この状況では彼はかなり上手くやったと私は思う。事情通は犬を薦めるので、彼はその人たちの意見を取り入れたが、人力にも備えた。

確かに、数年後、私が探検を計画していた時、当時第一級の専門家とされていたワリー・ハーバートにこの問題について意見を訊いた。ハーバートは北極海横断に一隊だけを率いて、犬の力で成し遂げたが、飛行機による再補給にも頼った。それでもハーバートは「地表を進むには人間と犬の協力が最も安全な方法だ……犬が死ねば、その亡骸と食糧は他の犬が食べ、一行は進み続ける……彼らの遂行能力は見てみないと信じられない」と書いた。

私は、機械と犬を利用して北極海の縁を探検した数少ない探検家の一人であるジェフリー・ハタスリー－スミス博士ともこのテーマについて議論した。同博士も、犬は乱氷帯をどんな機械よりかなり速く移動できたことを強調した。犬は極寒でもすぐに行動できるから、好天に恵まれながらへたばって数日どころか数週間を無駄にすることはない。

しかし、ハーバートは犬の長所を認めつつも一、二年かけて犬の扱い方を体得しない限り犬はやめたほうがいいとはっきり言った。私は二年の遅れは気にならず、また、私たちの時代にはメディアが動物虐待に厳しい目を向けていることを意識した。実際に、最近日本の南極探検隊が特別仕立ての檻の中のハスキー犬百八十四匹を放ち、百五匹が死んだことがかなり批判された。私は長所と短所を天秤にかけ、世界遠征隊（Trans Grobe Expedition）の南極横断には機械を使用することに決めた。だが、その後は人力運搬だけに頼ることになる。

多くの人たちが長年人力運搬の考えを批判してきたが、一九九三年に、私はソリの相棒のマイク・ストラウドと初の南極横断を敢行した。犬はいなかった。私たちのスキーが新技術で軽かったからだろうと言う人がいても、その指摘は当たらない。私たちは一人で四百八十五ポンド（約二百二十キロ）の重さのソリを運んだが、この重量はスコットやシャクルトンが引っ張った重量を凌駕していた。自分のしたことを自慢するつもりはないが、記録ではあった。スコットが用心のために犬を連れて行ったとしても、人力運搬のみで極点に到達できると考えたスコットとマーカムは正しかったのだ。

準備が加速し、シャクルトンは爆薬の起爆法を学びにスコットランドへ派遣された。ベルジカ号のようにディスカバリー号が氷に閉ざされた時に爆薬は無くてはならない。シャクルトンはエリザベス・ドーソン-ラムソンが費用を負担することになっていた熱気球の操作法を学ぶ使命も帯びていた。

出発日が近づくと、スコットは渡航中に歯のトラブルを起こさないために全員を歯科医に行かせた。これは賢い行動だった。抜歯が九十二本、虫歯が百二本と記録的で、治療費は六十二・四五ポンド（現在価値で三千ポンド）かかった。私も似たような経験があった。メンバーが南極で虫垂炎になるのを避けるために出発前に全員がロンドンで虫垂を切除してもらおうと言った。胸を撫でおろした者もいただろうが、虫垂炎より麻酔薬の副作用で死ぬ者のほうが多かったので、この提案は却下された。

だが、歯の問題はシャクルトンの心配事の最下位だった。出発までに数週間となり遺漏がないかと考えていた。南極へ行くのはエミリーに自分の価値を証明するためだったが、長く離れていると忘れられることが心配だった。それに、不在中に別の男性と巡り合うかも知れない。しかし、もう引き下がれなかった。出来ることは時間の許す限りエミリーと会って心に消えない印象を刻むことだった。

六十六年後、私にもシャクルトンと同じ心配があった。私はオマーン国王軍に〈契約〉将校として二年間従事することになり、ジニーを失うことが気になっていた。出発の一週間前に、私の留守中に別の求婚者が現れることがないようにと婚約指輪をはめさせた。極点に英国国旗《ユニオンジャック》を立てるようなものだった。それから紆余曲折はあったが、帰国後すぐに結婚したのでそれがよかったのだろう。

シャクルトンの心配をよそに一九〇一年七月三十一日にディスカバリー号はテムズ川を下った。シャクルトンは甲板に出て大勢の人々が道端に並んで声援する様子を眺めていた。マーカムがくれた真新しい海軍の軍服をこれ見よがしに着て、成功裏の帰還祝賀会を想像していた。群衆の中に妹のヘレンとキャサリン、グラディスの姿を見つけた。ハンカチを振りながら手旗信号で「さようならヘレン、さようならキャサリン、さようならグラディス」と合図した。だが、エミリーへの心をこめた別れの言葉はとっておいた。彼女に再会できるかどうか、いつなのかも分からなかったし、再会したとしても彼女の心がまだ自分にあるのかどうか知る由もなかった。

ディスカバリー号は大洋へ漕ぎ出す前に一カ所立ち寄る場所があった。ソレント海峡でドックに入り、そこで待ち構える王室関係者との面会があった。国王エドワード七世（一九〇一年一月のビクトリア女王の逝去で国王に即位したばかり）とアレクサンドラ王妃が王室並びに上流社会の毎年恒例の社会行事であるカウズウィーク祝賀のためにワイト島に滞在していた。両陛下は探検隊の無事を祈り、スコットにはビクトリア勲章が授与される段取りになっていた。

誇らしげなロングスタッフとマーカムもいた。約十年間のあてにならない期待の後、マーカムの探検隊は最高の栄誉である王室の承認が与えられた。だが、最後の数週間まで資金難に陥りそうで、ロングスタッフの資金援助がなければ遠征は夢のままで終わっていただろう。ロングスタッフは再び支援の手を差し伸べて五千ポンドを追加した。その間、シャクルトンは背後から眺めるだけで、自分が王室に近づけることなど考えられなかった。それは夢のすべてが順調な印だった。

八月七日の朝、ディスカバリー号はついにイギリスを出航した。『デイリーエクスプレス』は、ディスカバリー号は「南極点到達競争で世界一の海軍力の勝利を願うすべての国民の心からの祈りとともに」航海中であると報じた。しかし、出発直前にシャクルトンは結婚でエミリーを獲得するという、典型的ではないが、大胆な方策を講じていた。

王室の方々に拝謁した後、そして、テムズ河畔でエミリーに手を振ったほんの数日後に、彼はエミリーの父親宛の書簡に帰国したらお嬢さんとの結婚を認めてほしいとしたためていた。土壇場でその手紙を書いたことは、エミリーを失う恐れへの表れだけではなく、チャールズ・ドーマンに尋ねないという自信のなさをも露呈した。ディスカバリー号の航海の無事を祈る山ほどの善意の報道に乗じようと思ったのかもしれなかった。確かにこれはドーマン氏に強い印象を与え、自分が彼の娘にふさわしいことを証明するつもりだったことを表していただろう。

シャクルトンは書簡では率直かつ正直だった。ドーマン氏が自分と自分の職業について抱く懸念に気づいていた。一番気にしていたのは、もちろん、お金だった。一介の船員の生活では輝かしい未来は描けないし、著名な弁護士の令嬢として育ってきた生活を続けさせられないだろう。シャクルトンはその心配を正面切って口にし、自分が遠征隊に参加したのは「出発するためで……帰還後、またはその先、私に対する彼女の気持ちが変わらなければ、貴方にエミリーとの結婚を認めてもらえるだけの財産をつくってから」と書いた。

航海に出発しようという時になって、シャクルトンは、とにかく、ニュージーランド上陸までの数週間に返事をもらえるとは思っていなかった。それまでに待つ苦しみとともに、さらに多くの試練に直面していた。

6

ディカバリー号の出航から数日間はとても順風満帆とは言えなかった。遠征そのものが疑問視されるほど悪い状況だった。

南極で越冬するにはどうしても十一月下旬には流氷に達しなければならなかった。それより遅れると冬になり、海面が凍結して進めなくなる。しかし、カナリア諸島に達するまでにすでに持ち時間はなかった。「船足の遅い船」と呼ばれていたディスカバリー号は予想以上に遅く、かなり石炭を食ってもいた。帆は出航前に試さなかったこともあってほとんど役に立たなかった。シャクルトンは「後退ばかりで前進しない」と判断し、チャールズ・ロイズ大尉はこの船の造船中に「一、二カ所大きな手落ちがあった」と批判した。

荒れる海では船は厄介者だった。インド洋上では「コルクのように波に揉まれ」船酔いで多くの船員がバケツに手を伸ばした。船酔いよりも深刻だったのは真水の残量で、水は一日に二十トン以上は必要だった。備蓄水が飲めなくなっており、シャクルトンが水槽をチェックしたときは悲惨な状況で、備蓄の多くがだめになっていた。食糧の節約が心掛けられていたが、大量の食糧が船から投げ捨てられた。腐った水と食べ物の悪臭のために、残った備蓄の貯蔵場所を別に造らなければならなくなった。スコットはシャクルトンの機転には感謝した。もっと大量に廃棄されたら結果を考慮しなければならなかっただろう。

一九七九年に私たちも同じような体験をした。南極へ航海中に船に腐敗臭が漂った。よく調べると、古冷蔵庫が壊れていて、はき出された一トンの冷凍サバが液化していた。冷蔵庫の中にはオオカミの毛皮のパーカーも入っていて、魚の腐敗臭が染みついていた。

初めの頃、シャクルトンは真面目に働き、乗組員たちとの交流も続けていた。一行はイギリス海軍と商船の船員、科学者の混成だったため分裂気味だった。その後、スコットが隊員の居住域をクラス別に分けると派閥が生まれた。水兵は雑然とした甲板上のハンモックで眠った。准尉は彼ら同士の部屋で、将校は個室で眠った。食事内容は全員同じだったが、将校は士官室でリネンとナプキンが添えられたテーブルで海軍の給仕が食事を提供した。シャクルトンはこれを気にも留めなかった。彼はどのグループとも交流があって夫々の場所でみなを楽しませたが、とくに水兵と科学者たちに引かれ、彼らの特定分野から何でも学びたいと思っていた。

彼がとくに親交を深めたのはヒュー・ロバート・ミルだった。ミルはマデイラで下船する予定だったが、この四十四歳の科学者は王立地理学会の司書もしていて、乗組員に気象学と海洋学のデータ収集法を教えていた。シャクルトンは海水の濃度と塩分濃度の計測法を学ぼうとしたが、後にミルは、彼には一種の挑戦だったと述べた。「彼は飽きずに細かい点まで正確に見て、一つの測定値を十分に理解してから書き留めて次へ移った」。

それでも、一方は辛抱強く控え目な科学者で、他方は行動派の探検家の二人は、親しくなるまで好んで一緒にいた。シャクルトンは持ち前の賑やかさと旺盛なエネルギーでつねに相手を活気づけようとし、ミルとその専門に刺激を受けて夜更けまで会話が途切れることはなかった。ミルは共に過ごした時のことを「夜中、ディスカバリー号の甲板でのことだ。船が南へ航海していた時、私は彼の個性を発見し、他の乗組員とは言葉遣いと感受性がまったく違うことに気づいた」と記した。

ミルがマデイラで下船すると、シャクルトンはすぐにエドワード・ウィルソン医師と親しくなった。ケンブリッジ大学出身のウィルソンは一年前に医学部を卒業したばかりで、探検隊に加わるまではチェルトナム総合病院に勤務していた。下級船医として働く二十九歳の青年はミルより年齢が近かった。また、ある隊員が「地上におけるキリストの化身」と言うほど信心深かった。ミルの場合のように信心深い英国上流階級出身者と中途退学者には見たところ共通点は多くはなかった。シャクルトンは乗組員と下品な冗談や会話をすることもあるが、ウィルソンとはどんな話題でも突っ込んだ知的な議論ができると思った。やがて星空の下で夜更けまでデッキに二人の姿が見られるようになった。ウィルソンは「彼は私を離さず、いつまでも話をやめようとしなかった」と日記に記した。

十月初め、ディスカバリー号は重い荷を積んで漏水しつつ予定より一週間以上遅れてケープタウンに到着した。これは遠征に影響を与えることになったが、シャクルトンはロイヤル・フュージリア連隊の一員として南アフリカに駐在中の弟のフランクに会いたいとも思っていた。だが、ディスカバリー号の遅延により、弟は負傷してすでに帰国していたので兄弟が会う機会はなかった。

スコットは失われた時間を取り戻すべくケープタウンに滞在中に計画を見直すことにした。メルボルンには立ち寄らずに直接ニュージーランドへ行くことになった。しかし、シャクルトンは前もってメルボルンで食糧の他に木製のプレハブ小屋三棟を受け取る手配をしていた。そこで大至急ニュージーランドのリトルトン港への配送を手配しなければならなくなった。もっと直航ルートでの軌道に戻したかったが、リトルトンまでの四十六日はディスカバリー号の真価を問うことになった。

荒々しい大洋での浸水のために甲板から下は再び水浸しになり、舵取り装置が動かなくなった。そこで、ニュージーランドから西へ二日の地点でインクリノメーター（傾斜計）が五十六度の揺れを記録し、スコットは「これほど広大な海は初めてだ」と記した。一九七九年に私たちは南極への途次でディスカバリー号のインクリノメーターを借りて船の甲板の側壁に吊るした。南極の巨大な波でインクリノメーターの真鍮の矢が記録したところでは両側に四十七度傾いた。これは相当恐ろしい体験であり、もっと巨大な波を受けたディスカバリー号の船員たちは脆弱な木造船の中でどんな思いだったのだろうか。私の人生で本当に怖かったことなのでよく分かる。

困難な状況だったが、スコットの賭けは無駄ではなかった。一九〇一年十一月下旬、ディスカバリー号と船酔いに苦しむ乗組員一行は予定通りニュージーランド南島のリトルトンに到着した。だが、その時シャクルトンの頭には一つのことしかなかった。チャールズ・ドーマンは返事をくれただろうか、だった。

午前二時、シャクルトンは落ち着かず、もう一瞬たりとも待てなかった。ドーマン氏に手紙を出してから約四カ月間気を揉み、返事があればそれを見たかった。上陸して急いで郵便局長を起こすと、自分宛に手紙が二通届いていて安心した。一通はチャールズ・ドーマンから、もう一通はエミリーからだった。

急いでチャールズ・ドーマンの手紙の封を切り、読んでいて口から心臓がとび出そうになった。「君がそれ相応の地位に就き、君とエミリーの双方の気持ちが変わらなければ、喜んで二人の結婚に賛成する」だった。

シャクルトンは歓喜の声を上げた。ドーマン氏は帰国後の娘との結婚を許してくれたのだ。大喜びで村中を起こしそうなったが、この話には悲痛な出来事もあった。エミリーの手紙でドーマン氏が手紙を投函してまもなく他界したことを知った。この知らせに悲しみをつのらせたが、ドーマン氏の最期の行動が二人の結婚を認めることだったことに心が救われた。エミリーも安堵したはずだった。

今やシャクルトンはディスカバリー号の南極探検の準備に一刻も時間を無駄にできなかった。だが、ニュージーランドへの航海中に漏水が数カ所見つかり、修理のために船を乾ドックに入れなければならなくなったが、これで深刻な問題を解決する余裕が少しは得られた。備蓄は三年間有効なので船倉はすでに満杯だった。しかし、三十トンのプレハブ小屋と、石炭四十トン、料理用パラフィン千五百ガロン（約六千八百リットル）がメルボルンから到着したばかりで、甲板上のどこかに置き場所を作らなければならなかった。結局、甲板上に紐で縛っておく以外に方法がなく、船の上部が重くなって喫水線が下がった。南極まで嵐に遭わないように祈るか、さもなければ転覆、沈没するしかなかった。

出航直前にシャクルトンは地元の農家から寄贈された羊四十八匹の置き場所を捜す羽目になった。場所は二十三頭のハスキー犬の隣しかなかった。シャクルトンは石炭袋で仕切りを立てたが、スコットは凄まじい犬の唸り声と吠え声に気づいてペットのテリアのスキャンプを航海期間中は船から降ろすことにした。スコットの知らないうちに三種類の犬が選ばれていて、通常のソリ用の犬よりも獰猛だった。

スキャンプの運命とは対照的に、ジニーのテリア、ボシーは彼女と一緒にどこにでも旅をした。ボシーは南・北両極で小水した最初の犬にもなった（この記録はギネスブックには敬遠された）。

シャクルトンが船倉への荷の積み込みで忙しくしている間、初めてスコットの指導力の真価が試されていた。乗組員には酔っぱらえる最後の機会だと羽目を外す者たちもいて、機関長のスケルトンは「大喧嘩や泥酔」と記していた。一行はイギリス海軍と商船員、科学者の混成だったので公式には海軍規律法を執行できなかった。だからスコットは綱渡りをしているようなものであり、自分の権威はいつでも失墜する恐れがあることを知っていた。だが、かつてのノルウェーのボルクグレヴィンクやベルギーのジェルラッシュ隊のように意見対立から反乱寸前までいった極地探検もあったので、探検隊の規律遵守は絶対だった。

スケルトンはとくに問題を起こす二人の下船を促したが、スコットは躊躇《ためら》った。とにかく人手が足りなかったのだ。スコットは選択肢を熟考し、間をとって二人を厳しく叱責・降格し、自分が責任者の立場にある限り恩情もあり得ることを明らかにした。それはリーダーシップの上級編であり、乗組員から尊敬され、ルイス・ベルナッチはスコットの「良心と正義感」を称賛した。

それでも二人の問題船員のうちの一人はとうとう脱走した。スコットは、しかし、運が良かった。その時、トム・クリーンという二十四歳のアイルランド人青年が魚雷艇リンガローマ号の有能な船員としてニュージーランドで勤務中だった。彼は探検隊に空席ができたことを耳にして熱心に同行をせがんだ。スコットにはイギリス海軍兵士の増員は願ってもないことだった。クリーンは重要な隊員になったばかりか、後にシャクルトンが最も信頼するソリ仲間の一人にもなった。

一九〇一年十二月二十一日、ディスカバリー号は南極へ向かう準備が整った。歴史的な出航をその目で見たいと全国から人々が押しかけた。しかし、ブラスバンドの演奏が始まったとき不幸な事故が起こった。マストのてっぺんから式典を眺めていたロンドンのイーストエンド出身の二十三歳の海軍水兵、チャールズ・ボナーが握った手を緩めて落下して死んだ。この悲劇に隊員はショックを受け、不幸なボナーの埋葬もあって出航が二、三日遅れた。だからディスカバリー号の一九〇一年のクリスマスイブにおけるリトルトン出港はいつもとは趣が違った。大衆も式典もかなり抑え気味で、乗組員も同様だった。船が分厚い霧の中を進むにつれて、一行は幾多の危険を孕むほとんど未発見の大陸に向かっていることが分かり始めた。さらに、一行は文明からも救援からも遠く離れた場所で孤立することになる。

7

未知の世界へ踏み込むにつれて乗組員には恐怖が募ってきた。スコットが「世界一荒れる海」と言った海で、漏水と上部が重い不安定な船が悪天候に見舞われれば大被害を受けることを心配していた。雪を被ったサウスビクトリアの山々を通り過ぎてから今までは水平線には青空だけが見えていた。

一九〇二年一月三日、ディスカバリー号がロス海を航行中にシャクルトンは言葉を失う瞬間があった。目の前の輝く水平線に南極圏が広がっていた。幅三百〜千五百マイル（約五百〜二千五百キロ）の巨大な氷がどこまでも続いていた。一行のほぼ全員が見たこともないこの驚異の光景を目の当たりにして、シャクルトンは「何と表現したらいいのか」分からないと記した。目前に広がる光景は名声と幸運、冒険を約束するのみならず、自分が本当にエミリーに相応しい男になれる好機でもあった。初めて極地へ到達した者となり、国王と国のために新しい土地と野生生物、鉱物が発見されるという思いが心をよぎった。これこそ乳と蜜の流れる地（訳注　旧約聖書「出エジプト記」三章八節）だった。

だが、ディスカバリー号が最初に極地の試練に立ち向かったのはここだった。夏が終りに近づく十一月下旬にスコットは流氷を突破したいと考えていた。行く手にはつねに動いている大聖堂ほどもある大きい氷塊が遮り、ある時は開放水域を塞ぎ、次の瞬間には再び目の前が開かれるという具合だった。それは死地に赴くようなもので、流氷を切り抜けられる保障はまったくなかった。いつ何時航路が塞がれて一八九八年のベルジカ号のように氷に閉じ込められて船上で越冬せざるを得なくなり精神に異常を来す環境にもなる。そんな環境でディスカバリー号の運命は神の手に委ねられた。

スコットも乗組員のほぼ全員も南極遠征の準備には詳しくなかったかもしれないが、スコットは少なくともこの点については心得ていた。これまでの探検隊の船、とくにナンセンのフラム号を観察していてディスカバリー号が氷の中で身動きができなくならずに済む方法を知っていた。船体は木製の梁でずんぐりした丸い形に設計されていて、つねに動いている百万トン級の重い浮氷から受ける圧力で潰されずに浮かび上がることができた。これで数マイルもの動く氷の中をどうやら難なく進めた。

航行中にスコットは船を止めて通り過ぎる浮氷から鳥類標本を集めた。また、冬に備えて新鮮な肉を貯蔵するために、シャクルトンら数人の隊員が銃を手に氷上に繰り出した。シャクルトンにとってこれは途方もない体験だったにちがいない。一度も銃を撃ったことがないのに浮氷上でペンギンを撃った。ほかにも、一トンものヒョウアザラシを仕留め、切り刻んで滑車で船上に引き上げた。肉処理係に指名されたウィルソンは「歯がずらりと並んだ巨大な野獣で、頭はシロクマよりも大きかった」と語っていた。スコットはさっそく「私たちはアザラシのステーキを賞味し、アザラシのレバーと腎臓に夢中になった」と記した。

食糧確保が絶対なのは変わらず、リトルトンの羊は全頭が屠られ、皮を剝がされて凍結されたが、真水も必需品だった。スコットは浮氷から氷の塊を切り出ださせて船上で溶かした。これは蒸気が動力源である淡水化装置の使用頻度を減らすことで貴重な石炭の節約にもなった。

一九〇二年一月五日、船はまだ氷に閉ざされていたが、スコットはボナーの死後、控えてきた祝祭を復活させ、遅ればせながらクリスマスを祝うことにした。クリスマスの楽しみの一部として科学者と士官たちは初めてスキーの滑り方を習った。隊員らがスキーを習う写真が残っていて非常におもしろい。流氷をバックに多数の人物があちこちに立っている。スコットのスキーの腕前も似たり寄ったりで「私の転倒はみんなより多かったと思う」と感想を述べた。スコットは探検にスキーは必ずしも必要ではないと考えていたが、場合によっては非常に役立つことがすぐに分かった。だが、今のところスキーは楽しむためであり、氷の上で遊んだ後は、全員船に戻って温かい食事と歌に加え、ラム酒を嗜んだ。気分が高揚したと言うにとどめておくが、翌日はさらに吉報が届くことになっていた。

ディスカバリー号は僅か四昼夜で流氷帯の端に出た。これは他の遠征に比べると驚異的な結果だった。一八四〇年代のロスとクロジエの探検隊では、エレバス号とテラー号が流氷帯を抜け出るのに四十六日もかかった。流氷帯を出て越冬に適する場所を探しながら南進した。一月九日にはアデア岬の火山斜面を過ぎ、サザンクロス探検隊の一員として南極へ行き越冬の経験がある数少ない隊員の一人のベルナッチにはすぐにそれと分かった。

やや遠回りして上陸し、少人数でサザンクロス探検隊の小屋を調べ、役に立つものが残っていないかどうか探した。朽ちかけた小屋はまるで「ごみの山」だったとウィルソンは述べた。だが、役に立つものはあった。

一九〇二年当時電報は存在したが、遠隔地相互間の通信はできなかった。従って、海上の船が航路の変更を知らせる方法はなかった。だから、この遠征小屋のように特定の場所が連絡場所として使用されていた。もし船が何らかの障害に遭遇した場合は、所在していた場所と行く先をその後の救援隊に通知することになっていた。この場所は事前に決められた五カ所のうちの一カ所であり、スコットは目的地など概要を記したメモを入れた密封容器を残して行った。

船は再び出航し、シャクルトンは越冬基地用の最適地を見つけようと見張り台に就いた。見晴らしの利く場所からの景色にそれはもう圧倒された。氷一面が冬の太陽に光り輝き、先端が白いさらに大きい山頂と聳え立つ氷河に囲まれ、クジラが海水を吹き上げながら船の側を泳いでいた。それはシャクルトンのように海のことなら何でも知っているベテラン船員にとっても驚異の光景だった。

一月二十日、南緯七十六度を通過した直後に、周囲を山に囲まれた小さな入江が基地に相応しいと思われた。すぐに現地を調査するためにシャクルトンはスコット他数人とともに上陸した。

スコットは入江をグラニット・ハーバーと名付けたが、しばし考えた末に、一行の冬の停泊地には向かないと判断した。もっと南に相応しい場所がありそうだと考えた。だが、ここへ来たのは無駄ではなかった。シャクルトンはこの地域の植物の第一発見者になった。後に彼はこの時のことを次のように記した。

私はコエッツリッツ（植物学者）と歩いていて、巨礫《きょれき》の下に何か緑色のものがあったので彼に見てごらんと言った。彼は跪き、飛び上がって「コケだ、コケだ。コケを発見した」と叫んだ。私は「もっと見てみろ。私も見つけた」と言った。彼は神妙にそれを摑んで「コケだよ。嬉しいなあ」と言った。目に涙を浮かべてはしゃいでいた。

その後で一行はマクマード湾へ向かった。そこは一八四〇年のロス探検隊でテラー号に乗っていたアーチボルド・マクマード大尉の名前をとって名付けられた。着いてみると湾は氷で埋めつくされていた。かなり厚そうだったので突破に失敗するだけでなく、その際に船が身動きできなくなることを恐れた。強行突破しようとすれば花崗岩に激突して船体が傷つく恐れがあった。不必要なリスクを冒すつもりはなく、東へ航行を続けた。

ロスが探検隊の船名をとって名付けたエレバス火山とテラー火山を通り過ぎ、一行はさらに東へ進んで大氷壁(ロス棚氷)に接岸した。沿岸には二百フィート(約六十メートル)を超える氷壁が聳え立つ。この巨大な氷壁はフランス一国ほどの大きさがあり、氷塊の九〇パーセントは海面下にあった。もちろんこれほどの氷壁はどんな船も突破できない。

氷壁に沿って進みながら。スコットは、ロスが当時未知の世界へ入った最も遠い地点まで行くことを考えた。ディスカバリー号は南緯七十八度三十分を通過し、これまで誰も行ったことのない南へ航海した。その直後にもう一つの重要な発見があった。

一週間以上大氷壁伝いに航行中、地図にはない岩だらけの島が見えた。シャクルトンは「これまで誰も見たことのない陸地を眺めるのは格別だ」と記した。スコットは新発見の土地を、ソレントを出発する前に一行の幸運を祈願してくれた国王に因んでエドワード七世ランドと名付けた。それからもディスカバリー号は越冬基地を探してさらに東へ進んでいった。

日が短くなってきた。秋が近づき、流氷がかつてないほど集まっていた。船が氷に閉じ込められる危険性が高まっているということだった。基地が見つかる保証もないのにこれ以上地図にない海に深入りするのは無鉄砲だとようやく気付いた。スコットは熱気球を利用する時だと考えた。

大氷壁に十二マイル（約二十キロ）ほど食い込んだ小さな入江を発見し、シャクルトンとスコットらは気球を陸に上げた。スコットは船が氷に閉じ込められそうになったら逃げ出さなければならないことを心配したが、一行は緊急物資を持って行くはずなので、最悪の事態になっても取り残される心配はないと考えた。

急いで気球を組み立て、上空からの素晴らしい眺望からキャンプ地が発見できることを期待した。せめて未知の地で誰よりも遠くまで眺めてみたかった。シャクルトンは気球の設置を訓練され、財源も担当してきたので、南極での飛行一番乗りになりたいと思った。だが、残念ながらシャクルトンには気球に乗る時間がなく、スコットが乗った。

強風をまともに受け、気球はロープ一本だけで地上と繋がっていたので非常に危険だった。風でロープが気球から外れたらその時船上に誰がいても救助は不可能だった。ウィルソンは危険すぎて「経験のない初心者には非常に危険な遊び」だとぼやいた。スコットは他に選択肢がないと思った。日が短くなりつつあり、キャンプ地を探すには最も手際のよい方法だと考えたのだ。スコットはこわごわ甲板をよじ登り、気球はやがて六百フィート（十八メートル）以上に達した。びくびくしていたら無限に広がる白い水平線を見てたちまち目がくらんだ。眺望は畏敬の念を起こさせたかもしれないが、基地を築く場所は見つからなかった。

スコットが気球から降りて思案していたので、シャクルトンは気球に乗り込むチャンスを捉えられた。カメラを抱え、巨大な未発見の雪の世界を初めて写真に撮った。これで自分を元気づけた。しかし、すぐに気体の漏れが見つかって、シャクルトンの上空での時間は瞬く間に終了し、気球も使いものにならなくなった。後にこの入江には短命に終わった実験を記念してバルーン湾という創意に富んだ名前が付けられた。

それから間もなく出帆し、スコットは、今度は氷の中を通るルートを見つけたいと考えてマクマード湾に戻るよう命じた。厚い流氷帯だった場所に近づいてみると、広々とした海に変わっていた。一秒たりとも無駄にできないので船を前進させ、やがてウィルソンが表現した「想像し得る最も完璧な天然の港」に投錨した。囲まれた引っ込んだ場所というだけではなく、大氷壁の雪原と、うまくいけば、南極点へ近づくことができそうだった。危険な環境の中でこれ以上のものはなかった。だが、シャクルトンはこの湾は「無気味」だと不安がった。

スコットの次の決断は陸地のプレハブ小屋で生活するか、投錨して船上生活で越冬するかであった。彼は後者を決断した。流氷がまもなく船の周囲で固まって船をその位置に固定しそうだったからだ。

船上での越冬を喜ぶ者たちもいたが、全員がスコットの決定を気に入ったわけではなかった。船には上陸組をマクマード湾に残して岸を離れ、いったんニュージーランドへ戻ってから明年夏に一行を迎えに来ることを望んでいる者たちもいたのだ。こうして、彼らは数カ月氷に閉ざされることになった。

とはいえ、シャクルトンにとっては興奮以外の何ものでもなかった。彼は船とともにニュージーランドへ戻ることを恐れていたが、こうして越冬というこれまでごく少数の人間にしかできなかった体験をする機会が与えられた。そして、九百マイル（千四百四十キロ）先にある南極点についても、歴史を変え、名を挙げるチャンスさえあった。

8

これから四カ月間太陽が沈み、この不思議な新大陸とディスカバリー号が暗闇に閉ざされる前にすべての準備が整った。船上での越冬中も陸上にプレハブ小屋を三棟建て、万が一に備えて物資を搬入する必要があった。そこはハット岬と呼ばれるようになった。スコットは日に日に衰えていく陽光の中で大氷壁を探検し、後日一行が本格的に冒険に踏み出すときに辿る南へのルートを発見しようとした。

だが、スコットはスキーの練習中に脚を痛め、三人の船員の一人に代わりに偵察を指揮してもらうことにした。コインを投げると、シャクルトンが勝って大喜びした。二十八歳の彼は南極点へのルートを探索する一回目の小旅行の指揮を執ることになった。これ以上の喜びはなかった。初の遠征につながる冒険だったが、即座に全員がおめでとうと言ってくれた訳ではなかった。

こんな大事な役目をコインで決めたことに納得しない者もいた。剽軽なアイルランド人は長期間氷に脚を踏み入れた経験はなく、ましてや、小規模であれ探検を率いたことはなかった。乗組員の中にはもっと相応しい者たちがおり、とくにアーミテージとベルナッチ、コエッツリッツには極地探検の経験があった。

不満はあったが、シャクルトンはウィルソンとハートリー・フェラーという二十三歳の地質学者の二人を同行者に選んだ。一九〇二年二月十九日、シャクルトン一行三人は、犬も連れず、スキーも携行せず、三週間分の食糧と氷が割れたときに必要な組立式小型ボートを積んだ十一フィート（三・三メートル）のソリを引っ張って行った。ソリにつけた各自の旗が次第に強さを増す寒風に翻り、シャクルトンの旗には家訓の Fortitudine vincimus（不屈の精神で困難に打ち勝つ）の文字があった。

息せき切ってソリを引いていると、気温が下がり、一行は唸りを上げる寒風に包まれて不気味で不安な状況になった。南極ではサハラ砂漠のように雨がほとんど降らないので降雪量も比較的少ない。同様に、暴風雪《ブリザード》は砂漠の砂嵐と同じく強風で、砂ではなく氷の破片が顔に打ち付ける。

誰も経験したことのないような酷寒の中で三人はバーバリーの服（羊毛）に包まれていた。羊毛では自然の脅威から守り切れないと、スコットがこの服地を採用したことを批判した者もいた。この種の旅には羊毛ではなくイヌイットの動物の皮や毛皮を使用すべきだと考える者が多い。だが、動物の皮や毛皮は、積荷を犬ソリで運ぶ場合はいいが、人力運搬向きではない。人力運搬の場合には、衣服は空気を通しやすく発汗性があるものでないと、汗が乾かず、休憩中に凍えてしまう。さらに、汗をかくと脱水症になりやすいので適量の水を入れる断熱真空魔法瓶がないとたちまち疲労困憊する。こういう環境ではバーバリーの服は正しい選択だったと思われる。

顔を覆い、ゆっくりとソリを引きながら氷上を歩くのは想像以上に重労働であることが分かった。フェラーは一歩歩いても六インチ（約十五センチ）しか前に進めず、欲求不満から立ち止まったが、シャクルトンは進もうと仲間を奮い立たせた。あご髭は氷に引っ張られ、まつげも凍りついていた。極寒の中での行動の苛酷さを思い知った。双眼鏡を覗くときはレンズに息を吹きかけてはならなかった。息が凍って見えなくなった。指を出してレンズをはらうと指が凍傷になった。

十二時間後、三人はそれ以上進めなくなった。極度に疲弊し、筋肉はほてり、汗が凍って皮膚にこびりついていたので、シャクルトンはキャンプを張って休憩を取ろうと提案した。しかし、それさえも苦しい体験になった。指が凍傷になり両手の感覚が失われてテントをうまく立てられず、強風でテントが吹き飛ばされそうになった。ウィルソンによれば、三人は「何もかもが飛ばされないようにポールにしがみついていた」。

テントを立て終わると、温かくなって、傷の箇所を見ようと慌てて中に入った。だが、三人とも手が凍えて指がなかなか曲がらず、プリムス・ストーブ（訳注　ケロシン《灯油》を燃料とするポータブルストーブ）の火を何度もつけ損なった。どうにか火がついて、待ち望んでいたホットココアを飲み、汗でソックスが凍り付いたブーツを脱ごうともがき、多少の睡眠をとろうとトナカイの皮の〈寝間着〉（寝袋はまだ荷をといていなかった）に潜り込んだ。だが、それも無理だった。「地面の冷たさが伝わり、接触箇所が凍えるほど冷たかった」とウィルソンは記した。三人の真ん中にフェラーを寝かせた。そこがいちばん暖かい場所だったが、彼は一晩中冷たかった。相当疲れていたのだろう。

温かさが保てないと分かり、〈寝間着〉の外に出ると鼻先が凍え、爪先が凍傷にならないように絶えず両脚を叩き合った。私の経験ではそんな状況で本当に辛いのは夜中に寝袋から出ておしっこに行きたくなることだった、寒さに身を晒してから再び暖まるよりも寝袋に尿瓶を入れたほうがいいのが身をもって分かった。ただし、瓶に尿を確実に入れるのは、身体が震えるので大変だった。マークから外れると服に尿が染みて凍るだけでなく悪臭を放った。言っておくが、数カ月洗濯しないまま悪臭を耐え忍ぶことになった。

寝袋に入っても、完全装備でも夜間は極度に寒くて震えが止まらず、一晩平均二千カロリーを消費した。目覚めると空腹だったが、期待した食事はごく僅かだった。こんな日が繰り返されて衰弱が激しくなった。これもシャクルトンが将来の探検での配給量を決めるのに参考になっただろう。

体を温めてしばし休息をとる機会があったので、翌日、シャクルトンは決意も新たに氷河へと進み、島へ向かった。内心では自分がこの探検を率いるに足ることをスコットに証明したかったのは確かで、一刻も時間を無駄にしたくなかった。ソリを引っ張って近くの島まで二マイル（約三キロ）以内に到達したが、それ以上は進めなかった。疲労困憊で明日の大躍進を目指して再びキャンプを張った。

八時間睡眠をとった後、シャクルトンは仲間を起こした。島はかなり近いので装備品をこの場に残し、島の最高峰に進むことを提案した。しかし、シャクルトンも仲間も経験不足と特殊機材のためうまく行かないことが分かった。寒さが厳しくなり手が握れなくなっていたし、履物も登りには向いていなかった。何度も地面に倒れて頂上へ着いたときは全員が傷だらけだった。眺望だけは素晴らしかった。

二千七百フィート（約八百二十メートル）の高さから大氷壁が前任者の誰よりもよく見えた。どこまでも続く氷の彼方に巨大な山々が連なる山脈が遠くに望めた。その向こうには南極点があった。これは実に貴重な瞬間だった。スコットに偵察として選ばれたアーネスト・シャクルトンは、南極点へ到達できそうな道を発見したのだ。他に何も得られなくとも成功したと思った。

任務を完了してシャクルトン一行はすぐにでもディスカバリー号に戻りたかった。自分たちが成し遂げたことに上機嫌で足早に山を下り、戻り旅を急いで装備品を纏め、船へ歩みを進めた。

船上では、実際に見たことを面白おかしく話すシャクルトンにスコットと隊員たちはじっと耳を傾けていた。シャクルトンは関心を集めて得意になり、ほぼ全員が彼の冒険談に聞きほれた。スコットは熱気でみな「熱くなった」と言ったかもしれないが、ロイズ大尉はシャクルトンが「案の定、大袈裟すぎる」と言って偵察の話にそれほど引き込まれなかった。しかし、シャクルトンは全員が就寝するまで話を止めなかった一方、スケルトンは「彼はまともなことを言っており、我々の中の二、三名ではなく一名のように意味のないことを話していないことを評価する」と言った。

シャクルトンの報告に喜んだスコットは二週間後に別の一行を長期発見の旅に出した。今度の目的地はクロジエ岬で、事前に準備された「郵便」箱の一つとなる場所だった。

今回はロイズが率いる十二人で、荷物の運搬を八頭の犬に分散した。だが、犬は訓練が行き届いておらず、条件も悪かったので、ロイズは仕方なく二十四歳のバーン大尉他随員八名を船に戻した。これは水兵のジョージ・ヴィンスが冷たい海水に滑落死する悲劇で終わることになった。

その直後にショックでバーンが指揮を取れなくなり、一行はばらばらになった。海軍水兵のフランク・ワイルドが三人を誘導しなかったらもっと悪い結果になっていただろう。ワイルドは三人を直ちに船へ帰したが、バーンのほか三人は何時間も道に迷った挙句に悲惨な状態で船に帰り着いた。

スコットはヴィンスの死を「最悪の日」だったと言って取り乱した。そういう状況下での一行の経験の無さを物語るものだった。一九〇二年三月四日、スコット記す。

荷造り後のソリは後で恥ずかしくなるほどの外観で、ソリを滑らす者の着衣にも同じことが言えた。だが、この時の私たちの無知は嘆かわしいほどだった。何の食糧をどのくらい準備したらいいか分からず、また、コンロの使用法、テントの組み立て方、それに、衣服を何枚着込むかさえ知らなかった。装備品は何も試しておらず、全般的に無知だった中で態勢の不備はすべてについて言えた。

ほとんど未知の土地での冒険でこれは予想されることだったが、ベルナッチは寛大ではなかった。ボルググレヴィンクのサザンクロス探検隊の一員だった彼は南極に関しては一行の誰よりも経験があったので、基本的訓練ができていないと思っていた。特に重要なのは、多くの隊員がテントの組み立て方、ストーブの点火方法、衣服の着用についてなど簡単なことでも徹底していなかったことだった。

幸いにも、氷上で日を追うごとに素人集団は徐々に、しかし、確実に衣服の調節、寝る際にソックスや手袋を側に置くこと、そして、三人用の毛皮の寝袋は役に立たないことが分かり始めた。最初に使用する時の寝袋の重さは四十五ポンド（約二十キロ）だが、二十日後には凍りついた汗の重みで七十六ポンド（約三十五キロ）に、その先はさらに重くなった。

しかし、氷上のさらなる冒険は先延ばしにならざるを得なかった。三月になってディスカバリー号の停泊地は完全に氷に閉ざされ、全方向から数トンの氷が船を締め付けて船の材木がきしんで音をたてていた。そして、四月二十三日、太陽が東の地平線に沈み、以後百二十三日間暗闇が続いた。

9

南極探検隊員の多くは、何カ月も暗黒の世界に閉じ込められている間に精神に異常を来した。とくに初心者に多く見られることで驚くには当たらない。暗黒と酷寒、閉所恐怖症に限らず、文明から遥かに離れた謎の大陸で孤立状態に置かれると冷静な判断ができなくなる。こういうプレッシャーは筋金入りの男たちにも大きな影響を与える。ベルジカ号探検隊は壊血病と「閉所性発熱（cabin fever）」の組み合わせに屈した。

精神衛生に気を付けていたディスカバリー号の隊員たちでさえ体調維持の難しさを知った。外気がマイナス十七度に下がってほぼ全員が船内にいることにしたが、船室の壁が凍り付いた。こういう不快な条件下で多くの隊員はホームシックになり、毎日同じ場所で同じ相手の顔を眺めていると数カ月後には苛々し始めた。自然な苛立ちや鬱、厭世、不安などの傾向が深刻化し、家族など愛する者が近くにいない状況では、鬱積した感情の自然で、最も安全なはけ口は日記と家族への手紙だった。それが人間の本性であり、感覚が研ぎ澄まされる遠征では極端な形で現れる。

私の最初の南極遠征では、つねに顔を突き合わせていなければならない相手やグループ間に軋轢と嫌悪感さえ生まれた。私はチームメイトのオリバー・シェパードとチャーリー・バートンとの会話ができなくなったときもあった。数日間一言もしゃべらず、二人が嫌いだった。その感情は共通だったはずだ。だが、私は基本的にジニーと一緒にいて、彼女がいつも大きな安堵と支えになった。妻が側にいたので少なくともストレスを解消できた。それができないと日記に怒りをぶつけた。私の不平不満には取るに足らないものがあったので、振り返ってみると不思議なのだが当時は大問題に思えた。

風が唸る暗黒の冬の数カ月間、隊員間にはしょっちゅう口論や取っ組み合いがあったと、スコットの世話係で船上では最年少のクラレンス・ヘアーは述べた。シャクルトンが本領を発揮するのはそういう場であった。娯楽担当の彼は図書館の蔵書を管理し、劇の上演を手伝い、また、討論会まで開催した。ベルナッチとはブラウニングとテニソンの詩的価値についての討論で鎬を削り、シャクルトンはブラウニングを支持した。隊員投票では僅か一票の差でテニソンに軍配が上がった。

隊員を忙しく、楽しくさせるためにシャクルトンが行った最大の貢献は『サウス・ポーラー・タイムズ』だった。彼は貨物室内に仕切られた聖域〈オフィス〉で毎月一回の発行を目指して隊員の科学記事や物語、詩、絵画、冗談などを募集した。ウィルソンのイラストとバーンズの隊員の似顔絵は大きく取り上げられ、シャクルトンは、ジュール・ヴェルヌの小説『海底二万里』の主人公ネモのペンネームで毎回一篇の詩を投稿した。「大氷壁に捧げる」と題する詩の中で南極の謎の発見に言及した。

今年汝の氷の要塞は男たちの声で鳴り響くだろう
汝の起源は山脈だと分かるだろうか
汝を氷海と呼ぶのだろうか
汝を永遠に謎としたまま　北への帰路につくのだろうか

隊員たちの楽しみは他にもいろいろあった。狭い船室内で他人には見られたくないことをし、食べ物はつねに楽しみだった。とくに士官にとって食事は楽しみであり、上級士官室には陶磁器の食器とナイフ、フォーク類を並べ、食事時間が行事になるようにというスコットの配慮があった。

シャクルトンも楽しみごとが多かった。いつも話をしたがり、冗談を言った。ある甲板員は「彼は素晴らしい紳士で、いつも何か話をしようとしていた」と語った。まさにその通りで、誰とでも仲良くなり、誰からも好かれた。シャクルトンが一緒にいて心地良かったのは二十七歳のフランク・ワイルドだった。ワイルドは十一年間商船隊にいて一年前に海軍に入隊したばかりだったが、冒険がしたくて探検隊に加わった。この点で彼はシャクルトンによく似ていて、なぜ二人は気が合うのかよく分かった。だが、それでもシャクルトンはウィルソンといる時間の方が長かった。近くのクレーター・ヒル近くに気象所を設置してから二人は暗闇で丘を上ることも酷寒も厭わず、自ら進んで数値を記録しに行った。シャクルトンは「なるべく体を動かしたい……できるだけ。そのためにいい」と説明した。船を離れる時間になったことは確かで、辛抱強いウィルソンが以前「逃げ場がまったくない」と言ったことがあった。だが、もっと大きな目的もあった。シャクルトンは夏が来たら南極点を目指すチームの一員に選んでもらいたかったのである。

誰もが南極点到達を目指すスコット隊の一員になりたいと思っていた。隊員の多くはそのために参加したのだ。シャクルトンは必死だった。確かに彼は数合わせのために隊員になったのではなかった。こういうチャンスを夢見て、姉妹に自分は英雄になると大法螺《おおぼら》を吹いていた時からである。それがすぐに手の届きそうなところにあった――スコットに選ばれれば、である。

私が自分の南極遠征の隊員を選ぶときは信頼のおける優秀な人材を選ぼうとする。しかも〈イエス〉マンではなく、リーダーとしての私の地位を脅かさない人物である。難しい組合せだ。プレッシャーの下でも思考し素早く行動できる人物は必要だが、氷上での反乱の未然防止にあって欲しくない。人間は厳しい環境で試されるまでどう行動するか分からない場合がある。

だから、スコットは厳しい決断を迫られており、同行者を一名にしたかったので尚更だった。このとき彼はフィリチョフ・ナンセンからヒントを得ていた。彼の有名な北極横断の際の同行者は一人だったのだ。たった一つの席の奪い合いでありアーミテージが強力な本命だった。彼は最初から南への主要行程での地位を約束されていたから副隊長の地位を得たのである。しかし、時とともにスコットは次第にエドワード・ウィルソンの堅実な人柄に頼るようになっていた。ウィルソンはすでに氷上でその本領を発揮し、聡明な良い仲間でもあった。その上、医師なので危険な行程では欠かせない存在だった。

六月中旬、冬の数カ月間に候補者全員を観察してきて、スコットはウィルソンに南への同行を伝えた。ウィルソンは驚いた。彼は野生生物と地質学の研究のために探検隊に参加しただけだった。南極点へ行くことには関心がなく、遠征は「本分を離れて三カ月間大氷壁で退屈な激務に従事することになるだろう」と妻への手紙で訴えていた。ウィルソンは健康にも多少問題があった。健康に見えるが以前結核を患っていて肺に欠陥があり、酷寒の中での長期遠征は悪影響があり得るため、当初はディスカバリー号探検隊には不合格だった。そんな事情で、選ばれるべき候補者は他にいるのではないかと思った。だが、断る理由を全部挙げても断れなかった。「どんなに驚いたことか」と述べた。「長い旅行の同行者に選ばれて喜ばずにはいられなかった」。

ウィルソンはその決定に当惑したが、シャクルトンには大ショックだった。シャクルトンは早速友人に心からの喜びを表明したが、打ちひしがれた。突然、有名になって歴史の本に自分の名前が刻まれる夢は消えた。残ったのは、エミリーと離れてさらに数カ月間氷に閉ざされたままスコットとウィルソンの帰りを待つことだった。そう思うと士気が挫かれた。しかし、シャクルトンはまだ参加を外されてはいなかった。

ウィルソンは、巨大な大氷壁で二人だけだと、一人がだめになるともう一人には致命的だと考えた。そこでウィルソンは、シャクルトンの同行を考えてもいいのではないかと内々にスコットに提案した。スコットは暫く考えてウィルソンの言うことには一理あると思った。シャクルトンはすでに氷河での働きが評価されていたし、力があって何百マイルもソリを引けた。機転が利いて協調性もあった。それで、そうすることになった。来るべき十月に三人は歴史を創るべく、少なくとも南極点への最も遠い記録を破るべく出発することになった。

私は、一人か二人を同行して南極探検を繰り返した経験に鑑みると、一人同行の方がやりやすかったと思う。二人だけだと、同行者がリーダーの決断に反対だった場合、熟考の末に大抵言われたとおりにする。しかし、三人の場合は、リーダーの決定に二人が反対すれば、二人で相談してミニ反乱が起きる可能性があった。反乱が失敗しても雰囲気はまずくなる。私が過去の探検を再び実行するとすれば、なるべく三人目を同行しないつもりである（メンバーの一人が私の妻でない限り）。昔の諺に「二人は気が合うが、三人は仲間割れ」という。

窮地に立ったシャクルトンにとってこれは途轍もない幸運の一打だった。シャクルトンはスコットから南極点行きの三番手になってくれと頼まれたときはもちろん「狂喜」した。だが、この時も誰もが喜びを分かち合ったのではなかった。発表があったとき隊員たちから相当不満が出た。ウィルソンは医師なので同行は納得できるが、他の一名は海軍出身者にすべきだと誰もが思った。アーミテージの怒りは激しく、数年後にスコットについて厳しい批評を書くことになった。スケルトンも黙っておれず「シャクルトンはお喋りで、いつもボスの前では働く……隊長の考えは総じて正しい……だが……なぜあんなにシャクルトンの言うことを聞くのか――あいつはその辺のただのお喋りだ」と書いた。だが、誰が何と思おうとシャクルトンはスコットのお気に入りであり、スコットの最終決定だった。

最終準備が進み、八月に入って日照時間が少しずつ長くなると、シャクルトンは氷上での犬の訓練を命じられた。かなりの難仕事だった。シャクルトンは犬を扱ったことがなく、粗暴で喧嘩好きな犬たちを飼いならすのは至難だった。ムチを使っても、優しく宥めても上手くゆかず、どちらも辛抱強くやり通せなかった。

犬の訓練はもっと早くから、冬の月明りの下でも、始めるべきだったと批判する者たち（スコットも自分の日記で）はいた。しかし、そんなことをすれば重い凍傷になって犬たちが死ぬことになりやすい。数年後にノルウェーのアムンセン一行がそれを経験することになった。スコットのように訓練を八月末に基地付近で始めることが最も賢明なタイミングだったことは間違いない。スコットは犬の行動に完全に自信があったのではないが、犬は全然いないよりはましと結論した。

その間、南への行程のチャンスを逃したアーミテージには残念賞が与えられた。一九〇二年九月二日、彼は磁極へのルートを発見するために五人の仲間と出発した。磁極点では地球の磁力線が地表から垂直に出てくる。その場所の発見は、南半球の磁気地図、従って、海洋航海術の最新化にとって欠かせない。対照的に、シャクルトンが到達したかった地理上の南極点はすべての経線が南半球で一点に集まる場所である。アーミテージ一行はスキーを携行した。スキーにまだ懐疑的なスコットは「新手法に関する私の意見は差し控えたい」と述べた。

だが、アーミテージが他の二名とニューハーバーという名がついた入江へ向かうと、同行者のフェラーとヒールドが重病になった。詳しく調べると二人は遠征の成功には脅威となる病気に罹っていた。壊血病である。あざ、筋肉の衰え、歯が抜ける、関節の激痛などの症状が見られ、最悪の場合は死を迎える。今日では、壊血病はビタミンCの欠乏にあることが分かっている。しかし、前世紀初頭まではそうではなかった。時とともに特定のパターンが分かってきた。海岸に近い場所に住み、新鮮な果物や野菜、肉を食べていると病気にならないようだった。長い航海ではふつうこういうものから離れる。海岸に戻ってアザラシとペンギンを食べると奇跡的に回復したが、決定的な要素はビタンCであることにまだ誰も気づいていなかった。

わけても一等航海士のチャールズ・ロイズは「冬の間つねに新鮮な肉が出されていたのに」とこの病に戸惑った。一行はアザラシとペンギンの肉を十分食べていたが、調理や乾燥の過程で一定量のビタミンCが失われることを知らなかった。そういうわけでヒールドとフェラーはアーミテージと出発する前からかなりビタミンCが欠乏していたのだろう。

基地へ戻ってウィルソンとアーミテージはフェラーとヒールドを看病しつつ、他の隊員が同じようにならないように手配した。アザラシ猟の回数を増やし、隊員の多くがアザラシの肉を嫌っていたので、料理係のヘンリー・ブレットにもう少し料理を工夫するように言った。こうしてアザラシ肉が週二、三回から毎日出されるようになり、ヒールドとフェラーは速やかに回復し、他の隊員たちも健康に過ごした。

この時、スコットとシャクルトン、甲板長のトマス・フェザーは南へ出発する前に別の任務を帯びていた。十月に本格的な南極点遠征に出発するときのために、装備品をソリに積み、犬の力を借りてデポの材料を輸送することが目的だった。

アーミテージの探検では壊血病が問題になったが、スコットのデポ設置作業でも健康問題が発生した。問題となったのはシャクルトンで、ウィルソンによれば彼は「凍傷で十本の指すべてが水ぶくれになり、明らかに疲労困憊気味である。体重が数キロ減ってかなり痩せた」と記した。

ウィルソンは、これまでのシャクルトンの二回の行程はこれからの探検に比べればたいしたことはないと考えていた。南極点に到達する気なら片道千四百八十海里（約二千七百キロ）の往復と、極めて困難な条件下で荷物を人力で百日以上を一日十六マイル（約二十六キロ）引っ張る必要があった。ウィルソンはスコットにシャクルトンを推薦したが、手紙で妻のオリアナに不安な気持ちをしたためた。「そのことも、シャクルトンも同様に大事だ。彼は任務に適しているとは思われない。隊長は力強くてブルドッグのように頑丈だが、シャクルトンは任務に必要な脚を持っていない。だが、どうしても行ってやり遂げたいと思っている」。

ウィルソンはシャクルトンが夜間に何度も咳の発作で目を覚ますことがあっても、その懸念をスコットに告げないことにした。彼は体調がよくないことは明らかだったが、一生に一度のチャンスを逃したくなかった。シャクルトンが体調を気にしていたことを暗示するように、出発前夜、彼はエミリーに手紙を書き、遠征中に命を落としたら「どうか悲しまないでほしい。男の仕事であり、知識を広げるために微力を尽くした……あの世でまた会おう……」。

誰もが忘れていたが、ここにきて警鐘を鳴らすべきことがあった。シャクルトンは出航前の健康診断で合格しなかった唯一の隊員だったのだ。

10

九年前、マーカムはイギリス探検隊による南極大陸の初征服を夢見た。そして、スコットによる二年の準備期間を経て、ついにその日が来た。一九〇二年十一月二日の朝、スコットとウィルソン、シャクルトンの三人は、犬十九頭とソリ五台とともに写真に納まった。ソリには七十日分の装備品と機材が積まれていたので、何があっても三十五日経ったら引き返さなければならなかった。

出発前にスコットは副隊長のアルバート・アーミテージに命令を託した。「船が再び氷に閉ざされる前に私が戻って来なかったら、小屋に食糧などを供給していったん当地を離れてニュージーランドに戻り、君の判断で、捜索隊は来シーズンとする」。

凍傷を防ぐためにスコットがデザインした、針金で縁取りされたフード付きジャケットの開口部から顔を出し、三人は歴史へ、声援へ、そして、ディスカバリー号上の仲間の善意に応えて第一歩を踏み出した。一行の後ろからは犬が列になってソリを引っ張り、さらに、三日前にはバーン他十二名の支援部隊が、三人が戻るルートに食糧などのデポ配置のために出発していた。

ディスカバリー号、エレバス山、そしてテラー山が次第に遠ざかるとき、早々と犬と並んでスキーを試みたが役に立たなかった。しかし、三日後になって雪面が変化し、平坦な地形ではスキーが奏功し、四日間を通して一日平均十一マイル（約十八キロ）で進んだ。

犬の活躍もあって南極の三騎士はまもなくバーンのデポ設置チームに追いついた。デポ設置チームはスキーなしの行動で難渋していた。それでもチームはボルクグレヴィンクの記録を破る南緯七十八度五十五分を打ち立てた。これは明らかにスコットとウィルソン、シャクルトンに自分たちには高性能の機材と装備があるのでもっと功を上げられるだろうとの夢を与えた。

残念ながら犬の成績は下降線を辿り始めた。航海中にノルウェー産干しタラとビスケットを混ぜた餌が傷んでかなり栄養不足になり、目標達成に苦労した。犬たちは脂肪分が摂れていなかった。脂肪は酷寒の中でのエネルギー源だった。犬たちは食欲を抑えられなかった。ある夜、一頭が逃亡して一行の食糧から脂肪分の多いアザラシの肉を一週間分食べてしまった。犬の行動はだんだんのろくなり、エネルギーの蓄えが減って、ウィルソンは犬を「怠けもの」と呼び始めた――やつらは引っ張るより「怠ける」ことなら何でもしただろう。

犬の活動が鈍くなったのは、先頭の犬の前に目に見える対象物がないためでもあった。百八十度何の変哲もない不毛の荒野では目標にするものがないので犬たちは面食らってスピードが落ちた。私もこれに相当影響を受けたが、別の理由からだった。私が長期遠征後に複視（ものが二重に見える）に悩まされていた時、一流の眼科医は、何週間もの間、地平線もなく、焦点を当てるものがなかったので、目は足元から一メートル先に焦点あてるようになったと診断した。視軸の軸輳《ふくそう》がほぐれるまで数週間かかった。

犬の問題を解決するために、スコットは隊員たちに交替で先頭の犬たちと並んで荷物を引っ張れと命じた。これは誤りだった。人間に仕事をさせて犬を楽にさせるだけだった。その上、でこぼこした地形で四百九十ポンド（約二百二十キロ）以上ある荷物を三人で引っ張るとスキーが役に立たなくなった。さらに悪いことに、スキーは二本で二十ポンド（九キロ）あるので、ソリに縛りつけるとスキーの重さが輸送量に加重された。

私の探検中に、人力で重い荷物を運び始めた瞬間にスキーの利点が失われた経験がある。スコット一行がスキーを信頼しないのを批判し続けることに私が戸惑う理由である。

一九九三年に私とマイク・ストラウドが支援なしに初の南極大陸横断を行った時、当初四百九十五ポンド（約二百二十キロ）だったソリを人力輸送し、スキーの助けをほとんど借りなかった。参考までに、これはそれぞれ体重が百六十ポンド（約七十二キロ）ある普通の体格の男性三人を縛って脚のないファイバーグラス製のバスタブに入れ、千七百マイル（約二千七百キロ）の砂丘を九十六日間引っ張るのと同じである。骨の折れる仕事だったが、私たちはやり遂げて、南極での機械不使用旅行に犬とスキーが不可欠ではないことを証明した。

だが、それは、同じような環境で人力輸送の経験がない人間にとって楽だと言うことではない。ウィルソンは膝痛と膝腱の緊張を訴えたが、彼が本気で心配したのはシャクルトンだった。「テントの中でシャクルトンのいやな咳が止まらなかった」と記し、少し後で「全員体調は良い……シャクルトン以外は。彼の咳はひじょうに厄介だ」と書き加えた。これは、とくに初期の段階で良い前兆とはいえなかった。

一行のスピードは落ち始めた。空腹と疲労と息切れ、それに気象条件も悪化していた。風がおさまり始め、気温がマイナス六・五度に上昇すると、人力輸送は、気温零度以下を想定して着込んでいたために大量に汗をかいて辛くなった。南極でのそんな機会に、私はとても暑かったので長いズボン下と肌着だけで人力輸送をしていた。だが、少なくともスコットとシャクルトン、ウィルソンには問題はなかったが、私はオゾンホールのために日焼けがひどくなっていた。立ち止まったとき、汗が下着から股間へ流れ込んで忘れられないほど辛い経験をした。

そういう条件で、しかも、苦闘しているので、目的地に到達しないならやり方を変えるべきだとスコットは考えた。そこで、積荷を分けて半分ずつ運ぶという苦渋の決断を下した。積荷の半分を五マイル（八キロ）（視界が悪いときはもっと短い距離で）引っ張り、積荷を貯蔵し、もう半分を取りに戻ってから進む。これは三マイル歩いてたった一マイルしか進まないということである。また、スコットは、昼間の一番暑い時間帯を避けて活動時間を昼間から夜間に変更した。二十四時間昼間だが、太陽は「夜間」はかなり低かった。

私の探検の時も何度も同じことをした。とくに南極単独旅行の際にアイゼンをクレバスに落としてしまったので、海水面から南極高原まで登るのに四百七十ポンド（約二百二十キロ）の積荷を分けてフロストスパー（Frost Spur　南緯八十二度、西経五十一度五十九分にある尾根）で半分ずつ運ぶしか選択肢がなかった。骨の折れる作業を五回繰り返したが、あの険しい凍えた傾斜を一人で積荷を運ぶには他に方法がなかった。

スコットが積荷を半分ずつ運んだのは正しかったが、シャクルトンは「前進と後退を繰り返す苦業だった」と、また、後日「すさまじい旅だった」と述べた。短い休息の間もほとんど休めず、体表の汗が凍っていっそう寒くなった。

一行は毎晩キャンプでペミカンの「フーシュ（hoosh）」（訳注　干し肉やドライフルーツをラードなどで固めた保存食）を

食べて身体を温めた。テントの外では強風が唸り、氷塊が崩れる音が雷のように辺り一面に響き渡って暗闇はいっそう恐ろしかった。それらから気持ちを引き離すために助け合った。ウィルソンは聖書の言葉を朗読し、シャクルトンは物語や詩を語って聞かせた。

三人は、スコットがイギリス海軍軍人、シャクルトンが商船航海士、そして、ウィルソンが医師と変わった組み合わせだったが互いにうまく行っていた。日記は鬱憤を晴らす場でもあるが、仲間への嫌悪は記されなかった。とはいえ、一つの事件が束の間の怒りの原因となった。

ある日シャクルトンが「フーシュ」を調理中にテントの床にこぼしてシートに穴が開いてしまった。スコットは注意してやれとシャクルトンをどなりつけたが、その件はすぐに忘れられたようであり、例によってウィルソンが宥め役を務めたに違いなかった。改めてその件を口にする者はいなかったし、その後の日記にも誰も仲間を非難する言葉を記さなかった。伝記作家の中にはそういう出来事を取り上げたがる者もいるが、私見を言えば、相手の悪口を言った者がいなかったということは、些細な出来事だったことを示している。

スコットはシャクルトンに注意するどころか、努力を褒めたのだ。シャクルトンが息切れと闘いながら前進し続け、限界まで前のめりになり精一杯の力を込めて両肩で装備品のソリを運ぶ姿は仲間を勇気づけた。スコットはシャクルトンについて「息苦しいのに一行を元気づけようと頭を上げ、何度も後ろを振り返った」。なんとかしてみんなが、とくに自分が、倒れないようにしようという決意だった。十一月二十五日、ありったけの力でソリを引っ張って南緯八十度を超え、南極大陸のどこよりも極点へ最も近い場所に辿り着いた。

それでも、一行は予定より遅れていた。もっと南へ行くにはさらに日数がかかるため一日の食糧の割当てを一人当たり二十九オンス（約八百二十グラム）に減らした。朝食は刻んだベーコンのスープ一杯とビスケット、昼食はビスケット数枚に茹でたアザラシ肉の塊と温かいココア一杯だった。夜は少しだけ贅沢に、ペミカンとベーコン、ビスケット、チーズを混ぜ合わせたものにプロテイン添加物のプラズモン（訳注　英国製の牛乳タンパク粉末）だった。だが、重い荷を積んだソリを引きながらの不安定な条件の中で何マイルも歩き続けるには十分ではなかった。一行のエネルギー摂取量は約四千カロリーなのに七千カロリー以上を消費していた。このままでいくと一日平均で約十オンス（約三十グラム）体重が減少し、旅を初めて一カ月目で体中の脂肪が燃焼され、十二月には飢えた身体は身体を支える筋肉そのものを代謝するようになるだろう。さらに、空腹を感じると身体は脂肪の蓄えを消費し始め、その過程で肝臓はケトンという物質を生成し、それが血液を巡ることで不調や憂鬱な気分になり――変わりやすい合併症状のほかに苦痛と消耗、飢えが加わる。

スキーと犬を使うのは何よりもカロリー不足のためであると私は考えており、それは彼らにとって最大の難題になった。スコットの責任ではないが、彼は劣悪な環境を知らなかったので、どれほど多量のカロリーが必要になるのか分からなかったのだ。

一九九三年の私たちの南極横断で私とマイク・ストラウドは一日の消費カロリーを五千二百カロリーとしたが、それでも足りなかった。私たちのカロリー消費量の計算後、イギリスのストレス栄養研究の第一人者であるマイクは、私の一日の消費カロリーが一万六百七十カロリーであることを突き止めた！　血液サンプルの分析から私たちの酵素系、すなわち脂肪吸収の調整はつねに変化しており、私たちの消化管ホルモン濃度は今までに記録された値の二倍あった。今まで分からなかったほど高脂肪食に順応していたことになる。それに、体脂肪がゼロになって心臓と全身から筋肉が失われ体重が減少していた。

同様のことが明らかにスコットとシャクルトン、ウィルソンに起こった。やがて三人は次第に空腹が激しくなり、胃の奥に齧歯《げっし》動物でもいるかのように食べ物以外のことは考えなくなった。シャクルトンは日記の一ページに「食欲」と題して、その下にサーロインステーキとカリカリの揚げパン、ジャム菓子、お粥などのリストを書いていた。見た夢が記されていた箇所にも食べ物のことがあった。その一つに「美味しそうな三角のタルトが私のそばを通り過ぎて二階に行く」夢があった。一方、スコットは、仲間は「空腹から飢え」になったと記した。そして、事態はますます悪化した。燃料備蓄が少なくなって昼の休憩時には茹でたアザラシ肉ではなく、凍ったまま噛まざるを得なくなった。

一行が疲れ切った脚と激しい空腹と闘いながら前進していた時、遠方の暗い場所が時々近くに見え、それから靄が渦巻き、視界を遮った。ウィルソンは「海岸はまだ約五十マイル（八十キロ）先だ……だが、雪に覆われた山頂、切り立った崖と岬などすべてが美しい」と記した。すぐ後に「霧雪《むせつ》が終日降っている。どこもかしこも『白い沈黙』のみ」とあった。

目標が何もないため数週間の経験を経ても、もどかしいコンパス方位に頼ろうとした。コンパスがうまくいかなかった時は、地平線が見えず、吹雪のため視界ゼロで目標もないので、しばしば軽い竹棒に布の切れ端を結び、風向きで進路をとる以外に頼れるものはなかった。

七〇年代末に私の先導で凍った大陸を横断することになった時、私はスコットとシャクルトンと同じ方法を使わなければならなかった。当時は極軌道衛星がなかったのでＳＡＴＮＡＶ（衛星ナビ）とＧＰＳ（全地球測位システム）

はこれほどの高緯度ではまだ使用できなかった。私は軍で数週間セオドライト（経緯儀）と六分儀（二つの物標間、また天体の高度や角度を測定する計器）、クロノメーター（揺れや温度変化に影響されない高精度の携帯用ぜんまい時計）、航海年鑑、天測計算表の使い方を学び、加えて、毎晩夜空の各象限にある特定の星を見つける技術を学んだ。スコットのように私もときどき場当たり的にやった。太陽が出ている時は自分の雪上スクーターのプラスチック製フロントグラスにペンナイフでひっかいた数本の線の影によって誘導したこともあった。臨機応変の即応力は試験条件下で成功する鍵であり、スコットはその名人であることを証明していた。

十二月半ばになると、果てしない中継作業、激しくなる空腹、疲労、気温の下降、そして、病んだ犬の群れは南へ二マイルまで連日改善を見せた。シャクルトンの日記には「指がとても痛い」、「脚が疲れた」、「足が重い」、「犬がソリを引かない……どうにかしないと」そして「人力輸送で疲れた」などの記入があった。シャクルトンを動かしていたものは意志の力だったが、それでも挫けそうになった。

エネルギーを保存するには、会話を最少限とし、荷を軽くするためにスキーを捨て、装備品もデポBに置いて来た。私もマイク・ストラウドとの横断の時は、ダウンジャケットはほとんど着ないので処分した。そういう物の処分はもちろん想定内のリスクである。ずっしり重いものを処分すると決めた瞬間、私がダウンジャケットを処分したときのように後で後悔しないようにと願う。その時は数日後に気温が急降下した。

スコット一行はたった一カ月で百マイル（百六十キロ）以上進んだが、折り返し作業なので本来ならばその三倍は進んでいただろう。裸足の踵《かかと》がブーツで擦れ、歩く度に隊員の緊張した表情に激痛が走った。忍耐も限界に来ていた。いつもは前向きなシャクルトンがまともに敗北を見つめるときが近づいたことを知り「これではもう前に進めない」と言った。

このまま続行すれば更に犠牲を伴うことが急速に明らかになった。精神に有害な積荷の折り返し作業をやめて全エネルギーを前進に使うにはもっと重量を減らさなければならなかっただろう。ここで一行は最も辛い選択に直面し、ウィルソンは「八、九頭の犬を他の犬に食べさせることにし、犬がエサになってしまったら自分たちの食糧と装備品は自分たちで運ばなければならない」と記した。誰もが喜ばない決定であり、動物好きのスコットには尚更だったが、犬同士が食べ合うので餌を運ぶ必要がなくなることでもあった。実に「食うか食われるか」だった。

スコットはノルウェー人が犬を犬に食わせることを極地旅行では正常な方法として受け入れていることを知っていたが、自分が非英国人的な犬殺しになるとは思ってもみなかっただろう。しかし、フィリチョフ・ナンセンが述べたように、自ら犬を死に追いやることはできなかったが、犬を殺す必要性はつねに受容してきた。前年の冬、彼はウィルソンとともに「食うか食われるか」方式を折り込んで事前に精確な計算で案を考えていたことがウィルソンの日記からうかがえる。スコットはそんな方式を採用しないで済むことを願っていたはずだが、必要とあればいつでも実行した。

重い足取りで南進しながら、二人の男は残った犬と並んで人力輸送をし、一人はムチを響かせて後方から叫びつつ、だんだんとやったことに怒りを感じて二度とやるまいと心の中で誓っていた。犬が死んだ時、つまりウィルソンが外科のメスを犬の心臓に突き刺した時、三人は友人が逝去したかのように日記に記した。ウィルソンが雪盲《せつもう》（雪眼炎）になってこの惨い仕事を続けられなくなった時、スコットは替りをするのを断った。自分の気の弱さを恥じて「心底恥ずかしいのは気弱さであり、仲間は私と同じくらいそのことを嫌っていることはよく知っている……

ウィルソンは私の分も嫌な仕事をしている」。だから、仕事はシャクルトンに任せられたが、血にまみれた犠牲は少なくともそれだけの価値があった。

荷物が軽くなったので、三人は少なくとも毎時一マイル（一・六キロ）進めるようになった。大遠望の中ではまだゆっくりすぎたが、折り返しをやめたので進捗状態は改善され、少なくとも今後の全行程は前進のみだった。それでも、三人の体調が悪化していたこともあって極点到達の夢は消えた。

全員が雪盲になり、ウィルソンは重症だった。両眼が充血し、眼球が何度も刺されるように感じた。彼は苦痛を表現しようとして「目がひどく痛んで何も見えず、痛さが堪えられない。繰り返しコカインで痛みを和らげた。今までこんなに目が痛かったことはない……」と記した。私も七〇年代に南極での訓練遠征をした時よく似た体験をした。体感温度マイナス四十九度で、目の中の液が凍った。ただもう痛かった。

旅の間三人のうちの二人は両目が見えず、一人は片目だけ見えなかった。ウィルソンは目隠しをして病んだ目を保護しながら自分自身と荷物を引っ張り、スコットが彼に周囲の様子を伝えた。といっても通常は地平線まで白一色の世界が続いていた。

ビタミンCを補給できないので、これでは足りないというかのように壊血病が頭を擡《もた》げた。まずシャクルトンの歯茎が腫れて初期症状が現れ、数日後にスコットとウィルソンも疲労感と関節痛、筋肉痛などの病状が出た。新鮮なビタミンCは手に入らず、とにかくビタミンCを摂取することに気づかないので、三人は筋肉痛と骨の痛みという悪化症状が顕著になり、歯がぐらつき、漏出性出血と壊疽性潰瘍が避けられなくなった。そうなったら直ちにビタミンCを摂らないと死が待っていた。だが、大自然の中で、どこで摂れるというのか。

幸いクリスマスは三人に短期間の猶予を与えた。スコットは節食を緩め、朝食はアザラシのレバーとベーコンに、昼食も温かい食事にした。栄養がどんなに大事かを示すように、それから三人はこれまでの数週間以上の十一マイル（約十七キロ）も歩けるようになって、その夜はフーシュ一杯とシャクルトンの厚意で思いがけないことがあった。彼はこの日のために予備の靴下の中にプラムプディング（訳注　イギリスの伝統的なクリスマスケーキ。具材にプラムが使われることが多いためこう呼ばれる）を隠していて、目を丸くして驚くウィルソンとスコットの前に差し出した。その瞬間、彼は南極大陸だけでなく地上で一番の人気者だったかもしれない。数週間ぶりに最高の気分で三人はくずも残さず見事にたいらげた。

祭日であり、満腹になって三人はテントに集まり、今後のことを話し合った。一行は南緯八十二度まで十マイル（十六キロ）手前、すなわち極点から約四百九十マイル（七百八十キロ）の地点にいた。一行はすでに南緯到達地点の新記録を達成していて、往路の食糧と燃料は四日分しかなかった。そこで一行は十二月二十八日までに南緯八十二度を越えてからディスカバリー号へ引き返すことにした。シャクルトンが記したとおり「その先へ進むのは賢いとは言えない」。

三人は雪盲と壊血病で衰弱していたが、シャクルトンは自分の先導で南緯八十二度を越えると決意していた。先頭に立ってソリを引っ張り、スコットとウィルソンを励まし、疲れた両脚と両腕に力を入れて雪の中で生き残った犬たちを走らせた。彼の精一杯の努力のおかげでいわゆる「マジックサークル」を過ぎて十二月二十八日に目標へ到達したが、この行程で「我々はほぼ全力を出し尽くした」とスコットは記した。

南緯八十二度には二本の山脈に挟まれた西へ走る広い入り江の入口があった。一行は引き返すことにしていたが、あと数マイル先に進めば、この大きな入り江を遠望でき、ただの湾か海岸の沖合の海峡かを見極められるだろう。そういう情報は極点を目指す将来の探検隊にとって不可欠である。南へ向かって最後の努力をしようと決心し、スコットは記した。

だが、私たちは、何が現れるか分からないと言い合い、見込みはなさそうだが限界までやってみようということに決めた。結果から分かるように、その時点で戻ってしまったら、海岸線全体の重要な特徴の一つを見逃すことになると考えた。

だが、シャクルトンには無理だった。南緯八十二度に到達した時点で全力を出し切っており、休息が欠かせなかった。彼をテントに残して、スコットとウィルソンはシャクルトンの励ましで行くことにした。一九〇二年の大晦日に二人は出発し、霧と雲が晴れてきたので、スキーで入り江に入り、先に何も見えないため幅二十マイル（三十二キロ）の入り江は二島の間の海峡に違いないことを確かめた。スコットは友人を慰める気持ちから、そこをシャクルトン入り江と名付けた。また、近くの山を遠征発起人への敬意からマーカム山と名付けた。この最終日の行程でウィルソンとスコットは記録を南緯八十二度十七分へ更新した。キャンプにいたシャクルトンの記録は南緯八十二度十五分だった。苦労は多かったが、一行は南進記録を二百マイル（三百二十キロ）以上越えた。

スコットとウィルソンがテントのシャクルトンのもとへ戻った際、全員が身体と食糧の許す限り南進したとの意見で一致した。状況を勘案してこのような横断を試みた初のチームであり、見事な成果だった。だが、極点は数百マイル先で征服できそうになかった。これ以上進めないことにスコットは「深く落胆」したかもしれなかったが、一行が帰還した際、シャクルトンは「素晴らしい処であり、そこに至るまでの困難は当然だ」と記した。確かに、彼らは約三百マイル（四百八十キロ）の未知の海岸を発見して地図に記した。

しかし、一行が無事にディスカバリー号に戻らなかったら、彼らが見た光景や達成した記録を知ることはなかったであろう。改めて彼らは人間の忍耐力を試されることになったただろうし、シャクルトンの場合は誰よりもそうで、彼はまもなく立てないほど体調を崩した。

11

今や時間との闘いとなった。食糧が残り少なくなり、食糧を置いて来たデポBまで戻らなければならなかった――百マイル（百六十キロ）以上もあった。だが、この小さなデポを見つけるのは並大抵のことではなかった。目印は白銀の世界の中の一本の黒旗のみであり、雪に埋もれてしまったか、強風で吹き飛ばされてしまったかもしれない。その上、コンパスが正確な磁気偏差を示さなかったので作業は更に困難だった。だが、遅れたら、食糧が尽きて確実に死ぬだろう。一九〇二年十二月三十一日に北へ戻った時にウィルソンが書いたとおり「〈どうしても〉一月十七日までにデポに辿り着かねばならない」。

四日間、疲れ切った一行は全身の筋肉を奮い立たせて一日平均八マイル（約十三キロ）進んだ。この調子を維持できればデポ到達に間に合う。しかし、一月五日までに全作業をこなさざるを得なかった。後ろからついて来る、生き残っている犬たち、頭数が減り共食いで生き残ったほぼ無用となった犬の列をどうにかすることだ。普通なら、空腹を満たし、壊血病を予防するために犬の肉を食べようと考えたかもしれないが、それは賢明ではなかった。犬たちは病気で、肉は汚染されているかもしれなかった。

一行はのろのろ進み、デポはまだ視界に入らなかった。一瞬の望みは絶えず打ち砕かれ、まだ誰も言い出さなかったが、本気でもう戻れない不安を感じていた。ところが、一九〇三年一月十三日真夜中に、スコットが経緯儀《セオドライト》の望遠鏡で地平線を見渡したとき、三百六十度真っ白な中に黒い点を見つけて身震いした。「私は立ち上がり、『デポがあるぞ』と叫んだ」と記した。「私たちはデモ隊ではないが、この知らせに我を忘れて狂喜したと思う」。

その夜一行は十四日分の食糧が蓄えられたデポで休息と食事のためにキャンプした。しかし、それは次のデポAまで一日七マイル（約十一キロ）歩く一行を維持するためのものであり、この第二のデポで拾い上げたスキーを担いで行かなければならなかった。

南進の後半で犬が「怠け者」のレッテルを貼られていたら、ウィルソンに言わせれば、残った犬は「邪魔なだけ」だった。病気の犬をソリに載せたことで余計に重くなったのが良くなかった。そういう愚かなことは止めるべきで、スコットは動揺して残りの犬を殺すよう命じた。「私たちは皆泣いていたかもしれない……悲劇物語の大詰め」とスコットは記した。「私にはとても書けない」。彼もシャクルトンも犬を処分せざるを得なかったことを決して忘れないだろう。一行はこんなことは二度と繰り返すまいと肝に銘じた。

そんな追い詰められた状況にあって一つの妙案が一行を前進に駆り立てた。テントの床の布地を帆に仕立てて強風を利用してデポAまで漕ぎつこうというのだ。残念ながら一時凌ぎの帆はあらぬ方向へ吹き飛ばされて見えなくなってしまった。スコットは「デポからそんなに離れていなかったと思うが、私たちがどこに居るのか正確には把握できない」と記した。

私にも似たような経験がある。マイク・ストラウドと南極大陸横断に挑んでいたとき、前進の手立てにテントの布ではなくパラシュートを使った。これが致命的だった。風の猛威でサスツルギ（雪の表面が風で削られた模様）の上を猛スピードで引きずられ、ソリが何度もひっくり返った。帆が氷に引っかかって急停止し、どうしようもないほど縺《もつ》れて、凍える風の中で解《ほど》かなければならなくなった。しまいには、これ以上は危険すぎて無理と諦めた。

しかし、一九九六年に私が初の南極単独無支援横断を試みたとき、軽帆の助けを借りた。ノルウェー人で私の競争相手のボルゲ・オウスラントはこの方法を褒め、私は帆で風を利用して一日に百十七マイル（約百八十七キロ）進むことができ、それほどエネルギーを使わなかった。実際、一日千六百カロリーを食べるのも大変で、それほど必要ないと思い八日分の食糧を捨てた。ところが、新記録を達成したのはよかったが、腎臓結石に襲われて試みを断念せざるを得なくなった。とにかく、ボルゲ・オウスラントは全行程の四分の三を帆走し、五十五日間で横断の新記録を作った。

さて、吹雪で道に迷い、食糧も減ってくる中で、シャクルトンとスコット、ウィルソンは必死にデポの目印の黒旗を探した。だが、靄で視界が悪く、何の特徴もない棚氷が数百マイル続いていて現在地の特定はほぼ不可能になった。スコットが言ったとおり「大雪原上の極小点」だった。諺どおり、干し草の山の中で針を見つけるような奇跡が必要なようだった。ありがたいことにそうなった。

靄の中で小休止したとき、スコットが地平線上に黒旗らしきものを見た。その直後に靄で塞がったが、スコットは見たものに確信があった。一瞬も無駄にできないので一行は旗が見えた場所に直行した。これが最後の希望だった。まさに一か八かだった。そこに辿り着いたとしても蜃気楼だったということになれば窮地に陥る。幸い、視力の悪戯ではなかった。確かにデポAであり、まさに救われた。

デポに着いた直後に温めたフーシュをがつがつ食べたのはよかったが、その時シャクルトンは明らかに限界に達していた。苦しそうな息遣いと、咳をして血を吐くなど健康状態はかなり深刻だった。フーシュのおかげで翌日も歩けたが、ウィルソンは友人の状態がとても心配で「元気どころではない」と記していた。

ディスカバリー号まではまだ百五十マイル（二百四十キロ）あったが、シャクルトンはソリを引っ張れなくなった。ウィルソンとスコットも文句を言わずにシャクルトンの分の荷を背負い、明らかに具合が悪そうな足取りの病気のシャクルトンを気にしていた。「スコット隊長とウィルソン医師は私のためにそれ以上は何もできなかった」と彼は記した。「二人は仕事を一手に引き受け、辛い状況の中でも笑顔を絶やさなかった」。

当然ながら、過重な荷を背負い、一分一秒が生存を左右する大事な時に一行の歩調は遅くなった。真に必要なもの以外はすべて氷上に捨て、最後に残った二頭の犬を殺した。荷が軽くなりスコットとウィルソンは少し楽になったが、シャクルトンは歩けなくなった。

一月十八日にシャクルトンは胸の痛みを訴え、激しく吐血して倒れた。スコットとウィルソンは急いでキャンプを設置して彼を休ませたが、シャクルトンは自分の病で二人に迷惑をかけ、チームのお荷物に成り下がったことに屈辱を感じていた。スコットは、シャクルトンは「動けないことを相当気にしていた」と記した。

彼は劇的な一か八かでディスカバリー号へ帰るチャンスを掴んだ。残ったソリ一台に賭けたのだ。強風のおかげで僅かな力でもスコットとウィルソンの後について行けた。一日に十マイル（十六キロ）以上進んだ後、一行はもう一つのデポを目指した。エレバス号の煙突がハット岬から百マイル（百六十キロ）に来たことを知らせていた。スコットは青ざめたシャクルトンを一目見ると、スキーでも、腹が満たされていても、救えないのではないかと思えた。スコットは「疑いなくシャクルトンは非常に深刻な状態である」と記した。一方、ウィルソンの診断は、旅は「ほぼ無理」だった。

ウィルソンはシャクルトンが意識を失っていて回復するのを案じて、スコットに今夜死ぬかもしれないと告げた。数年後、シャクルトンは、ウィルソンがスコットにそう語るのが自分にも聞こえ、そうではないことを見せようと改めて決意したことを明かした。がむしゃらなアイルランド人はそんな悪条件を克服し、翌日はほとんど支えもなく起き上がってよろよろとスキーに乗って動き出した。

驚異的な意志の強さを見せつけたが長続きはしなかった。すぐに疲れて、ウィルソンは綱で引っ張るからソリに腰かけろと勧めた。シャクルトンに選択肢はほとんどなかったが、たまらなくプライドが傷ついた。

シャクルトンを引っ張りながら、スコットとウィルソンも歩みが辛くなってきた。ウィルソンは激痛で脚を引きずるようになり、スコットは足首がひどく腫れてきた。数週間も危険な旅を続けた結果であり、壊血病の影響も現れた。「三人はなるべく近くにいよう」とスコットは日記で打ち明けた。

二月三日、よろめきながら船に近づこうとして歩き続けていると、二人の人物の姿がぼんやりと見えた。蜃気楼か、正常な精神状態ではないと思われたが、やがて、ベルナッチとスケルトンの姿が見えた。迎えに来たのだった。救われた。だが、三人の哀れな姿にベルナッチとスケルトンは驚愕した。「三人とも消耗が激しく、シャクルトンは重態のようだった」とベルナッチは振り返った。

試練の後、髭が伸び、栄養不良で、凍傷になった男たちが以前の姿を取り戻したことは驚くにあたらない。九十三日間で、九百六十マイル（千五百三十六キロ）の行程を進み、その大半で人力ソリを引っ張り、世界で最も危険な大陸を進んだ。その過程で一行はこの領域の大いなる謎の一つにある程度答えも出した。南極は大きな氷の塊が浮かんでいるというより、ほぼ全体が厚い氷に覆われた凍結した大陸だった。

ディスカバリー号は氷に閉ざされていたが、支援船のモーニング号から補給を受けたばかりであり「三人の南極の騎士」は索具にしがみついた男たちから三度の出迎えを受けた。コエッツリッツとロイズの手助けで船に上がり、衰弱したシャクルトンは九十四日ぶりに身体を洗ってすぐ休息をとった。その後起きて、全員とスープにマトン、プラムプディングの三品の食事を共にしたが、最初の一品を食べ切れないほど消耗が激しかった。

シャクルトンは成し遂げたことに誇りをもっていた。こうしてディスカバリー号に戻って来て、彼は英雄であり、新記録達成者であり、功名を立てた者としてエミリーの元へ帰れるかと思った。しかし、物事はそれほど簡単にはいかなかった。

12

南進を果たし、新記録も打ち立てたが、ディスカバリー号はまだ出航できなかった。船は依然として氷に閉ざされ、氷が溶けるまで数カ月待たなければならなかった。それはすることがないということではない。多くの科学的調査が残されており、ソリでの探検もあった。

その間シャクルトンは体力回復に努め、数カ月後にはできるだけ完全復帰しようとしていた。復路でお荷物になったことをまだ気にしていて、名誉挽回したがっていた。

しかし、ディスカバリー号から遠くないところにマーカムの支援船モーニング号がいた。支援船の主目的は新鮮な食糧の供給であり、他にも郵便の配達と任務の不適任者や探検隊から抜けたい人員をニュージーランドへ帰すこともしていた。シャクルトンはもちろん帰還船に乗ることなど念頭になかった。実際、健康悪化にもかかわらず、スコットから帰りたい者があるかと尋ねられたときも手を上げようとはしなかった。ところが、スコットはシャクルトンの健康状態を案じて上級医のコエッツリッツに診察を依頼した。

コエッツリッツは恒久的な損傷はないとの診断を下し、船に留まりたいという患者の意志を踏まえて船を降りる必要はないだろうとスコットに告げた。スコットは確信が持てなかった。彼は船の士官全員に対し「いつ困難で厳しい環境に晒される任務を求められても大丈夫なだけの健康を保つように」との命令を出した。それからコエッツリッツに対し、シャクルトンにソリを使っての旅が可能か否かについての明確な判断を求め、コエッツリッツはそれに対して「シャクルトンがソリによる南進中に衰弱したのは、ウィルソンの見た所では、壊血病が大きく影響した。私も彼の意見に賛成だ。現在は壊血病から回復しているが、一等航海士の任務については、貴殿のメモによれば、この気候環境で困難な任務遂行に耐えられるとは言えない」と記した。コエッツリッツより王立地理学会のスコット・ケルティ宛の書簡には、シャクルトンは「ある種の喘息に見舞われた」ことも明かした。シャクルトンは順調に壊血病から回復の途上にあったが、潜在的症状にはまだ心配があった。

ウィルソンも不安視していた。シャクルトンは復路で急激に悪化し、呼吸困難と咳の発作が続いていたため、二回目の越冬は薦められないと考えていた。スコットは総合的に判断し、失望するシャクルトンにモーニング号での帰還を命じた。

シャクルトンは屈辱を覚えた。旅の最終行程をソリで運ばれただけでなく、今や傷病者として処分され、船を離れなければならなくなった。任務を遂行して晴れて英雄として故郷へ帰るのではなく、その反対の気がした。ベルナッチはシャクルトンが「失意のどん底にあり、留まるためなら何でもする」状況だと記した。スコットの決定に打ちのめされ、シャクルトンは、記録・会計担当のレジナルド・フォードに仕事の交換を依頼した。ある程度の負担軽減を期待したのだろう。フォードは申し出を断ったが、どのみちスコットがそれを認めるはずはなかった。

人気者のシャクルトンが帰還することになったとの噂が船内を飛び交い、惜しむ声が上がった。スコットはその騒ぎに気付き、純粋に健康問題のためであることを強調した。「私としても仕方なく彼の帰還を決めた。ひとえに健康のためであり、彼の将来に傷がつくことは絶対にない」と述べた。

何を期待していたにせよ、シャクルトンの探検はこれで終わりを迎えた。すべてが空しく映り、すべてはスコット次第だった。ここから両者の間に反目が芽生えたと多くの人は主張するが、反目は以前から始まっていたと言う者もいる。

それ以後しばらく、そんな確執についていろいろ書かれ、最初の出所の多くはアルバート・アーミテージの発言や著述だった。事件の二年後に彼はディスカバリー号の体験談を著し、そこにはスコットとシャクルトンの不和に関する言及はなかった。しかし、数年後にアーミテージは結婚の破綻と海上勤務の悩みから次第に辛辣になり、とくにスコットが南進で自分を外したことを恨んでいた。

一九二二年にヒュー・ロバート・ミルがシャクルトン伝を執筆中にアーミテージは衝撃的な発表をした。

南進の旅から戻った直後、シャクルトンは、スコットが自分を帰還させようとしているらしいので私にどうにかしてほしいと言った。彼はひどく落胆し、自分でそれに気づかなかった。コエッツリッツに相談すると、彼はスコットの方がシャクルトンよりも悪い状態だと言った。そこで私はスコットになぜシャクルトンを帰すのかと尋ねた。健康問題なら聞くまでもないと告げ、遠回しにいろいろ尋ねると、彼は「病気による帰還でなければ、不名誉な帰還になるだろう」と言った。私はシャクルトンにこの話を伝え、彼の利益に配慮すると約束した。

その後アーミテージはもう一つ古い「記憶」を追加し、初めて伝えた。

冬の間、ウィルソンは私に次の話をし、後にシャクルトンは事実だと確認した。南進の旅で、ある朝ウィルソンとシャクルトンが朝食後にソリの荷造りをしていた。その時、スコットが二人に向かって「お前ら大馬鹿野郎、こっちへ来い」と叫んだ。二人は彼のところへ行き、ウィルソンが冷静に「私のことか」と言った。「いや、ちがう」とスコットは言った。「じゃあ私だ」とシャクルトンは言った。返事はなかった。そこでスコットは「その通り。君は全員の中で大馬鹿野郎の最たる者で、いつも私に対してそういう話し方をするので、分かるだろう」。シャクルトンは立ち去る前に私に、彼――シャクルトン――がスコットより上であることを証明するために戻るつもりだと言った。

スコットと仲が良く、誠実で知られるウィルソンが、とくに親しくもないアーミテージにそんな話をするだろうか。エドワード・ウィルソンの甥か姪の息子で極地研究家のデービッド・ウィルソンは、二十年間辛酸を舐めてきたアーミテージの作り話であることを疑わない。

確かに、ディスカバリー号の機関長のスケルトンも「アーミテージはちょっと変わり者で、とくに議論になると……彼の論法は必ずしも誠実ではない」と彼の誠意に疑念を投げかけた。アーミテージの死後、スケルトンは自説をさらに率直に述べた。

アーミテージという人はひねくれたところがあった――自分の仕事への評価が不十分だと思っていた――彼は遠征でもだが、自分が経営する事業のP&O社でも人気がなかった。スコットは彼の扱いがうまく、私たちの間では対立はまったくなかった。商船隊には海軍に対する愚かな劣等感があった。私生活では過ちを繰り返した。私の良く知っている海軍に所属する兄は重犯罪で軍法会議にかけられる前に自殺した。アーミテージの妻は「ひどい女」で、かわいそうに夫を一文無しにしたが、彼は妻に優しすぎた。P&O社以後の最後の十年間はお金に困り、他人から評価されないことを苦々しく思っていた……個人的には私は彼との間でもめ事は一切なかったが、手紙の遣り取りとか、会うことはなく、それはディスカバリー号の誰についても言えた。彼の著書は必ずしも正確ではなく、むしろ空疎だった……彼はだいたい主張が多すぎた。

なぜアーミテージは話をでっち上げたのだろう。それはスコットが不注意にも彼にもモーニング号で帰還したいかと尋ねたからだという人たちもいる。スコットがマーカムを通じて海軍本部よりアーミテージを帰すよう極秘に指示を受けていたことを当人は知らなかった。理由は今もって分からないが噂では、夫人の幼子と第三者との間に起こりそうな醜聞と関係があったようである。スコットは上手にこの件を副隊長に任せようとして失敗し、アーミテージは、自分はシャクルトンと同様に商船隊出身なので追い払われるのだと受け取った。彼は後に「幸い私の任命はスコットとは無関係だった。私は断固拒否した」と書いた。

作り話ではなくとも、恨みを持つアーミテージが流布したもう一つの俗説は彼の「記憶」であり、ウィルソンがかつて彼に南進の旅で「スコットとそれをよく話し合った」と語ったことで、「それ」にはスコットのシャクルトンに対する扱いが含まれていた。一九三三年、作家のジョージ・シーバーは、ウィルソンの未亡人が処分前に彼に見せた文書のようだが、エドワード・ウィルソンの「スコットとそれをよく話し合った」との一文を引用した。スコットの伝記作家の中には、ウィルソンがシャクルトンの扱いについてスコットと対立したことを示すために、出典のないこの曖昧なウィルソンの引用文を利用した。そうだという証拠はないのに。

ウィルソンの几帳面な日記などにもこれが引用されたと思われる節がある出来事への言及はない。だが、シーバーが引き合いに出した根拠の薄弱なこの話は、全隊員の和を取り持つ役目をしてきたウィルソンが、スコットとシャクルトンの間で起きた特定の出来事に関してスコットを批判したか、または、恐らくスコットの行動のある側面について注意した証拠として極地研究者に次々と受け継がれてきた。おそらくスコットがしばしば見せる不機嫌や性急さ、短気がこの内緒話の話題だったのだろう。誰にも分からないことであり憶測でしかない。

しかし、ウィルソンとスコット、シャクルトンの日記、それに後日の書簡はすべて公開されているから、この時期にスコットとシャクルトンの間に亀裂があったと憶測する必要はない。試練の時に私的な日記に書くのはストレス解消になりがちだということは前述した。スコットはよく不機嫌になり、根に持つ人間として知られており、シャクルトンと何か問題があったとしても、それを日記に記さなかったことは注目すべきだ。

事実、故郷の母親宛のスコットの手紙を読むと、彼がシャクルトンに悪感情を抱いていないことは明らかである。「病弱者を送り返していて、いなくなって安心している。シャクルトンは別だ。彼はとても良い人物で、体質的に問題があるだけだ」。

私自身の経験から、あれほど長い悪夢のような旅で、隊員同志がうまくやっていけるかどうかという過酷な状況では、最後には互いに顔も見たくなくなる。三人がディスカバリー号の船室に戻って来た夜、支援船モーニング号の航海士のジェラルド・ドーリーが近くのスコットとシャクルトンの船室を通りかかり、その際スコットが「いいか、シャクルトン、トーストにイワシをのせたいと思うか」と怒鳴ったのを聞いた。これはどう見ても両者間の不和の、ましてや、敵意の噂の根拠にはならない。

その上、スコットがシャクルトンを帰還させた時、探検隊にはありがちだが、ディスカバリー号と支援船の隊員約七十人が互いに内部情報を聞き出そうとして噂話に興じていた。隊員たちはもう一年南極に留まることを日記か故郷の家族の元への手紙に書いた。後年スコットの伝記作家はスコットとシャクルトンの間に僅かでも亀裂があったという噂に関する言及を探そうとして、多数の隊員たちの日記や手紙（その中には多弁なチャールズ・ロイズの書いた五十六通もあった）を繰り返し精査した。何であれ悪意に言及した者はいなかった。ただ船上の全隊員から推し量るに、スコットの決定の背後には医学的根拠以上のことがあったようであり、生物学者のトマス・ホジソンは「私が疑ったとおり、シャクルトンの帰還の真相は個人的感情であることが事実らしい」と記した。だが、ホジソンはそれをどのようにして知ったのだろう。ウィルソンやスコットから出たのでないことは確かなので、話が人から人へ伝わるうちに事実が捻じ曲げられたのだろう。

真相が葬られてから長い時間が経ったが、スコットはシャクルトンを帰還させるに際して王立地理学会宛に「Ｅ・Ｈ・シャクルトン氏の帰還は大変残念ではあるが、彼から我々の現状と今後の必要事項についての詳細を説明してもらえるはずだ」との書簡をしたためた。もしスコットがシャクルトンについて本当に何か問題を抱えていたのなら、直接自分が帰るまで彼に遠征隊の広報係を任せなかったと私は思う。私としては、スコットがシャクルトンの健康を本当に心配し、シャクルトンの業績をすべて知った上で、彼は帰還するのが最善だと考えたのだと思う。もちろん、これはシャクルトンには大して慰めにはならなかった。

三月一日、曇天の下、シャクルトンは足下をふらつかせてディスカバリー号を離れた。重々しい足取りでモーニング号へ向かったとき、仲間たちは索具によじ登り、手を振って別れを惜しんだ。シャクルトンは「そのことはあまり書けないが、隊員たちがデッキへ出てきて三度別れの歓声を挙げてくれた時よりも深く感動した」と記した。

翌日モーニング号はディスカバリー号と別れてニュージーランドへ向かった。功名と資産を夢見ていた誇り高い男、シャクルトンは泣いた。自分自身もエミリーも失望させたと感じた。エミリーは彼がもう一年は戻って来ないと思っているだろうが、それよりずっと早く帰還することになり、少なくとも彼にとっては挫折だった。スコットがどんな理由でシャクルトンを帰還させたかは分からないが、一つ確実になったことがある。彼が死ぬまで二人はライバルになったことだ。

13

クライストチャーチに到着後、シャクルトンはサンフランシスコ経由でイギリスへの長旅をした。もちろん彼が最高の気分でなかったことは、同乗者に対する寛大とは言い難い日記の批評から分かる。「大勢の乗船客がいるが、退屈な群衆に見える」とエミリーに不平を洩らした。「絶対に隣には座らないと決めた乗客が一人、二人いる。車中ではひたすら文句をいい、自分の話を繰り返している。『自分の話ばかり！』」。もちろん、シャクルトンのように冒険から戻った直後の男にとっては、それ以外の会話はどうしても退屈だろう。彼はどんな話題にも与しようとはしなかった。冒険談で相手を楽しませようとするには、少なくとも今のところは、あまりにも露骨な現実があった。依然として挫折と怒りで苦しんでいたのだ。

約二年後の一九〇三年六月、シャクルトンは帰郷した。その時には考えをまとめ、休息し、美味しい食事に舌鼓を打つなどして昔の自分に戻ろうとしていた。挫折感はあったが、エミリーはまだ自分を英雄視してくれていて、結婚する気だった。しかし、探検に参加した理由の一つにエミリーに結婚前と変わらない生活をさせるための財産を築くことがあった。エミリーの父親に手紙で約束まで交わしていた。

予定より早く帰国し、留守中は僅かな手当てしか支払われていなかったので、生活難に陥っているのではないかと気がかりだった。幸い、エミリーに関しては、故人となった父親が年七百ポンド（現在価値で四万ポンド・約六百五十万円）を与えていたので、絶望的というほどでもなかった。これはシャクルトンがディスカバリー号で支給されていた額の三倍だった。それでもシャクルトンにとっては屈辱だった。彼は将来の妻を養いたいし、自分が一家の稼ぎ手でありたかった。

シャクルトンは厳しい選択を迫られていた。キャッスル船会社へ戻って航海を続けることもできたが、それは自分が思い描いていた将来の展望への大なる飛躍よりは一歩後退のように思えた。何しろ彼は生命の危険を乗り越えて記録を破った人間だった。自分にはその報酬があって当然と考える資格があった。過去を振り返るのではなく、今は新たな機会を探し求めた。

シャクルトンは探検の体験が海軍の昇級に繋がる可能性はないかと期待した。マーカムと彼の広い人脈を頼りにすれば海軍への志願がすんなり認められるのではないかと思った。とくにマーカムはディスカバリー号での彼の活躍に絶大な賛辞を与えていたからである。マーカムは「スコット隊長はシャクルトンのことを『知的エネルギーに溢れた人物』と言った」と記した。「彼は疲れを知らず、いつも朗らかで、誰からも人気がある。彼はスコット隊長の信頼を得て、航海を通じて勤勉で役立つことが認められ、記憶に残る南進の旅では隊長に同行した」。

そんな大賛辞にもかかわらず、シャクルトンの志願は却下された。彼は自分を責めたかもしれないが、マーカムが彼のために近づいたサー・エヴァン・マクレガーは海軍の最有力官吏だが、マーカムを毛嫌いし、彼の頼みを一切受け付けなかった。だからシャクルトンの申請を一顧だにせず、不合格とされた。

再び海に戻ることに最初は関心があった。ディスカバリー号が南極で氷に閉ざされたままなので、海軍による救援船派遣が計画された。シャクルトンは誰よりも南極大陸とその現状を熟知しているので救援船テラノバ号の一等航海士として乗船を依頼された。

シャクルトンはチャンスを摑んだと思っただろう。役立たずとして送り返されたことがあったが、劇的な逆転劇で今度はスコットの救援者となった。事実、海軍軍医は「南極での任務に適格」と認めた。だが、彼はそれを拒んだ。その理由を推察できる文書はないが、結婚を予定していた彼がさらに数カ月間海で過ごさざるを得なくなるので考え直したのだろう。しかし、彼はダンディー（訳注　スコットランド東部の港湾都市）へ出向いて一九〇三年八月下旬に出航を控えたテラノバ号の艤装に関して南極の状況を助言した。

その直後に、オットー・ノルデショルドの船、アトランティック号がウェッデル海の氷に押しつぶされて沈没した時、南極に関するシャクルトンの知識が再び求められた。船長と乗組員は漂う流氷の上で立ち往生し、いつどうなるか分からない悲惨な状況だった。シャクルトンは助けたい一心で国際援助隊に可能な限りの助言を行い、その結果ノルデショルド隊全員が救助された。

こんなことがあっても金儲けの機会はほとんどなかった。手柄の後、雇用主が押しかけることを期待したが、何もなかった。シャクルトンは必死に自分の危機的状況と折り合いをつけようとしながら自分が特有の立場にいることと、そして、今後の成功が確実なことを知り始めた。

シャクルトンはスコットが戻るまで探検隊の広報担当に任命されていた。スコットは氷に閉ざされていつ解放されるか分からない状況にあり、思うように話ができる立場にいた。だから彼は記録破りの英雄として話をし、称賛を集め、チャンスを引き寄せることができる。もちろん、それはスコットが戻り、彼なりの発信をするまでのことだ。一秒も無駄にできないので、シャクルトンは講演を行い、新聞・雑誌に体験談を投稿して称賛を浴びた。

シャクルトンは文章が上手い。すでに著書が一冊あり、探検隊の月刊誌『サウス・ポーラー・タイムズ』の編集もした。天賦の語り手らしい文飾で彼の探検記事は好評だったが、後にベルナッチは、彼は「上手に自分を誇張した。誰に聞いても彼は公明正大には見えない」と述べた。シャクルトンにとってはそこが肝腎だった。

シャクルトンの記事は好評だったが、彼を真に際立たせたのは語りの才能だった。何を話しても人を虜にする彼には素晴らしい題材があった。自分を未知の大陸を探検する勇敢な英雄に仕立てたので、たちまち読者が群がり、それとともに望んでいたチャンスが巡って来た。

大々的に報道されて人気は急拡大し、ロンドンのニューバーリントン通りに店を構えるタバード・シガレット・アンド・タバコ社が接触して来た。人気上昇中のシャクルトンの名前を利用して株式市場への上場の可能性について話をして、事業への参加を依頼された。その夢は実を結ばなかったが、シャクルトンはその後数年間ほとんど仕事がなくてもどうということはなかった。

それでも、少しは自分の価値を認めてもらいたかったし、スコットに対してすらそうだった。自己不信を克服するにはもう一度探検に出ることだと気がついた。次にありそうな冒険に目を光らせながら、一九〇四年に北極到達を目指していたカナダ人水夫のジョセフ－エルゼール・ベルニエ船長に参加を申し出た。残念ながらこの遠征は実現しなかった。

次々に扉が閉じられ、早くもシャクルトンの三十歳の誕生日が近づいて、彼は正社員の仕事が得られる方向を目指した。評判がまあまあだった著書、それに『サウス・ポーラー・タイムズ』にディスカバリー号の記事を書いていたのでジャーナリストとしてやれるかもしれないと考えた。他人も同じことを考えていたようで一九〇三年秋に中流読者層向けに軽い娯楽を提供する月刊誌『ロイヤル・マガジン』の編集補佐に採用された。

シャクルトンは確かに書けたが、すぐに編集補佐の役目は自分には向いていないことがはっきりした。記事を書くというより、他人の書いたものを編集して校正するのが仕事であり、つねに自分が主役でいたい者には向いていなかった。退屈でじっとしていられず、彼は仕事中に自分の冒険話を聞かせて喜ばれていたようだった。編集長のパーシー・エベレットも「彼より上手い話し手はいなかった。目の前で起きているように語って全員を魔法にかけた」と言った。だが、エベレットはシャクルトンの魅力には引かれたが、不安も口にした。「彼は今まで会った中で最も親しみやすい『人懐っこい』人物だが、雑誌発行者の能力はゼロだ」と言った。

たった三カ月でシャクルトンの報道業界への野心は潰えた。冒険好きで一匹狼でありたい人間にデスクワークは明らかに合わなかった。決断の大きな要因は王立スコットランド地理学会（ＲＳＧＳ）に格段に魅力的な空席ができたことだった。加えて同地理学会内には就職に一役買ってくれる味方がいたこともあった。

二十年前の同地理学会の創設者の一人であるジョン・ジョージ・バーソロミューは、新記録を作った探検体験のある一匹狼のアイルランド人が錆びついた同会に新世紀の息吹を吹き込んでくれるにちがいないと考えた。ディスカバリー号以来の友人で接触を絶やさなかったマーカムとヒュー・ロバート・ミルも強力な推薦状を書いてくれた。ミルは同地理学会に対してシャクルトンを雇用しなかったら辞職すると言ったほどシャクルトンに惚れ込んでいた。

一九〇四年一月にシャクルトンは年額二百ポンド（現在価値一万千ポンド）の薄給で同地理学会の書記に任命された。仕事の都合で婚約者のエミリーと共にエディンバラへ転居し、サウス・リアマンス・ガーデンズ十四番地に家を借りた。彼はこの機会にわくわくしたが、婚約者に約束した豪華さとはかけ離れていた。将来の名誉挽回を願いつつ「貴女に多くをあげたいが、近いうちにもっと良くなる」そして「愛の強さで残りを挽回してやる」と書いた。とはいえ、同地理学会の仕事は名誉ある職であり、シャクルトンはもっと大きなことをするのに必要な踏み台と考えた。職責は実にさまざまな可能性を提供し、とりわけスコットランドで最も富豪の実業家の一人であるウィリアム・ベアードモアのような有名人との付き合いがあり、ミルによれば「数多《あまた》の錠前の鍵を握った」。

一九〇四年一月十一日、シャクルトンが軽快なツィードのスーツで颯爽と出勤した時、エディンバラのクィーン通りにある薄暗い事務局は何があったかと思った。それまで大多数の職員は過去に忠実で時代遅れの古い伝統を好み、葬儀場のようだった。シャクルトンは委員会メンバーの一人を「古代のドルイド」（訳注　ケルトの祭司）のようだと皮肉り、書記代理のフィンレイについては「彼の人生に機転とユーモアが必要なときにそれらは休暇でいなかった」と述べた。変化を起こそうと事務局をひっかき回し、地元の会社へ学会誌への〈広告〉の掲載を頼み込んで大騒ぎになり、タイプライターと電話の追加については多くの職員がやり過ぎだと感じた。シャクルトンはそんな批判を払いのけた。彼がここへ来てやるべきことはそれだったので怒らせて喜んだ。ミル宛に「電話の騒音で慌てている彼らの顔を見たら笑うだろう」と書いた。

シャクルトンはエディンバラの堂々たるシノドスホールで素晴らしい講演をした後、毎年恒例で人気のある講演をアバディーンとダンディー、パースの大会場で次々に開催した。平均入場者数は二百五十名から千六百三十名へ跳ね上がり、入場料収入も増え、学会には大きな収益となった。それ以前にこの腕白なアイルランド人に過ちがあったとしても却下された。

一九〇四年四月九日の日曜日にシャクルトンはついに野望の一つを成就した。エミリー・ドーマンとの結婚である。ウエストミンスターのクライストチャーチで、三十歳のシャクルトンと三十六歳に近いエミリーの幸せな二人は家族と友人の前で誓いの言葉を述べた。シャクルトンにとっては七年越しの夢と希望の頂点にあった。彼の大きな顔はまるで南極を制覇したように幸せそうだった。他方、エミリーは自分が結婚した男性はいつまでも〈少年〉だと思うことにした。良かれと思ってやってくれても、家庭生活は彼に向いていないことが分かっていた。彼女は夫を決して束縛できないだろうし、そのつもりもなかっただろう。後に「私は彼の熱い心を阻むつもりはなく、私にとって家庭生活は大事だけれども、彼の気持ちをそこへ縛りつけようとはしませんでした」と述べた。エミリーがそんな女性だったのでシャクルトンはとても恵まれていた。

その年の晩夏にスコットランド高地へ新婚旅行に行き、ドーノッホでゴルフをしてエミリーが優位に立った。間もなくエミリーの妊娠が分かり、二人は大喜びだった。シャクルトンは望んでいたことをすべて手に入れたようだった。「私は将来に楽観的だ」とつぶやいた。

しかし、探検家は誰でもだが、ゴールが見えてしまうと関心は次へ向かう。王立スコットランド地理学会の仕事は次の冒険への夢に拍車をかけたのは確かだが、それなりの探検を探すには注意が必要だった。今までのところ彼が望んでやまない栄光のチャンスは得られそうになく、本気を起こさせる人物はいなかった。だが、自分の探検隊を率いたとしたらどうだろう。

一九〇四年七月、シャクルトンは、南極へ五度航海したベテランのウィリアム・スピアーズ・ブルースに会った。ブルースはディスカバリー号探検隊に応募したが。マーカムに不合格とされた。海軍出身ではなかったからだった。ブルースはそれでも諦めずに、スコットランド人の多い私的な繋がりから資金を募って自ら遠征に乗り出した。彼は新しい海岸線を発見し、千百種もの種を収集し、ローリー島に南極初の常設の気象観測所を設置した。シャクルトンが南極の苦労話に夢中になっていたときその気になったのは、ブルースがスコットに断られた後で自ら探検隊を率いたことだった。自分にも同じことができないはずはない。シャクルトンはブルースに資金援助した者たちを知っており、自分も彼らと接点があることを知った。さらに、それらの人物は講演や記事を通じてシャクルトンのディスカバリー号の功績を知っていた。

こういうことが頭の中をぐるぐる駆け巡っていたとき、長く足止めされていたディスカバリー号の帰還のニュースが入った。シャクルトンが最後にスコットの顔を見たのは一年半前であり、この時はまだスコットに対する憎しみの兆しはなかったものの、スコットが間違っていたことを証明したいこと、また、自ら探検隊を率いることでそれができると信じていた。

一九〇四年九月十六日、シャクルトンはスコット一行の帰還を歓迎するためにロンドンへ赴いた。歓迎の群衆を前にスコットは国民的英雄のように挨拶し、大佐に昇進し、シャクルトンが望んでいたあらゆる称賛を手にしていた。称賛を浴びるスコットを見つめながら、シャクルトンは彼が脚光を浴びるのは終わりだと感じた。スコットはいま成功者であり、そのことでシャクルトンは自分一人で実行する決心がさらに強まった。

昼食をとりながら二人は気まずい過去を思い出すまいとし、将来の目標に話をもっていった。スコットはいつか再び南極へ戻って極点に到達したいとシャクルトンにはっきり告げた。シャクルトンは成就を願い「私は結婚して家庭を持った。いつか別の探検に出ようと考えてはいたが、資金不足で諦めた。もし探検に立ち上がったら人生を壊すだけだろうし、ウィルソンは無理だと言う」と語り、再び南極へ行く予定はないと述べた。

実際はそうではなく、シャクルトンは南極行きを着々と進めており、スコットを懲らしめてやりたかった。ディスカバリー号の旧友のヒュー・ロバート・ミルは後に「彼は探検隊長として再び南極へ行き、自分が南極に不向きではないことを証明してみせると決心していた」と記した。

第三部

機敏なロバ

14

探検隊の一員になることと、隊を率いることはまったく別だ。隊を率いることは行くだけではなく、特別な役割を念頭に隊員募集から船の入手まであらゆる面で責任を負うことになる。しかも、このすべてに時間がかかり、相当額の資金を集めるとなると尚更である。新記録を達成した私とジニーの世界遠征隊（Trans Globe Expedition）の際は、寄付と千四百社からの支援金三千万ポンド以上を集めるのに七年以上かかった。だから、シャクルトンに自分の探検隊を率いる希望があったとしても、相当厳しい教訓を学ぶことになっただろう。

夢が現実になるには必死の資金調達が必要だった。それなしには南極再訪はできない。だが、全四ページに纏めた計画の初案を富豪たちに配布した後も、資金はまったく集まらなかった。これは大ショックだったが、シャクルトンは動じなかった。

誰が大富豪か、太っ腹か、後援者になりそうかを調べ、グラスゴー生まれの海運王で自動車製造という将来性に賭けていたウィリアム・ベアードモアに思い当たった。シャクルトンは前に王立スコットランド地理学会の会合で彼と会ったことがあり、二百年以上の歴史を誇る彼のグラスゴーの大邸宅に滞在したこともあった。当初ベアードモアの大帝国で仕事をしようとして彼に取り入ったことがあったが、今回はこの人物が自分の夢に資金援助ができるかどうかを見極めるために来た。さらに、シャクルトンはベアードモアの若い妻のイライザ（エルスペスと呼ばれたがった）とは親しい友人関係にあった。すべてを勘案してシャクルトンにはベアードモアからの支援を引き出す自信があった。

その一方で、青天の霹靂《へきれき》のように別のチャンスが訪れた。

シャクルトンの人気と地道な呼びかけ、人前で喋るのが上手なことが政治家向きだとして自由統一党（Liberal Unionist Party LUP）の目に留まった。シャクルトンは党代理人のサー・ジョン・ボラストンと面会し、次期総選挙でダンディー選出下院議員への立候補を依頼された。議員職は長い間追い求めてきた名声に直結するものだとシャクルトンは即座に認識した。一つだけ問題があった。シャクルトンは職務を果たすだけの強固な政治的信念や情熱を持ち合わせていなかったことだ。目指すものがどういうことかを真に理解せずに立候補に同意したことについて、彼の近ごろの目標は「申し分のない冒険と悪ふざけ」というミルの記述が最も当を得ていた。

ダンディーに関する限り、自由統一党は死に体《レームダック》だった。同党は自由党からの分離派として結成されたが、統一論者は今や貴族的で地元に人気のない保守政権内の少数派だった。その上、政府の最重要政策はアイルランドの自治反対だった。この時点で、ダンディーには多数のアイルランド系住民がおり、大勢が市内へ通勤していた。そういう政策は彼らの賛同を得られそうになかった。さらに、ダンディーは悲惨な生活に苦しむ低賃金労働者階級の都市であり、彼らは労働者の権利獲得のために闘うことを約束する新興の労働党（Labour Party）に早々と賛成していた。

だから潮目はすでに反保守党にかなり傾き、この地の統一論者が主流で、全国各地でも同様だった。つまり、シャクルトンの当選の可能性はほとんどなかったのだ。

それでもシャクルトンは失うものは何一つないと考えていた。彼は協会の仕事も続け、かつ遠征のことにも着手しつつ、一か八かの選挙に出てみようと考えた。同時に二つのことをやりたかったようだが、それは出来ないことがすぐ明らかになった。利害の不一致から地理学会はシャクルトンに対し、下院選挙に出るなら書記を辞任するよう言い渡した。

迷った末にシャクルトンは政治家を選び、ミルに「私の前にある人生、そして、力と希望。これらすべては時間とともに失われていく。人生が色褪せ、力が衰え、そして希望が失われる前に何かを成し遂げられるかもしれない。よしんば、うまくいかないとしても、堂々と辞職を受け入れる」と述べた。一九〇五年一月に彼は大きな影響を与えた王立スコットランド地理学会を辞した。これはとんでもない誤りだった。当選の可能性がほとんどないばかりか、総選挙実施も未定だった。連立政府は選挙をしたら負けそうなので、あらゆる手を尽くして総選挙を避けようとしていた。

選挙がないまま地理学会を辞めたシャクルトンは、その年の二月二日に父親になった。エミリーがレイモンドと名付けられた男児を出産したのだ。シャクルトンは、息子は「指が大きくて闘いに向いている」と言って誇らしかったが、食べさせる者が一人増え、仕事はなく、そのすべては自分がつくり出したことだった。早く収入の途を探さなければという不安に駆られて、探検隊を率いる考えは確実に後回しになった。

またもジャーナリズムを選んだ。シャクルトンはデンマーク人のニールス・グロンの説得で彼の通信社「ポテンティア」に五百ポンド（現在価値二万九千ポンド）投資した。同社は「真実」を伝えると言った。「将来素晴らしいものになると思う」と興奮気味にエミリーに話した。しかし、やがてグロンは資金を浪費して「ポテンティア」は一号も発刊されなかった。また一つ夢が壊れた。

シャクルトンは探検隊を率いたいと思って来たが、目下のところはマイケル・バーンの探検隊に加わりたいとの思いで必死だった。バーン探検隊は南極のグレアムランドの探検を目指していた。そこは南極から南アメリカ最南端の方向へ八百マイル（千二百八十キロ）の地点にあってあまり探検されていなかった。だが、マーカムと話し合うと資金援助にほとんど関心がないことが分かった。またもやシャクルトンは出発点に戻った。

シャクルトンの〈凶年（annus horribilis）〉の最大の衝撃は一九〇五年の十月だっただろう。スコットがついに著書『ディスカバリー号の航海（*The Voyage of the Discovery*）』を出版し、シャクルトンには心安らかざるものがあった。巡回講演では自分をまずまずよく見せるのに成功していたが、スコットの自分に対する評価を読んで落胆した。

スコットは、シャクルトンはソリで運ばれる傷病者だったことがあるが、壊血病になったことや、死ぬかもしれないとウィルソンが考えていた時に大胆にもスキーで歩み続けたことには触れなかった。それどころか、衰弱したシャクルトンには無理だったように書かれ、自身は「隊の中で最も病気とは無縁だった」と明言していた。世間体もあるのでシャクルトンは慎重に言葉を選んだ。スコットには「装丁も美しくよく書かれていた」と言ったが、自分への批判には傷ついた。まるで傷口に焼け火箸《ひばし》を当てられたようだった。何があろうと、公の場であろうと、スコットに正しいことを言ってやるつもりだった。だが、それを考える前についに選挙戦が始まった。

一九〇五年十二月にバルフォア首相が辞任し、選挙は翌年一月六日と決まった。シャクルトンはこれ以上厄介なことにならないための好機だと捉えて選挙戦に全身全霊で臨み、僅か三週間で五十五回も政治集会に出席した。人心掌握に長けた彼は確実に多くの有権者を味方に引き入れ、『ダンディークーリエ』はシャクルトンの「気さくな人柄と人を引きつける態度」を絶賛した。注目すべきは「女性の権利拡大を支持しますか」との質問に対する答えだった。悪戯っぽい目で唇に指をあて「お静かに、私の妻がここにいます」と囁いた。

気の利いた言葉の数々は好評だったにもかかわらず、シャクルトンはアイルランド人や労働者階級にはほとんど支持が広がらなかった。アイルランド人として「私はアイルランド人であり、真の愛国者としてアイルランドは自治を求めるべきではないと思う」と唱え、党の「アイルランド自治」に反対を訴えた。発言は群衆の野次馬の怒りを買っただけだった。シャクルトンの父親は「アイルランド自治」の強硬派であり、兄弟姉妹もそうだったので、聴衆は偽善と受け取ったのだろう。とにかく複雑な問題にはもっと狡猾さと知性を働かせるべきだった。

本人以外は誰も驚かなかったが、選挙でシャクルトンも自由統一党も大敗した。バルフォアは地元の議席を失った初の、唯一の首相となったほどで保守党の栄光は地に落ちた。シャクルトンは十三パーセントの得票率で第四位に終わった。彼の下には保守党候補者がいるだけだった。すべては予見できたが、シャクルトンはチャンスに的確に対応せず、名誉と財産を追い求めた結果だった。痛手を負い、気恥ずかしさもあったが、最小限ユーモアを忘れずに「私は拍手を獲得し、他候補たちは票を獲得した」と感想を述べた。残念ながら拍手は実を結ばなかった。

南極から帰還して三年の間に次々とヘマをやらかしたが、シャクルトンは諦めずにどこにでも手を出した。悲惨極まりない日露戦争が十八カ月で二百万人以上の戦死者を出して終結に向かって動き出したとき、敗戦側のロシアは南満州の戦場から兵士数千人を引き揚げるのにどうしても支援が必要だった。唯一可能性がありそうなのが海路輸送だったので、ロシアは巨大戦車の搬出にできるだけ多数の商船を雇っていた。

この時とばかりシャクルトンと会計士のトマス・ガーリック、同窓生である旧友の兄のジョージ・ペトリデスが共同経営する船会社は、ウラジオストク港からのロシア兵四万人撤収のために輸送船を提供しようとした。取引金額は兵士一人につき階級により十二～四十ポンドが見込まれた。シャクルトンはエミリー宛に「数日内に我々の小さな船会社に大取引のチャンスがある。一万ポンドが入りそうだが、今のところ詳しいことは話せない。すごいことだ」と興奮気味に書き送った。しかし、彼は自分が大ゲームのちっぽけな駒に過ぎないことを知らなかった。

当時ロシアは、独米の大手船会社と大型契約を交渉中で、手数料を引き下げようとしていた。シャクルトンの同業者は、手数料の引き下げを受け入れた上で、ロシアに対し船会社との望む契約を保証するというテコ入れまでした。シャクルトンはまたしても放り出された。

事業での失敗を繰り返し、幼い子供がいる家族を養うためにどうしてもお金が必要なので、シャクルトンは再びウィリアム・ベアードモアに頼った。以前ベアードモアは探検隊に資金を出すという話をしていたが、今は仕事が欲しかった。まったく地に落ちたものだ。幸い、ベアードモアはシャクルトンが気に入っていたので、グラスゴーのパークヘッド社の職を紹介した。そこは新ガスタービンエンジンの設計を査定するために設立された小集団であり、そこで働くことにし。彼は月三十ポンドの給料で書記の仕事に就くことになった。

彼は、これも大きなことへの踏み台にすぎないと自分に言い聞かせ、エミリーにも「もうじき主任になれるかもしれない。一万ポンドの取引なら十～十四パーセントの利益になり、管理職なら年収千ポンドぐらいに相当すると思うので楽にやれる」と書き送った。

今度もシャクルトンには向かない役職だった。もういい加減に自分のやんちゃな性格は机上の仕事には向いていないことを悟るべきだった。それは上司には歴然としていて、彼のメモ取りには相当に不満だった。シャクルトンの豊かな才覚を利用すれば相応しい仕事が速く見つかった。それは他者を楽しませることだ。そこでシャクルトンは会社の顔となりパークヘッドやロンドンで顧客を楽しませた。もちろん顧客は陽気なアイルランド人が気に入った。彼の突っ込み風の話術や言葉はしばしば意のままだった。ベアードモアの秘書のA・B・マクダフは、彼はこの頃から会社のお気に入りで「仕事の最中でも手を止めて彼の求めに応じただろう。それくらい気に入られていた」と当時を振り返った。

財産を築こうとしているらしい割には、給料の受取りを忘れることがよくあったそうだ。「彼は給料の受取りを五カ月間忘れていた」とマクダフは語った。つまり、シャクルトンにとってはお金が第一の動機ではなかったということだ。幸いエミリーのお金が拠り所になっていたわけだが、何よりも英雄になって歴史に名を残したかったのである。その副産物がお金ならばそれほど良いことはないが、夜中でも眠らずに夢を膨らませていたのはそのことではなかった。彼が就いた仕事はどれも他の何よりも名誉と自活が優先だったように見えた。

シャクルトンは落ち着きを失い、毎日の通勤にも飽きてきて、再び遠征に取り掛かることを考え始めた。今度は何としても南極点を目指すことだった。ミル宛の書簡で「また出かけたら、今度は本気で極点を目指す」と述べた。

野望はしばしエミリーには秘密だった。そんな空想は普通の仕事に就いたばかりのときは悩みの種になることが分かっていた。給料として稼いだお金も広く使われていた。シャクルトンの息子レイモンドは成長が早かった一方、父親の耳が遠くなって心疾患患者の治療を止めざるを得なくなったので、シャクルトンはロンドンの父に送金して支えなければならなくなった。

それでも、何があっても次の探検に出る決意は変えなかった。一九〇六年十月にローアル・アムンセンが北西航路の初航海を達成してサンフランシスコへ凱旋したときは殊更強い決意だった。直後にアメリカ人のロバート・ピアリが北極点まで二百マイル（三百二十キロ）に到達して北極における新記録をつくった。これらはシャクルトンという名前の、じっとしていられないアイルランドの雄牛に対する赤布のようになった。これで彼は南極へ戻って退屈な日常業務から逃げ出そうという気持ちがさらに強まった。

心ここにあらずのシャクルトンの態度は誰の目にも明白になった。いつものようにベアードモアの秘書のマクダフを尋ねてお喋りしていたとき、また冒険を考えているのかとマクダフが尋ねた。「そうだ」とシャクルトンは答えた。「遠からずもう一度探検に出たい。今度は自分で指揮したい」。

シャクルトンがエルスペス・ベアードモアに最近の計画について話をすると、とても協力的で、夫に資金援助を頼んでくれるかもしれないと思った。すべての動きが早まっていくように感じられたとき、シャクルトンはまたも急停止した。エミリーが妊娠したのである。他者が未知の世界を征服しているときに、自分はより良い日々を夢見ながら永久に机に縛りつけられているように思えた。

15

　高名な探検家のロバート・ピアリはかつて「氷の誘惑、それは不思議で強力だ」と言った。同感である。どれほど辛くても、失敗を重ねても、戻りたいと逸る心は抗しがたい。私はかねがね愛煙家がタバコのことを考えないようにするのと同じ力があると言ってきた。壊疽《えそ》や股部《こぶ》白癬《はくせん》、凍傷《とうしょう》（私は五本の指先を失った）などは大冒険を眺めるバラ色に染まった期待で薄れる。かつて「悪しき記憶より懐かしさが引き金になる」と言ったアメリカ人もいた。

　確かにこれはシャクルトンにも当てはまった。彼はどこにいても頭の中で戻ろうと反響する熱狂的な声を払い除けられなかった。デンマーク語にもこれ――極地の穴（polarhullar）――に当たる語があり、極地への渇望と訳される。シャクルトンの場合は何よりも野望を満たし、歴史に名を残し、財を成すと同時にスコットの間違いを証明するために戻りたかった。しかし、エミリーが再び妊娠して余力がないので、そんな旅は幻想だった。

　一九〇六年のクリスマス直前にエミリーは娘のセシリーを出産した。すべての夢が壊れたように見えたが、彼は嬉しかった。「クリスマスの最良の贈物を妻からもらった。日曜日の朝、可愛い女の子を一家に与えてくれた」とミルへ手紙を書いた。とはいえ、子煩悩な父親を演じようとした一方で、エミリーにはおくびにも出さずにどうしたら南極へ戻れるかと頭をひねっていた。

遠征のあらましについては、彼はディスカバリー号と同じハット岬を着地点にすると決めた。そこから自分とスコット、ウィルソンが極地へ続く可能性があるとした山脈を通って南極点を目指す。

シャクルトンはエルスペス・ベアードモアにも遠征計画のことを話していた。聞き上手な彼女は、シャクルトンの英雄的な夢に熱心に耳を傾け、つねにシャクルトンを勇気づけた。彼女には所詮失うものはなかったし、子供がいないのでエミリーの立場を想像できなかった。「貴女はいつも朗らかで、お会いして以来私の気持ちはなごみます」とシャクルトンは書き送った。

年を追って二人の関係は噂の種になった。シャクルトンとエルスペスが恋愛関係にある決定的な証拠はないが、文面からは確かにただの友人以上のものがあることを窺わせる。シャクルトンは彼女に「エルスペス……貴女は変わらず私の友人であり、貴女とは信頼して話ができる……あの夜、貴女はとても美しかった」としたためた。

シャクルトンが以前エミリーを追い求めていたときのようだ。彼はつねに最終目的よりも追い求めることのほうに興味があるらしかった。仕事でも恋愛でも。後に南極に行った際に「手の届かないものを追い求めることが私の人生の一部である」と手紙に記した。スコットランド一の富豪とされる男の妻もそれそのものであり、彼女も同じような気持ちであると言われたときは間違いなく嬉しかった。憶測以上のことがあってもなくても、二人は長い時間を共に過ごし、心の中の秘密を共有していた。

エルスペスと数週間話をした後、シャクルトンは自信を持ってエミリーに再び南極へ行くことを打ち明けることにした。「名誉とお金を持って帰り、二度とどこへも行かない」と約束した。エミリーが断固反対したのも無理はなかった。一家にはお金がほとんどなく、二児目の出産直後だった。彼女の「子供」にも大人になってもらう時ではなかったか。しかし、エミリーは夫の逸る気持ちと己の価値を証明したいという思いを理解していた。エミリーは何を言っても野心に駆られた夫を止められないのが分かっていた。「母は何が何でも行かせまいとするような女性ではありませんでした」と娘は後に語った。エミリーは夫が南極征服を目指している間は一家を守る立場にあると思っていた。とはいえ、エミリーの許可とエルスペスの励ましを得たのはよいが、夢を実現するためにはシャクルトンには現金が必要だった。

一九〇六年初め、シャクルトンは「地理上の南極と磁南極への到達を目指して南極のロス四半部《クワドラント》へ赴く南極遠征計画」という重々しい表題の正式文書に予算案を載せた。

完全装備の船	七千ポンド
三年分の備蓄（衣類、隊員給与、科学装備、燃料、ソリ《犬・ポニー代を含む》）	
犬・ポニーの輸送費および渡航費、諸経費	一万ポンド
合計	一万七千ポンド

後で費用の総額はまったくいい加減なことが判明した。遠征には五万ポンドは必要だった。ところが、肝腎なことは非現実的な楽観主義だったのだ。スコットランドの哲学者ウィリアム・H・マレーはかつて「人が立場を表明

する瞬間は神意も動く」と言った。シャクルトンは神意を深く信じる人間であり、その言葉は日記に何度も出てくる。だから彼は探検を運に任せたのだが、シャクルトンが初めに話を持ちかけた百戦錬磨の実業家は、彼も、彼の企画も見抜いてしまった。

実業家は細かい数字をいじって財産を築いてきた人たちであり、シャクルトンのような夢想家はすぐに見抜いた。シャクルトンがスコットのようなイギリス海軍出身者でなく、遠征に出たのは一度きりであることは誰の目にも明らかであり、スコットの著書のおかげで多くの人々には、シャクルトンは動けなくなってソリに引っ張られて送り返された人物だった。一見したところでは、シャクルトンは投資に値する人物には見えなかった。疑念に応えて彼は要注意リストに七十の「マイナス点」を挙げて、それらが間違いであることを証明しようとした。暫くして私は、寄付金を集めるには自分を探検家だと思わずにセールスマンであると考えなくてはならないことを知った。そのうちに決定的な文句を摑んだが、シャクルトンも同じだと思う。支援者獲得術に長けた代表的人物の一人になった。

シャクルトンがこの「チャンス」を友人や家族・親族に伝えると、アイルランドの従兄弟のウィリアム・ベルも、エミリーの兄のハーバート・ドーマンも寄付した。さらにお金持ちや繫がりのある人物からの寄付を受けるために、昔タンタリオン船会社で知り合った鉄鋼業者のジェラルド・ライソートと旧交を温めた。ライソートからは申し訳程度の寄付金しか得られなかったが、どれほど少額でも大切である。高齢の独身女性エリザベス・ドーソン－ランプトンがディスカバリー号に千ポンド寄付したことを思い出したことで最大のツキがまわってきた。この女性に再会したところ、シャクルトンを覚えていて千ポンド寄付してくれた。しかし、それは船舶と備蓄品、人員の確保に最小限必要な一万七千ポンドという大洋のわずか一滴に過ぎなかった。

シャクルトンが本当に必要なのは少額の寄付金を追うことではなく、自分を信じてくれて、ディスカバリー号探検隊に多額の援助をしてくれたルウェリン・ロングスタッフのような支援者だった。エルスペス・ベアードモアとも知り合いであり、この時までに彼女の富豪の夫とも知り合ったことは強力な力となるので、シャクルトンはベアードモア氏に狙いを定めた。一か八かの運命がかかっていた。「ついに勇気を奮い起こして彼に率直に尋ねた」。

ベアードモア氏はシャクルトンが気に入ったが、それでも今一つ抑え気味だった——当然だろう。確かにシャクルトンのように不確実な投資先に際限なく金をつぎ込もうとはしないだろう。そんなわけで、ベアードモアはクライズデール銀行からの七千ポンドの融資を承諾し、シャクルトンは遠征から得る「初回の利益」でそれを完済することになった。これはシャクルトンの予想とは違うが、他にも支援者となってくれそうな相手がベアードモアのような富豪が多少なりとも自分に投資してくれたことを知れば、その人たちも安心して小切手帳を開いてくれるだろうと考えた。とにかく、そんな感じだった。

私とジニーが探検資金を集めた時は、一銭たりともお金を借りるつもりはなかった。船からバターまで何であれ出資者を必要とした。少しでも借金はしたくなかったので、銀行口座や信用枠は開設しなかった。もちろん、前述のとおり、ただでやってもらうのは少し時間がかかり、世界遠征隊（Trans Globe Expedition）に必要な三千万ポンドは資金提供や寄付を得るのに七年かかったが、帰還後の巨額の返済を心配せずに仕事に集中できた。差し当たってシャクルトンは、結果がどうなろうと南極へ戻りたい一心だった。

一万七千ポンドという最小限の目標にも達していなかったが、ベアードモアの確約を取り付けたので事を始めるのに十分な資金ができたと考えた。一九〇七年初めに一家はロンドンへ引っ越してリージェント・ストリートに小さな事務所を借りた。そこへ訪問客の関心を引きそうな極地の装備品を目いっぱい詰め込んで、寄付を募った。だが、事務所の家賃支払いで減っていく財源がさらに目減りしていった。

シャクルトンは、金のかかる新しいロンドンの基地から、話に乗って来そうな確実な資金提供者に目を付けた。王立地理学会である。これは不可欠だった。王立地理学会の後ろ盾は国王の支援に繋がり、そうなれば水門を開くようなものだろう。一九〇七年二月十一日に王立地理学会でローアル・アムンセンが北西航路の航海達成の偉業について講演することになり、シャクルトンには見逃せない好機だった。偉大な人物の話が聞けるだけでなく、「イギリス南極探検隊」と名付けた自分の遠征を宣伝する機会にもなるだろう。「私の網に大きな魚（終身会員）を二、三匹ひっかけ、他にも試してみるつもりだ」とミルに語った。「週末までには資金の全額が保証され、十二日までに公表することになる。終わりが見えてきた」。だが、他の探検家たちもシャクルトンと同じことを考えていて支援獲得競争は熾烈を極めた。

そんなライバルの一人がベルジカ号の生存者でポーランド人科学者のヘンリク・アークトフスキーだった。彼も電動ソリで南極点を目指すベルギー探検隊について公表する予定だった。フランス人探検家のジャン・バティスト・シャルコー博士も、さらにはバーンとウィリアムのスピアーズ・ブルース兄弟も自分たちの探検資金調達を目指していて、まずシャクルトンに隊を率いるよう鼓舞していた。

アークトフスキーは王立地理学会でシャクルトンとばったり出会い、その晩の夕食会で南極探検の意図を打ち明けると、シャクルトンは慌てふためいた。急いで先に行動に出なければと考え、アークトフスキーの発表の数分前に自分の計画を発表した。夕食会後には『ザ・タイムズ』に自分の計画を国家的事業であり外国の競争相手を撃退すると語った。

『ザ・タイムズ』は「各国で似たような探検隊が組織されているが、南極地域への国際的な探検の動きは背景に強い関心があってのものだ」と報じた。発表は〈彼の〉南極沿岸区域に入ろうとしているかもしれない競争相手には一つの警告となり、発表することでイギリス政府の支援が得られるかもしれないと考えた。やはり、初めて南極点に到達する栄誉に与る人物はどうしても英国民であるべきなのだ。

シャクルトンはこの国家的操作を自分にうまく利用しつつ、王立地理学会に対して競争相手となる諸外国の探検隊は順調に事を運んでいるので無駄にする時間はないと警告した。直ちに王立地理学会の支援と資金が必要だった。しかし、納得は得られなかった。

王立地理学会の秘書のケルティと、マーカムの後任会長であるサー・ジョージ・ゴールディはシャクルトンの計画にまるで関心を示さなかった。とくにシャクルトンの計画には厳しい回答をする以前に「疑問点がいっぱい」あると感じた。そうかもしれなかったが、彼らがシャクルトンに言いそびれたことは、すでにスコットの二回目の南極探検を支援する予定になっていて、スコットに賭けたほうがいいと考えたことだった。

シャクルトンは王立地理学会の二心やスコットの計画の進捗度合いを知らずに相変わらず計画を進め、目下の関心は隊員だった。当然にディスカバリー号の時から仲の良いウィルソンをまず自分の右腕に選んだ。「仕事を確実にこなして欲しいので、君はそのための世界最高の人物だ」とシャクルトンは書簡を送った。「私が南極点行きの旅に必ずしも十分に対応できないとしても、君より相応しい人間はいないだろう」。しかし、ウィルソンはスコットランドの原野でライチョウの根絶を招いている伝染病の研究に携わっていた。「私はこの仕事をやり遂げたいと思っている」と手紙を受領した二日後にシャクルトンに告げてショックを与えた。ウィルソンはシャクルトンからの依頼が続くものと考えて「これ以上長距離電報の無駄遣いをするな」で返事を締め括った。

ウィルソンを確保できなかったことは打撃だったが、シャクルトンはまもなくアーミテージとホジソン、スケルトン、バーンなどのディスカバリー号の他の隊員たちも参加できないことを知った。その本当の理由はすぐに判明した。一九〇三年にマクマード湾でシャクルトンと交替したジョージ・マロックに接触すると、マロックはすでにスコット隊への参加を決めたことを明かした。ディスカバリー号の隊員といい、王立地理学会といい、断った理由が突然明らかになった。

シャクルトンが深く傷ついたのは、スコットがディスカバリー号の隊員たちの採用に自分には声をかけてこないことだった。彼の自信は大きく揺らいだ。それと同時に激しい怒りと孤独を感じた。

一方、スコットはしばらく海軍付となって航海中にシャクルトンの遠征計画のニュースを知った。最悪のタイミングだったのだろう。スコットは近ごろ軍艦アルベマール号の指揮を任され、ポルトガルの西の大西洋上で危険で高度な戦術を実行中だった。漆黒の夜、八トンの鋼鉄の軍艦が暗闇の中を灯りもつけずに疾走中に、スコットは合図を送るために甲板を離れた。その直後に軍艦アルベマール号の船首が別の船に衝突した衝撃を感じた。

事故の知らせはスコットの名前とともに第一面のニュースになった。その後の公式調査でスコットに非はないとされたが、彼がシャクルトンの南極探検計画を初めて耳にした日は、軍法会議と不名誉を恐れて強い緊張下にあった。そこに彼の極地到達目標を危うくする「役立たず」と呼んだ男の計画を知って烈火のごとく怒った。こういう事情があり、シャクルトンへの返事はかなり抑制された内容にならざるを得なかった。彼の一九〇七年二月十八日付の書簡は次のとおり。

二月十二日付の『ザ・タイムズ』で君が再び南極探検に出ようとしていることを知りました。知ったのは初めてです。私も同地への再遠征を発表し、交渉中だったので厄介なことになりました。私はもとから再訪を考えていましたが、海軍所属なので復職して再び休職するまでに一定期間任務に就かざるを得ず、その間は計画を秘密にしておくのが最善だと考えました――だが、すでに新たな準備を開始しており、八月に私が自分自身で準備に当たれるようになるまではロンドン在住のマイケル・バーンが準備に当たってくれています。

両者の間で手紙の遣り取りがひっきりなしに続いた。科学的目的と称する多くの探検や調査で真意を隠そうとしても、互いに初の南極点到達が相手の目的であることは分かっていただろう。スコットはシャクルトンが身を引くつもりがないと気づくと、極力迷惑をかけてやろうとした。

スコットはシャクルトンがマクマード湾に上陸するつもりであることを知ると、そこは使うなと速達を出した。「探検に関わる人間は誰でも〈マクマード湾〉が私のものであると思っている」と書いた。「君は知っていながら私の人生の大仕事の邪魔に入った。マクマード湾へ行くことは明らかに私のものである冬営地へ行くということなのだ」。スコットはシャクルトンの今があるのはすべて自分のおかげであると念を押して締め括った。「こう言ってはなんだが、君を南極へ連れて行ったのも、全隊員が互いに信頼を寄せあったのも、航海中の出来事も、君を送り返すという正しい判断をしたのもこの私だった」。

マクマード湾での越冬は確かにスコットが初めてだったとしても、その主張には無理があった。ディスカバリー号探検隊の二年前にボルクグレヴィンクがマクマード湾を発見し、スコットの使用を妨げなかったことをスコットはまったく意に介さなかったようである。ミルがシャクルトンに告げたとおり、どの地域も「勇気と不屈の忍耐と幸運に恵まれた者には誰にでも完全に自由で開かれて」いた。

マクマード湾への立ち入り禁止はシャクルトンの計画の多くの面で大きな痛手だった。そこはシャクルトンの良く知る場所である上に、最もよく知られた上陸地点で、彼はベアードモアなど資金協力者に接触する際にこの地域を熟知しているので成功の確率が高いと強調すらしていた。これは他の探検隊に比べて数少ない奥の手の一つだった。もし、現在、または将来の、見込みのある資金提供者にこの貴重な体験が利用できないと言わなければならなくなったら、彼らは手を引くだろう。

だが、遠征がどれほど困難になったとしても、マクマード湾に入ろうとすれば良く思われず、名誉が汚されることにも気づいていた。エドワード王時代のイギリスでは、公正で紳士的に見えることが大事だった。その点スコットは王立地理学会のプリンスと見られていて、従って、自分の名を汚したくなければ、道を踏み外さないように慎重に歩まなければならなかった。

それにもかかわらず、スコットとシャクルトンとの間の知られざる確執はいよいよ白日の下に晒されそうな気配だった。「シャクルトンは私のおかげで今がある」とスコットはケルティに怒りをぶつけた。「マクマード湾への遠征を計画するなんて冗談はあり得ないと思ったが、彼は私が再遠征を諦めた」と思ったのだ。今やマクマード湾問題を越えて、スコットは、彼の計画は「正しい探検の大義を汚しかねない」と主張して是が非でもシャクルトンの探検を止めようとした。スコットは「社会が不誠実な行動をどの程度まで許すかの問題だ」と述べて自分より有力な人物の力も借りようとした。

当時のスコットの暴言の多くは文書に残っているはずである。彼は海難事故の後、強いストレスに晒されていたばかりか、高齢の母親への生活支援の苦労も感じていた。また、シャクルトンは探検隊を率いた経験がなく、先の探検では役立たずとして帰還した彼のような人物が隊を率いれば不幸に終わる可能性もあり、そうなれば、しばらく探検隊の派遣が止まることにもなると考えていた。一八四五年の不幸なフランクリン探検隊の後がそうだった。もしシャクルトン探検隊にそういうことが起きれば、スコット自身の計画も潰れてしまうだろう。王立地理学会の秘書のケルティはスコット宛の手紙にシャクルトンは「正気ではない。彼が南極へ向かったら何が起こるか分からない」と書いて物議を醸した。

これはシャクルトンの計画に対するスコットの敵意の一部を示すものかもしれないが、スコットは過去を持ち出さざるを得ないほど怒り心頭だった。「個人的には、不誠実な人間がやる仕事には多くを期待しない」とケルティに述べた。「シャクルトンは我が隊員の中で最も経験不足であり、どんなこともやり遂げられなかった――その後の彼を見ても何をやっても続かなかったことを考慮しなければならず、彼が次々と始めた計画で私よりよくお分かりでしょう」。これら痛烈な文言はディスカバリー号当時のスコットの書いたことや述べたこととは正反対である。

スコットはスタンフォード書店店主のエドワード・スタンフォード宛に同店が「スコットとシャクルトンが到達した最南」点を示すために出した南極地図に対する怒りを露わにした。歴史的な地理的地点に自分の名前〈と〉シャクルトンの名前の両方を出したことは明らかに「統率者が二人いることを示唆し」……「事実と一致しない」と指摘した。スタンフォードは早速「貴方が隊長であることは誰でも知っている」として、地図からシャクルトンの名前を削除した。

事態はさらに悪化を辿った。シャクルトンは共通の友人のウィルソンなら関係修復の労を取ってくれるだろうと考えた。ところが、意外にも彼はスコットの肩を持った。「スコットが誰よりも先にあの基地を使ったと言うのはそのとおりだと思う」と述べた。「君はマクマード湾を基地にするのを諦めるべきだ」。彼は不吉にも、もしシャクルトンがマクマード湾での越冬を決めたら「結果が出た後でも、南極到達で汚された名誉はスコットに寛大に処した名誉よりも価値が劣る」とも警告した。

ウィルソンが自分の忠誠心のありかをはっきりさせた今となっては、シャクルトンはマーカムに仲裁を求めるしかなかった。だが、マーカムはスコットの味方になったばかりか、シャクルトンをこきおろした。「彼（シャクルトン）は恥ずべき行動をした」とマーカムはスコットに言った。「一致協力した遠征（ディスカバリー号）に面汚しがいたとは何とも嘆かわしい」。

シャクルトンには、少なくとも世間の目は、負け戦を戦っていると見ていることが分かっていた。スコットはイギリス海軍軍人で、国の宝だった。自分がいくら正しくても、このままでは良いことはなく、大切な時間の浪費だとも思っていた。スコットの目標がシャクルトンを思い止まらせることだったら確かにうまく行っていた。シャクルトンは方針を転換した。

一九〇七年三月、スコットが大西洋から戻ると、二人はロンドンで会って妥協点を見出そうとした。五月には西経百七十度以東ではシャクルトンは何をしてもよいとすることで合意していた。マクマード湾には入らないこととし「公明正大さに疑問が呈されるよりも記録達成のチャンスを逃すほうがいい」とシャクルトンはバーンに告げた。シャクルトンは非常に正直だった。二人の合意は時間的視点で見られるべきだが、スコット側の不公正かつ不正な要求だった事実が残っている。

シャクルトンはこれまでのところはどうにか平静で陽気な自分を保っていられたが、ウィルソンがやり過ぎた。シャクルトンはマクマード湾に代わる基地としてエドワード七世ランドへの上陸を考えた。これはアーミテージのおかげでもあるが、彼がディスカバリー号上でスコットに南極点へ近いルートであると着地を提案したことがあった。しかし、ウィルソンはそれを聞くと「スコットの意見が判明するまでは何があっても新しい計画を決めてはいけない」と書き送った。

これにはシャクルトンも耐えられなかった。彼はスコットには何の義務もなかったが、できるだけ黙って従うように努めてきたことで、自分の遠征をスコットの手に委ねることになった。ウィルソンがここまで立ち入ってきて二人の友情が壊れることに失望した。もうこれ以上譲歩するまいと決意し「スコットの権利がどこまでか分かるまで私の計画を止めておくという君の意見には同意できない。彼の権利は彼の言う基地限りか、基地から適当な範囲にしかないはずだ。これが私の限界であり、これ以上は無理だ」。

事態は危機的状況に達し、両者とも限られた資金提供者から必死になって資金を募ろうとしていた。スコットは、イギリス海軍軍人であること、ディスカバリー号探検隊の成功、王立地理学会の太鼓判のおかげで優位に立っているようだった。ケルティは「二つの探検隊が出航したらどちらの成功を祈るかなど考える必要もありません」と書き送って彼への忠誠を隠そうともしなかった。一見したところ、シャクルトンに分が悪かった。しかし、彼にはまだ有利なことがあった。スコットは海軍にさらに二年間縛られていたが、シャクルトンは自由に計画を進めることができた。二人のうちスコットは現実味のある選択だが、万能札《ワイルドカード》のシャクルトンは楽観的で、朗らかで、強固な意志を持つ人柄なので、彼の欠点を忘れて小切手帳を開く人たちもいて、まだレースからは脱落していなかった。

基地変更は絶対にマイナスにはならない（南極を少しでも知る人がいたならこれはかなり問題になっただろう）と資金提供者を説得し、一九〇七年八月の出航を目指した。この目標から外れたらその先には相当な不安が待ち構えていた。

まだ多額の投資が必要であるが、シャクルトンは積荷明細書の中で最も高額で絶対に欠かせないもの——船——を物色し始めた。この段階では理想的な船はまだ見つけていなかった。新型エンジンと五十人分の部屋のある、南極への旅に理想的な新しい船が見つかったが、シャクルトンは一万一千ポンドという高額に尻込みした。まだ装備品と食糧、隊員に支払う金も必要だというのに、銀行にある金の全額でも足りなかった。

選択肢が少なく、その後シャクルトンはニムロド号というアザラシ猟用の古い木造船を紹介された。一八六六年にダンディーで建造され、時速は六ノット（約十一キロ）、全長百三十六フィート（約四十二メートル）と小型だった。約五十年間使用されており、シャクルトンは船を見るなり「ぼろぼろでアザラシの臭《にお》いがきつい」と言った。これで航海に出るなら、古くて軋むニムロド号には広範な修理と厳しい南極の海に耐えうる大改修が必要だったが、五千ポンドという特価で、それ以上は出せなかった。

しかし、一九〇七年六月、ロンドンでニムロド号に新エンジン取りつけて改修作業中に資金が涸渇し、希望も失われた。奇跡でも起きなければシャクルトンは恥の上塗り、幻滅、そして屈辱を味わい、スコットが栄光を独り占めすることになった。

16

探検を取り止めないつもりならば、どうしてもさらに八千ポンド必要だった。しかも、八月に出航してスコットに勝つつもりなら、船の改修はやめられなかった。シャクルトンは赤字をどうにかしようと思いつつ手の内を見せないように業者に作業の継続を頼んだ。

今までは男女を問わず何らかの繋がりのある裕福な人間に接触してきた。立て続けに断られた後はもう行くところがなくなった。彼は人脈網と願望をさらに拡大して、どんなことでも資金援助した経験のある人物を求めて英国中を探し回った。そして、ついにアイヴァー伯爵エドワード・セシル・ギネスと出会った。

伯爵はギネス・ビール財閥のトップであり、毎年慈善事業に百万ポンド以上寄付していた。だが、通常は住宅供給やスラム撤去など慈善性の高い目的に使われていた。伯爵はこれまで探検のような活動への資金提供に関心を示したことはなかった。シャクルトンとは面識がなかったが、シャクルトンは自分と伯爵の二つの共通点に賭けた。

つまり、二人ともアイルランド人でフリーメーソン（訳注　友愛結社。事実上の本部はイギリスだが、世界中にある）の会員であることだった。シャクルトンはディスカバリー号からの帰還後フリーメーソンの会員になっていた。成功の秘訣は必死な姿を見せないことだった。だから、魅力と空威張りで、そのような歴史的探検に伯爵の名が結びついたら得だと思わせた。ニムロド号の購入も役立ったかもしれない。船はすでに手中にあって改修中なので、現実には何も決まっていなくても遠征が軌道に乗っているかのように見えた。

だが、伯爵はシャクルトンの思う壺には嵌《はま》らないようにしていた。伯爵は資金援助ではなく、必要額の八千ポンドを満額にする他の支援者を見つける条件付きで二千ポンドの貸付を保証すると言った。これはシャクルトンの必要からはかけ離れていたが、無いよりはましだった。時間に迫られながら何としても六千ポンドを集めなければならなかった。

他方で、隊員の募集がまだ終わっていなかった。隊員に適する人物はほとんどスコットにさらわれてしまっていた。未研磨の宝石を期待し、残った中から最良の人物を探していた。シャクルトンはリージェント・ストリートの狭苦しい机から四百人以上の応募者を一掃した。ほとんどの応募者が遠征にはまったく不向きだった。深夜まで仕事をし、ほとんどベイズウォーターの家にはいなかった。強いストレス下にあって彼はエルスペス・ベアードモアに「やることが多すぎて時間が足りない」と書き送った。

シャクルトンは冷静さをどのように保ったのだろうか。お金は無くなってくるし、優秀な乗組員は全員奪われてしまったようだし、金のかかる船の改修が進行中で、しかも王立地理学会のほぼ全員からも、遠征関係者からも、背を向けられていた。常識的には、力がない者は立ち去るしかないが、シャクルトンは人生への探検を望んでいるようだった。

優秀な隊員を見つけるのは確かに挑戦だったが、一九〇五年にシャクルトンは妻エミリーとのスコットランドでの休暇中に、ジェイムソン・ボイド・アダムズに会ったことを思い出した。アダムズは商船隊にもイギリス海軍予備隊にも所属していた。探検の経験はなかったが、彼なら隊員に相応しいとシャクルトンは感じた。アダムズはシャクルトンに当面は海軍の職責を諦めてほしいと説得され、副隊長に指名されて、その後は一定の制限はあるが応募者の面接を手伝った。

遠征には優れた体力と健康がいかに必要かを苦い体験から知っているので、シャクルトンは志願者全員に「心臓病でないこと」を求めた。隊員には階級がないのでディスカバリー号で海軍出身者と商船隊員との間にあったような仕切りはない。「私たちの探検のような場合には隊員それぞれの個性が重大な要因の一つである」とシャクルトンは書き送った。「成功の可否は各隊員の任務と同じように、隊員相互の姿勢にかかっていると思う」。

ところが人選はすでに遅れており、これらの条件は隊員の人選をさらに難しくするだけに見えた。だが、シャクルトンはディスカバリー号の昔の仲間二人を説得して乗船させることに成功した。フランク・ワイルドとアーネスト・ジョイスである。ジョイスの採用は幸運以外の何ものでもなかった。ロンドンのバスの二階席で偶然に彼を見つけたシャクルトンは、手を振って降りてくるように合図して探検への参加を頼んだ。ジョイスは、当時は海軍にいて、極点制覇チームの一員になることと、海軍の退職年金の喪失分の補塡を条件に喜んで引き受けた。シャクルトンは遠征の帰還後にその他のさまざまな支給を追加することに同意した。

シャクルトンはディスカバリー号の大方の旧隊員には手を出せなかったが、仕事の関係で信頼できると感じた数人と知り合った。アダムズはそんな一人で、二十八歳のエリック・マーシャル博士とも社交の場で知り合った。マーシャルは受賞経験のあるラグビー選手であり、シャクルトンは彼の知性と体格に強い印象を受けた。シャクルトンの姉妹の友人で「つねに笑顔を絶やさない太ったコメディアン」と言われたジョージ・マーストンも主任挿絵画家として乗船することにした。

船長に任命されたルパート・イングランド大尉はディスカバリー号の支援船モーニング号の一等航海士だったのでよく知っていた。船長としての任務は初めてだが、当初船長になってもらいたいと思っていたモーニング号船長のウィリアム・コルベックの保証付きだった。そのことと、イングランドは南極が初めてではないので彼を船長に指名しない理由はなく、また、二十三歳のジョン・キング・デービスが一等航海士を務めることになった。

隊員採用に当たってシャクルトンは人的繫がり以上に直観に頼った。私も隊員に相応しいかどうかを判断する際には直観を信じた。最初は、だいたいイギリス陸軍特殊部隊国防義勇軍の出身者から見込みのありそうな候補者に北ウェールズの山を歩かせて専門性や根性を見極めた。しかし、時が経つにつれて、過酷な条件に耐えることよりも、積極性とチームワークのほうが重要なことが分かって来た、最終的には普通の仕事をする一般人で三つの基準で高得点を得た人物を探したほうが良いのが分かった。三つの基準とは分別、忍耐力、そして他者に温厚かどうかである。

こう考えて世界遠征隊（Trans Globe Expedition）にはロイヤル・サセックス連隊の退役伍長で当時警備員をしていたチャーリー・バートン、元ウェールズ近衛連隊員で、当時ウィットブレッド・ビール会社販売員のオリバー・シェファード、印刷業者のジェフ・ニューマンを採用した。三人のいずれも探検の経験はなかったが、人格面で三人とも相応しいと思えた。

シャクルトンの面接方法はそのことを言っていたのだ。確かに彼は長期遠征で重要だと思われる人柄を求めていた。二十一歳のレイモンド・プリーストリーに面接した際、この青年地質学者に歌をうたえるかなど無関係に見えるいくつかの質問をした。彼は「他の質問もあったはずでしたが、変な質問だったので覚えています」と後に語った。プリーストリーは若くて未経験だったが、見ただけで気に入られた。それはシャクルトンに人物の将来性を見抜く目がある証拠であり、プリーストリーはその後輝かしい実績を積み、高名な地質学者になってナイトの称号を授けられ、後に英国科学振興学会会長、ひいては王立地理学会会長を務めた。

隊員の採用でシャクルトンはまだ試したことがない視角に思い至った。今までは探検の科学面は補足だった。南極点到達の栄光のほうに関心があった。ところが、科学的要素を採り入れれば公認が得やすく、資金援助も獲得しやすくなった。

私も身をもってそれを知った。メディアと主要な資金提供者は、単なる冒険より確かな科学的調査プログラムを持つ探検隊に点数を上乗せする。だから私の極地探検では気象学であれ、高周波伝達であれ、心臓病学や血液分析であれ、重要な科学的要素を取り入れることにした。巨額の遠征費用を払えることが多いからである。

この方針に従ってシャクルトンは優秀な科学者を見抜き、経験豊かなスコットランド人生物学者のジェームズ・マレーとアリステア・フォーブス・マッケイ博士を採用した。この二人によって遠征は重要な科学的調査と思われたが、シャクルトンの資金提供者問題に最大の救いとなったのは二十歳の地質学助手だった。

サー・フィリップ・リー・ブロックルハーストは新進気鋭の地質学者であるだけでなく、イートン校出身で、スタッフォードシャーのスウィサムリーホール領準男爵だった。シャクルトンは青年準男爵に紹介され、彼が科学者として乗船するのに必要な資質を備えているばかりか、巨万の富と人脈を有していることを早々と知った。それを利用するにはこの若い彼を説得して参加させることであり、シャクルトンの巧みな説得力により彼は参加を決めた。

そしてシャクルトンはさっそく準男爵の母親で未亡人のレディ・アニー・リー・ブロックルハーストに会うことにした。人のいいアイルランド人に気を良くした未亡人は二千ポンドの融資を保証しただけでなく、もっと重要なこと、つまり、上流社会への門戸を開いてくれたのである。そのおかげで八千ポンドの赤字（この頃はもっと膨らんでいたが）を埋めることができた。その上、さらに良い知らせが舞い込んできた。

レディ・ブロックルハーストの従兄弟のジョン・フィールデン・ブロックルハースト少将は名将であり、アレクサンドラ王妃の侍従だった。シャクルトンはこの人脈から王立地理学会を迂回して国王に辿り着けることを知った。王室の公認があれば更なる資金提供、メディアへの宣伝、さらには、成功への確実な手段になるだろう。

シャクルトンはさっそく国王の私設秘書に書簡を送り、ブロックルハーストの名前は出さずに、国王の支援を請うた。求めていた王室の支援は得られなかったが、毎年恒例のカウズウィークのボート競技会に、ディスカバリー号のようにニムロド号も参加すれば国王は喜んでニムロド号に乗船して送別することを約束した。数週間前までは相当な難局にあったが、これでシャクルトンと探検隊も上昇気流に乗った。だが、よくあることだが、良い知らせの後に悪い知らせが来た。

探検隊の資金繰りが改善されて王室の送別も受けられると思いきや、家族の不名誉に係わる懸念が発生した。一九〇七年七月、四万ポンドもするアイルランドの王冠用宝石がダブリン城の金庫から盗まれた。扉も鍵も壊されておらず、金庫の鍵が開いていた。内部の者の犯行らしく、シャクルトンが知る人物に疑いの目が注がれた。

金庫はシャクルトンの弟のフランクが働いていたサー・アーサー・ヴィカーズの事務所に保管されており、弟はダブリン城の伝令官の一人だった。フランクはお金に困っていて株の不正取引で調査を受けていたことがすでに知られていた。動機と手段からフランクが第一容疑者になったのは意外ではなかった。

状況が悪化したのはフランクが同性愛者であったことで、当時同性愛は犯罪であり、また、王の従兄弟のアーガイル公爵の乱痴気騒ぎの参加者の一人であることも知られていた。こういう新事実はシャクルトンばかりか王室にとっても衝撃だった。新聞は探検家と国王を結び付けて書きたい放題するだろう。

フランクはまだ逮捕されていなかったし、高位の犯罪者ご一行を守ろうとする〈いんちき〉委員会によって最終的には容疑が晴らされたが、彼の名は負債者として地に落ちた。それだけでも資金集めに必死のシャクルトンには破滅的だった。フランクが汚名を濯《そそ》ぐためには千ポンド必要なことを知ったシャクルトンは、ベアードモアにニムロド号の出帆前には返済する約束で短期借入を依頼した。ベアードモアは申し出に応じたが、シャクルトンは理由を告げなかった。ただし、エルスペスには話したようである。「フランクのせいで余計な心配と出費が増えた」と彼女に告げた。「だが、現在は問題が解決して、貸した金は返してくれるだろう」。

とにかく今は不名誉を被ることなく探検隊の装備品と食糧の購入に全力を傾けることができた。さらに、今度は進んで助けようとする人物がついに現れた。世界的に有名な極地探検家のフィリチョフ・ナンセンで、新独立国家ノルウェーを代表してロンドンの聖ジェームズ宮廷大使に任ぜられていた。ナンセンは北極で偉大な業績を残し、次は南極制覇の夢があった。だからといってシャクルトンやスコットなどイギリス人南極探検志望者に有益なアドバイスをしないことはなかった。シャクルトンはナンセンと話をしてさまざまなアイデアが湧き、さっそく自己の体験とナンセンのアドバイスを参考にしてより良い方法を考え出した。

シャクルトンは南極で壊血病になったので栄養が重要なことを強く意識していた。だから抗壊血病性か否かに注意しつつ全食品を選び、ラウントリー社とコールマン社、グラクソ社、リプトン社などから幅広い協力を得た。

基本食材に加え、シャクルトンは美食家のため、甘いジャムや変わった風味のスープ、ジンジャービスケット、チキンやマッシュルームの食品など贅沢品を詰めた。しかし、極地で探検に出る際にはエネルギーと熱量を補えるフーシュの元のペミカンも大量に必要だった。料理をなるべく豪華にするために国際的知名度のあるホテル料理長のウィリアム・ロバーツも料理番として参加した。

シャクルトンは先端技術の進歩も利用した。軽量で防水性のあるヴェネスタ社の合板ケースは船上での梱包に使用されるだけでなく、形を変えてパーティションにも小屋用の家具にも利用できた。それで四トン以上の積載量軽減になった。さらに、松材と断熱効果のある屋根、フェルトと粒状コルク包装で造られた小屋も組立式《プレハブ》でディスカバリー号のときよりもはるかに収納が楽になった。

ヴェネスタ社の合板には他にも用途があった。ディスカバリー号では『サウス・ポーラー・タイムズ』が大人気だったので、シャクルトンはシティの有名出版社、サー・ジョセフ・コーストン・アンド・ソンズ社の厚意により無料で印刷機とインク、紙、タイプを手に入れた。多目的合板は保護用に完璧な素材だと考えた。

シャクルトンが南極へ運んだ最新の道具にはスチール・映画用の最新の写真機材もあった。これらの映像はそのうち非常に貴重になる、とくに有益な出版事業や帰国後に考えていた講演巡業には役立つと思っていた。

ノルウェーの旅ではノルウェー製の最先端機材を利用することに熱心だった。この点でナンセンのアドバイスは非常に有益だった。シャクルトンはソリ三十台、トナカイの皮の寝袋十五枚、ラップランドのトナカイの脚の皮製のブーツ、オオカミと犬の皮製の手袋などを注文した。彼はスキーが得意ではなかったが、オスロからスキーとスキー靴、スティックを大量に取り寄せた。

最新機材を携行しようと計画したのは立派で、彼は一度きりの南極で役立つかどうかを試そうとした。使いものにならなかったらどうしようもなかっただろう。私もグリーンランドとカナダ北部でのトレーニングは南極と北極の条件に備えるのに有効だと考えたし、何が有用で何がそうでないかを知るためにいろいろな物を試す機会にした。辛抱強く、そして先見の明をもってシャクルトンはこれをやり遂げ、その過程で時間と資金を節約し、探検隊の安全性を高めた。

最大の決定の一つは、南極点までの食糧と装備品の輸送に役立つ動物の選択だった。ディスカバリー号のときは犬と人力の両方だった。もちろん犬の扱いは大変だったが、遠征後にシャクルトンは「出航時は二十三頭だった。南極に到着する頃は六十頭から七十頭が理想だった」と言った。しかし、その後は数年で役に立つより世話がしにくいと考えるようになった。「犬は棚氷では十分役立つとは言えなかった」と後に記した。犬の代用として考えたのがポニーで、南極では初めてだったので実際に使えるかどうかは分からなかった。

それどころか、彼がそう考えたのは誰の影響かも分からない。ナンセンはソリとスキー、スティックを犬に引かせるのは大賛成だった。だから、ディスカバリー号以来の知人がポニーでバランスを取らせた可能性が高い。アーミテージはイギリス人探検家フレデリック・ジャクソンが一八九〇年代半ばに北極探検でポニーを使ったので、ポニーにとくに執着があった。事実ジャクソンはポニーで「大成功」だったと述べていた。しかし、厳密に言えば事実ではなかった。

ポニーは荷物を大量に運べるが、その多くは多食であるポニーの餌だったとジャクソンは述べた。もう一つの問題は、重みのかかるポニーの蹄は犬の足の四〜五倍の大きさがあるので、犬よりも遥かに氷を突き破りやすいことだった。ジャクソンの四頭のポニーのうち三頭はそれで死んだ。犬は一頭も死ななかった。

ディスカバリー号以来のもう一人の知人のロイズもポニーと犬の組み合わせが望ましいと日記に書いていた。

ポニーは一回で千八百ポンド（約八百二十キロ）運べる、というか、引っ張れるが、その一方で、餌を一日十ポンド（四・五キロ）食べる。犬は百ポンド（四十五キロ）運べて、餌は一日一・五ポンド（六百八十グラム）である。人間は二百ポンド（九十キロ）を引っ張れて、一日の食事は二ポンド（九百グラム）である。だから、隊員三名の小パーティで雪原を進む方法としてはポニーと犬の組み合せがベストだろう。

そういうことを試行錯誤で決めていた時代にシャクルトンが両面作戦でポニーに賭けたことは、とくにディスカバリー号探検隊の際に犬の不幸な死があった後とあっては無理もない。とはいえ、訓練された犬なら間違いなくはるかに功績がある。少なくともこの点に関して、シャクルトンは、ケンブリッジ卒で三十八歳のベルトラン・アーミテージを雇い、中国から輸入した野生の老馬十五頭の訓練に当たった。しかし、アーミテージにはその分野の経験がなかったので、彼を採用したのは不思議議だった。ポニーではだめと分かった時点で保険の意味でシベリアンハスキーを九頭注文した。

ポニーは氷にとっては実用的な輸送手段だったかもしれないが、シャクルトンは奇抜ともいえる代替品に目を付けていた。ベアードモアがペイズリー工場でアロル・ジョンストン自動車を製造しており、もしシャクルトンが南極点まで一気に運転して行けたら自社のすごい宣伝になると考えた。もちろん、南極で使用される初の自動車となること自体が称賛されただろう。

名案かと思えた。自動車の十二～十五馬力のエンジンでは時速十六マイル（二十六キロ）のスピードが出て、一対のガソリンタンクでの走行距離は三百マイル（四百八十キロ）だった。さらに排気筒からの暖気を運転手の足元に送って温めることもできる。氷河を越え、歴史に向かって速く快適な乗り心地を約束した。

だが、いくら楽天的なシャクルトンでもこれは受け付けなかった。タイヤ付でこんなに重い自動車は氷上では無理であり、酷寒でエンジンが動くかどうかも分からなかった。そんな理由で自動車には期待せずポニーにしたことをスケルトンに「荷物の牽引手段としては自動車には頼らない」と言った。だが、話題に上ることは確かにベアードモアが喜び、この『ザ・タイムズ』記事から分かるとおり宣伝になった。

シャクルトン大尉の南極探検に使用される予定の自動車は、現在アロル・ジョンストン自動車会社のロンドン倉庫で公開されており、その後ニュージーランドのクライストチャーチへ輸送される予定である。鋼鉄の車体下部は低温に耐える特別仕様になっている。二つの前輪には木材が付いていてソリも取り付けられる。後輪も同様にスチール製の突起があり、スパイク用の穴をあけて強固に固定できるようになっている。エンジンは十二～十五馬力、空冷、時速十六マイル（約二十五キロ）、点火装置が二つ備えられている。排気は暖房用に使用でき、また、雪を溶かす機材にも接続されていて水ができる。ガソリンタンクは二台で、一台は自然送り、もう一台は圧力送りで、満タンで三百マイル（四百八十キロ）走行可能である。

冬将軍が南極点の上に腰かけて氷上を眺めている漫画が某紙に掲載された。「わしは犬と船、気球に勝ったが、今度はガソリンでわしを屈服させるつもりか。ほほう、お手並み拝見！」。雑誌『自動車』は、シャクルトンは時速百五十マイル（二百四十キロ）で二十四時間走行可能なら「極点まで全力疾走できる可能性は高いだろう」と述べたと誇大に宣伝した。その手の誇張はもちろんナンセンスだが、新聞も世論も全て受け入れ、王立地理学会とスコットの神経を逆なでした。彼らはこのような崇高な試みに自動車を持ち出すことを確かに快く思わなかった。シャクルトンはベアードモアが満足ならそれでよかったが、自動車はニムロド号のすでに余裕のないスペースに大きな部分を占めることになるだろう。

シャクルトンが万全の準備に努め、必要なら新手段の実験を試みるつもりでいる一方で、敬遠した分野があった。健康診断である。心配なエミリーはやっとのことで夫に心臓病健診を受けさせ、夫が合格だったと言っても信用しなかった。「医師が彼を診察したのではなく、彼が医師を診察したのだと思います（シャクルトンを良く知る医師の言葉によれば）」とエミリーは述べた。「あの人が心臓の診断を受けたことが一度もないのは知っています……結果如何で行けなくなるのが怖いのです」。これはシャクルトンの遠征だから出発を止めることが出来るのは本人であり、それはあり得なかった。南極に着いたら不健康がまた頭を擡げることにならないように祈るばかりだった。

一九〇七年七月末、大きな苦労はあったが、探検隊の出航準備が整った。シャクルトンは僅か数カ月間で資金の全額を集め、船を購入して改修し、隊員を募集し、必要な全装備品を揃えた。五〇年代に二チームによる南極横断を実行したサー・ヴィヴィアン・フックスは準備に五年かけ、また、一九七九～八〇年にかけて北・南極を巡った私のチームは七年かかった。だが、スコットとの競争でシャクルトンはできるだけ早く出発する以外になかった。そういう状況で、大きな負債を抱えてはいたが、誰もが羨む優れた手腕を発揮した。

時間を節約できたのは、当時は外務省極地部や米国国立科学財団などの南極での活動を希望する非政府団体を管理する機関がなかったことによる。文字通りこれが何年もの政治的いざこざからシャクルトンを救った。しかし、計画については海軍本部との間で、また、王立地理学会上層部の特別委員会との間でも時間をかけた。

一九〇七年七月三十日に船の改修が終了してイースト・インディア・ドックを離れたニムロド号の姿はスコットと王立地理学会にとっては癪にさわったにちがいない。彼らはシャクルトンを妨害するためにあらゆる手を尽くしたが、シャクルトンは辛抱し、英国国旗が揺れ、鳴り物入りの観衆による歓呼の渦の中を再び南極へと旅立った。だが、氷の世界に出発する前にまず立ち寄るべき場所が何カ所かあった。

最初の寄港地イーストホーンでは、忠実なエリザベス・ドーソン‐ラムトンは自分のお金がどう使われたかを自分の目で確かめることができた。彼女より富豪の支援者たちはローンを保証しただけだったが、改めてシャクルトンを信用して現金も出した。最初に彼女の信頼を得られなかったら探検隊は実現しなかったかもしれない。

数日後の二番目の寄港地はワイト島だった。海上は二百隻を超える船舶でいっぱいだったが、国王と王妃は小さなニムロド号が港に入る姿だけを目で追っていた。世界最強の戦艦ドレッドノートに横付けし、シャクルトンは国王エドワード七世からロイヤル・ヴィクトリア勲章を授けられた誇りで輝いていた。六年前にスコットも同じ勲章を授与されていたが、シャクルトンにとっては自分がそれと同じ名誉に与ったことの証だった。もうその他大勢の一員ではなかった。今や歴史的探検隊の隊長であり、国王と国家の期待を一身に背負っていた。これこそ彼が夢に見てきたことだった。

そこへシャクルトンへの予想外のご褒美があった。アレクサンドンラ王妃も探検隊とシャクルトンへの興味に引かれ、信頼のしるしとして南極点に掲げる英国国旗を手交した。美しい王妃から「この国旗が無事に貴方を南極点へ導きますように」との言葉を頂戴したとき無上の喜びがこみ上げきた。さらに国旗には「これは初めてのことです」との王妃のメモ書きが添えられていたことも嬉しさを倍増させた。ニムロド号の数々の写真はその後慈善資金を集める目的の新写真集に収められ、その年の王妃のクリスマスカードに使われた。

ニムロド号がニュージーランドへ向けて航海中、シャクルトンは出発を二カ月後らせて残った仕事を片付けていた。エミリーと子供たちへ別れを告げる時が来ても、心は探検準備の仕上げに向いていた。エミリーは「なるべく夫を安心」させようとしていたが、出発前に妻への気遣いが足りなかったことを後悔したのだろう。シャクルトンは客船で出発し、直後に長々とした傷心の手紙を書いた。「家族を思い、船上で子供連れの母親の姿を見て愛する者から遠ざかろうとしている私」、「風の強いエディンバラへ貴女と一緒に戻りたい」そして「愛する人よ、もう二度とこんなふうに遠くへ行かないと改めて約束する」という具合である。よくあるパターンだった。陸上では家族のことはちっとも顧みずに遠征のみに集中していたが、いざ離れるとなるととても寂しがった。いずれにせよ、彼は満たされることがなく、いつも手の届かないものを追い求めていた。

関心を向けられなかった一つの理由はつねに資金不足に追われていたためだった。千ポンドの返済を求めるベアードモアなどの債権者に追いかけられていたシャクルトンは、カウズウィークで見込みのある人物たちからお金を引き出そうとして国王と王妃の公認を得ようとまでした。

ある程度の資金の上積みはあったが全員に返済するにはほど遠かった。そんなわけで、シャクルトンは後味の悪さを感じつつベアードモアの借金を返済せずにイギリスを離れた。彼はエルスペスには手紙で説明しようとした。「ウィルが親切に貸してくれた全額を返済しないまま出発したことを申し訳なく思います。ですが、極めて困難な事情を抱えていました」。シャクルトンは、その後、事務弁護士であるエミリーの兄ハーバート・ドーマンに留守中の借金の未払い問題という有難くない仕事を任せた。

それでも彼はオーストラリアとニュージーランドに到着したら資金集めができると楽観的に考えていて、集めた金を返済に充てるつもりだった。なにもかも失敗したら、帰還後の本の出版と講演料で黒字に戻るだろうという期待があった。エミリーにこう言った。

帰還後の出版については既にハイネマン社と段取りを決めており、うまく行けば一万ポンドになる。それは今後取り決める予定の新聞全部とはまったく別だ。講演などもまだ決まっていないし、本の売り上げで借金は返済できるが、探検が成功すれば返してくれとは言わないと思う。講演料だけで三万ポンドになるだろう。

すべては探検隊の成功にかかっていたが、あれほど準備を急いだことや、前回はシャクルトンが体調を崩したこともあって成功は見込めなかった。

17

雑誌『フィールド』の最新記事に「現代の極地遠征のリーダーに最も必要な資質は、もらい上手であることだ」とあった。その点では何も変わっていないが、シャクルトンが破産を回避するためには頼むことを芸術の域に達したものにしなければならなかった。

ニムロド号に追いつくために航海中のときも多額の借金のことが頭から離れなかった。伝記作家の中にもそう考えている者がいる。オーストラリアに到着したらすぐに資金集めを再開しないとどうしようもなくなると思っていた。だめなら探検隊が中止に追い込まれる恐れがあった。そんなことになったら大恥を晒すことになる。何が何でもお金が必要だった。

案の定、到着した途端に事態は抜き差しならないことが分かった。送金があると思っていた借入金が未着で、全隊員の給料が支払えない状態だった。その上ニュージーランドでニムロド号に積み込む予定の大量の追加食糧と装備品用の資金もなかった。これから始める船の修理どころではなかった。

だが、オーストラリアといえば未開発資源だ。自分にも探検にも興味津々のシャクルトンは即座に行動した。巡回講演に出て成功すれば、その収入だけで十分な資金を集められるかもしれなかった。しかし、彼の仕事人生で繰り返されたように、彼は収益を差し迫った問題の解決に使わずに地元の慈善事業に寄付して感謝されたのだ。

シャクルトンの経歴には著しい明暗があったが、少なくとも巡回講演を投資機会に利用する才覚を見せた。本国での支援不足を嘆きつつ聴衆に「イギリスでは認めてもらえなかったことをやってみようとして無関心と悪戦苦闘にあいました」と伝えた。シャクルトンはそこで話を一転して、オーストラリアがけちな宗主国とは違うところを見せてほしいと説得した。「あなた方には帝国の栄光への情熱があり、そこが旧大陸の人々とは違う。この国はそれで纏まっており、ここから彼らを揺さぶりたいと思います」。芸達者のシャクルトンはよどみなく話し続け、シドニーでは、強い影響力を持つ四十九歳のウェールズの男がシャクルトンの売り込みに熱心に耳を傾けていた。

エドワード・エッジウォース・デービッドはニューサウスウェールズ州のハンターバレー炭田を発見した有名な地質学者だった。世界的に広く知られ、彼の意見はオーストラリアの上流社会にも政府にも影響力があった。デービッドはシャクルトン探検隊が南極で大量の鉱物資源を発見する可能性があるので支援したかった。そう考え、また、シャクルトンの資金不足問題を知ってオーストラリア政府に対し探検の科学面に五千ポンド（現在の約三十万ポンドに相当）の資金援助をするよう働きかけた。これはシャクルトンにとっては朗報だった。本国の債権者に支払うことは無理だが、突然、少なくともニムロド号の出帆には十分な資金を手に入れたのである。

シャクルトンはつねに栄光と富を目指しているが、探検で大量の鉱物資源が発見されれば本当に自分の功績になると考えた。自分も隊員たちもこの分野では専門家ではないかもしれないが、デービッドよりも巧く先導する者がいるのか。シャクルトンはデービッドを隊員に勧誘するのに年額六百ドルの端金《はしたがね》しか払えなかったが、著名なウエールズの地質学者はこのチャンスに飛びついた。シャクルトンはエミリーに「彼ほどの人物を雇うにしては安い」と書き送った。これはいろいろな意味で確かに多くの真実を帯びていた。

まもなくデービッドのかつての教え子でアデレード大学講師のダグラス・モースンが加わった。二人の存在が探検隊に科学界と資源開発分野の専門性に関する注目度を増しただけではなく、科学者にその分野の仕事を任せてシャクルトンは極点到達だけを目指すことできたことが重要だった。

シャクルトンは優秀な科学者チームと集まった十分な資金で身を固め、ニムロド号と隊員が待つニュージーランドへ向かい、その間も資金集めを続けた。

一方、リトルトンではシャクルトンの数人の仲間たちが仕事に没頭していた。ニュージーランドのシャクルトンの代理人であるジョセフ・キンゼイは、ニムロド号が自由に港湾を使用できるようにし、他方、シャクルトンがディスカバリー号で知り合った弁護士のレナード・トリップはニュージーランド社交界への扉を開いた。シャクルトンにとってこれは無駄にできないチャンスだった。

シャクルトンはそんなグループで非常に人気があることを証明し、メディアも冗舌な冒険家の魅力には抗えなかったが、残念ながら彼らの懐からお金を引き出すことはできなかった。暖かい言葉はかけてくれたが、ニュージーランド社交界はお金についてはシャクルトンが期待したほどではなかった。再び資金不足に陥った。だが、最後の決め手があった。

ニュージーランドのサー・ジョセフ・ウォード首相との面会の際、シャクルトンは臆面もなく政府に自分への資金協力の「手本を示して」もらいたいと述べた。びっくりしたウォード首相がこの率直な要請について検討している間に、シャクルトンはでっち上げの広報資料を作成した。悲しい身の上話をちりばめ、本国にいた当時から「億万長者五十人と面会したが誰一人一銭も出してくれなかった」ことにした。それで首相に救いの手を求めざるを得なくなった。メディアはシャクルトンの期待どおりに反応した。彼に代わって世論を煽りたて「ニュージーランドは救うのか」という見出しが出た。事実、シャクルトンは政府にお金を出すのか、さもないと、惨めに見られるぞと強引に迫った。国の宝になろうとしている男に不利な側に立っていると見られるのはまずいとして、政府は即座にシャクルトンの積立金に千ポンドを加えた。

金額は本国で返すべき負債額に比べれば何の足しにもならない程度だったが、船を物資でいっぱいにはできた。それどころか積載量が多すぎた。乗組員約四十名、犬、ポニー、食糧数トンを満載した船の喫水線は海面下二フィート（約六十センチ）になった。過積載で燃料の石炭を備蓄する場所がなくなった。シャクルトンはポニーの購入に奔走していたが、場所をつくるためにリトルトンに五頭を置いて行かざるを得なくなった。それでも、南極までの往路とニュージーランドへの復路分に必要な石炭を運べる十分なスペースがとれなかった。

控え目に言うとシャクルトンはやや困ったことになっていた。しかし、たちまち独創的思考の才を発揮し、大型汽船にニムロド号を南極まで牽引させて石炭の積載量を減らすことを思いついた。だが、これには金がかかり、シャクルトンの懐は空だった。有難いことにダニーデンのユニオン汽船会社社長のサー・ジェームズ・ミルズに救われた。千トンの貨物船コーニャ号の使用を提供し、費用はニュージーランド政府と折半する用意があるとのことだった。

それでも資金集めには必死だった。実はニムロド号出帆のほんの数時間前に地元で農業を営むジョージ・バックリーを五百ポンドで隊員に雇ったのだ。出発間際だったのでバックリーは身支度をする時間もなく、夏向きの軽いスーツで南極へ向かった。それもまた探検隊が場当たり的である証だった。

一九〇八年の元日にニムロド号は五万人を超える群衆の歓声とブラスバンドの「オールド・ラング・サイン（蛍の光）」に送られてついにリトルトンを出港した。手を振り、善意に見送られて、シャクルトンは難事業が一段落したと思ったかもしれない。ようやく南極点到達に集中できることになり、ここ数カ月間にやって来たすべてのことに比べたらきっとそよ風だっただろう。実際、出発直前のエミリーへの手紙に「数時間後に出港する……束の間の休息と平穏が訪れるだろう」としたためた。ところが、出港して数時間後にニムロド号は深刻な事態に陥った。

18

ニムロド号は出港時に重さ九トンのスチールケーブルでコーニャ号に繋がれ、南極まで引っ張られることになった。しかし、既に過積載の船にさらに重みが加わって船首が海水に沈んだ。満載喫水線は海面下に隠れ、乾舷《かんげん》（訳注　最上甲板と喫水線間の距離）は三フィート（約九十センチ）しかなかった。嵐で海が荒れたら非常に危険だった。シャクルトンは危険を心得ていたが、目下のところ好天に恵まれるのを祈るほかなかった。ところが、出港してまもなく暴風雨に見舞われた。

百フィート（約三十メートル）を越える大波が猛烈な風でごうごうと音をたてて船内に流れ込んできた。巨大な波に襲われ危機に瀕したニムロド号は五十度傾き、転覆の危険があった。「私の航海人生であれほどの大波は見たことがない。波が山のように押し寄せてきた」とコーニャ号の二等航海士ハーバードは振り返った。二つの船を繋ぐ鎖が引っ張られ、あらゆる方向に引きまわされ、船が切り離されるのは時間の問題だった。

ニムロド号は氷のように冷たい大量の海水で水浸しになり、甲板に水が溢れてポニーが溺れる恐れがあった。科学者たちはポニーの見張りに二時間立ったが出来る事はほとんどなかった。自分たちの命を守るのが精一杯で、悲痛なき声を上げるポニーが前後に投げ飛ばされ、壁にぶち当たり、床に落ちるのを見ているだけで何もできなかった。一頭が混乱の渦中に大怪我をして立てなくなった。このポニーは使いものにならなくなり、シャクルトンは撃ち殺すよう命じた。プリーストリーは「ポニーが死ねば、ともかく南極点に達する可能性がポニーとともに消えるということだ」と記した。

ポニーが負傷し、自然の猛威に叩きつけられ、犬が一頭溺れたが、船上の男たちはそれではすまなかった。縦横十五フィート×八フィート（約四・五メートル×二・五メートル）の小部屋に詰め込まれた男たちは回転式乾燥機の中のように転げまわり、床や壁には吐いたものが飛び散って部屋は「カキ横丁」の愛称がついた。むかつく胃にさらに湿気と悪臭が加わった。空気が「汚く、目が覚めると喘いでいた」とマーシャルは記した。「英雄時代（訳注　ヨーロッパの英雄叙事詩の背景をなす時代）の有名な人物のように精神的にも身体的にも強靭なダグラス・モーソンは船室を「凄まじく不愉快な穴」と呼んだ。「一日中波で身体は濡れ、夜は湿った服のまま湿った毛布にくるまって眠るのだ」。

プリーストリーは最悪の状態を日記にこう詳しく書き留めた。

> いわゆる〈科学者部屋〉には通常は十頭の犬を入れていない。私たち上陸組の部屋の十五頭よりも少ない。地球上にこんな場所はなく、地獄以下の何ものでもない。始めはこういう環境で四人が生活するには居心地よい程度の大きさだった。外へ開ける舷窓はなく、換気は時代遅れも甚だしい。それに、波はつねに風の吹く舷

側に当たるので二夜連続でドアを閉めて眠らなければならなかった。毛布は塩水で湿り、悪臭は耐え難いほどだ。気象その他の条件で床は二～三フィート（約六十～九十センチ）浸水し、私物も水に浸っている。

隊員のほぼ全員が、気持ちが悪くて食べられないか、吐いてしまったが、そのうち食べ物はそもそも問題ではなくなった。巨大な波が船を襲い、調理室に浸水してレンジを呑み込んだ。嵐がひどくなるにつれてフランク・ワイルドに非難の矛先を向ける者たちがいた。ワイルドが航海中にアホウドリを殺したからだと言うのだ。彼のせいでこんなひどい目に遇ったという迷信だった。

嵐になって十日目に海は凪いできて、水平線にいくつもの流氷が見えていた。コーニャ号は千五百マイル（約二千四百キロ）以上ニムロド号を牽引して南極圏を横断した最初の鋼鉄船となり、ようやく重荷から解き放たれてニュージーランドへの帰路に着いた。シャクルトンはコーニャ号の船長フレデリック・プライス・エバンスの尽力を決して忘れなかった。この上なく困難な条件の中で見事にやってくれた。だが、ディスカバリー号から五年後にシャクルトンはこうして氷原に戻って来て、本当の冒険はこれからだった。

南極が初めての多くの隊員たちは甲板に駆け上がって驚異の目を見張った。シャクルトンはもちろん初めてではないが、目の前の「言葉にならない新鮮な」光景に爽快な気分になった。たちまち、ここ数カ月のストレスは消え去った。彼は戻って来た。そして、いちばんしたいことをするのだ。

この時まで空は荒れていたが、ニムロド号はようやく待ち望んでいた幸運に恵まれた。海は穏やかになり風は凪いだばかりか、流氷は見えず、開放水域に出た。この思いがけない幸運のおかげで船は一月十六日には記録的な速さで流氷を突破し、石炭も節約した。だが、とうとう数カ月前の大きな憎しみの原因となった核心に至った。シャクルトンはスコットにマクマード湾には近寄らず、エドワード七世ランドで越冬すると約束した。しかし、今はまったく別の場所を考えていた。彼はスコットと熱気球でバルーン湾上空を飛んだことがあったが、そこはエドワード七世ランドより百マイル（百六十キロ）南極点に近く、エミリーに語ったところでは、「極点へ向かって真っ直ぐでクレバスもない道」があった。これを念頭にシャクルトンは航路を変更した。

隊員たちが大氷壁（ロス棚氷）と船を取り巻いている多数のクジラを驚異の目で眺めている中で、バルーン湾はどこにも見つからなかった。大氷壁はディスカバリー号の時とは形状が変わり、バルーン湾はもうなかった。流氷を横切るのに時間がかかった上に一行は自分たちの利点も失っただけではなかった。この日は一月二十四日で、ニムロド号は氷に閉じ込められないように三月一日に南極大陸を離れる予定だった。時間の余裕があるように見えるかもしれないが、上陸して食糧や装備を解き、小屋を組み立てるには数週間かかる。そのすべてをやり遂げるには既に時間が足りなかったが、それからエドワード七世ランドに向かおうとしたとき氷が行く手を塞いでいた。シャクルトンはどうすればいいのか途方にくれた。

目的地への航路がすべて塞がっているようで心配になり始め「仮にエドワード七世ランドへ辿り着けたとしても、安全に荷揚げできる場所は見つかりそうもなく、巨大な陸氷と崩れた氷丘氷（訳注　氷片が互いに不規則に積み重なった起伏のある海氷）のため、船を支えられなくなることを考えると諦めざるを得ない」と記した。それでも彼は約束どおりマクマード湾以外の基地を探して「スコットとの男と男の約束を守る」と断言した。

ところが、イングランド船長は次第に海の状況が不安になってきたばかりか、石炭不足も心配だった。ニュージーランドへ帰れなくなる恐れがあった。切迫した事態でシャクルトンは木製品をすべて燃料にするよう命じた。甲板室と後檣《ミズンマスト》、中檣《トップマスト》がすべて燃やされた。上陸地点を見つけるまでの時間稼ぎで燃やされたのだ。そこまでしても緊急の課題の解決にはならないことはすぐに分かった。氷に負けないことなのだ。

選択肢は一つしか残っていなかった。マクマード湾である。これがどういうことか、そして、本国でどう受け止められるかをシャクルトンは熟知していた。エミリーへの手紙に「いわば地獄を乗り越えた……良心に疚《やま》しいところはないが、心は痛む」と書いた。だが、選択の余地はなかった。別の二カ所に上陸を試みたが、到達できなかった。このまま探し続ければ間違いなく大失敗に終わるだろう。スコットとの約束は守れないかもしれないが、探検隊のためであり、隊員の安全のためであり、代替策はなかった。エミリーにこの釈明の手紙の一部を「親族の誰か、ハーバートなど」へ知らせても差し支えないと伝えたが、エミリーは伝えず「世間とも、非敵対者にも」話すことはなかった。「スコット派以外の誰も思いつきません」。

同じ状況下では私もシャクルトンと同じことをしただろう。既知のルートがすべて塞がっていて、氷が侵食し、燃料が底をつき始めたら、彼には選択の余地はなかった。約束を守ろうとすれば、自分ばかりか隊員たちをも危険に晒すことになっただろう。約束を破ったことでプライドが傷ついただけなら犠牲はまだ小さかった。

ところが、全隊員がシャクルトンの決定に賛成したわけではなかった。ハーボードはみんな「嫌気がさし、がっかりした」と言い、マーシャルは憤激した。「シャクルトンは……気が小さい。帰ったら世間に何と言うのだ。エドワード七世ランドに行ってみようともせず……エドワード七世ランドに行かないので残念ですと言うと激怒した。できることはやったと私に思わせたかったのだ」と記した。一九五二年にマーシャルはさらに「シャクルトンはスコットの基地以外の地に上陸する考えはなかったと私はずっと考えていた」とはっきり述べた。
これは真実ではない。記録によれば、シャクルトンはエドワード七世ランドへ行こうとしたが、氷か、イングランド船長の用心深さに遮られた。「スコット極地研究所（the Scott Polar Research Institute）の古文書保管員ロバート・ヘッドランドの最近の研究によると、シャクルトンはエドワード七世ランドに上陸するつもりだったのだが、状況の変化により航路を変更せざるを得なくなったとしている。それに、南極への出発前に、シャクルトンはニュージーランドの首相に自分を郵便局長に任命してほしいと訴えていた。南極に初の郵便局を開設することになり、隊員らは戻るニムロド号で本国へ手紙を送ることができた。そのためにシャクルトンは「エドワード七世ランド」の紋章付の個人識別切手二十四万枚を用意していた。彼にエドワード七世ランドへ行く気がなければ、そんな面倒なことはしなかったはずだ。

幸いイングランド船長を始めほとんどの隊員はシャクルトンの決定を理解し、承認した。彼が極地旅行の「専門家」だと本気で言えたことが強みになった。船を何とかしなければならないと彼が言ったら、船上の誰よりもこの海域での経験からものを言っていたのだ。

現代ではこれがなぜ厳しい決断だったかは理解しにくいだろうが、百年前には人と人との約束は軽々に破られなかった。それに、南極に関する限り、権利と行き先について独特の倫理が育まれていた。フランス人極地探検家のジャン・シャルコーも「極点到達の最善の道は大氷壁を通ることだが、これはイギリス人探検家のものだから他人の土地に足を踏み入れようとは思わない」と同趣旨のことを言っていた。後にスコットのライバルになるアムンセンもナンセンへの書簡で「イギリス人の足跡をつけるつもりはない。彼らには当然優先権がある。私たちは彼らが見捨てたもので間に合わせるしかない」と述べて同じ考えを示した。

約束違反にもかかわらず、マクマード湾への上陸はまだ困難だった。ディスカバリー号が越冬したハット岬もまだ氷で塞がれていた。一月が過ぎれば嵐で湾の氷が十六マイル（約二十五キロ）割れて前へ道ができてくれるように祈ったが、確実にそうなるとは言えない。

一方、氷が割れてほしいと願っているとき、シャクルトンは時間を利用しようとしていた。アダムズとワイルド、ジョイスはハット岬への人力運搬を命じられ、スコットの小屋が良好状態であることを報告した。シャクルトンはアロル・ジョンストン自動車のことも明かし、ハット岬まで氷上を二倍の速さで荷物を運搬できたらいいと言った。イーニアス・マッキントッシュの日記は〈整備士〉のバーナード・デイが愛車での初遠出の混乱ぶりを描いている。


案の定、少し進んでは急停止し、激しく振動し、昼まで叩いたり、ねじを巻いたりしてやっと動いた。短い休憩後、自動車は再び動き出し、後輪が雪の中で空回りして一インチも進めないほど埋まってしまった。


一行は上陸さえできず、シャクルトンは、広い場所を独占するこの高額な機械がほとんど役に立たないことはすでに分かっていた。

もっと気になるのはイングランド船長が船の強行突破を繰り返したがうまくいかないことだった。時間はどんどん過ぎてシャクルトンの不安が募った。甲板では重い鉄の吊り鉤が無軌道に揺れ動いて二等航海士のイーニアス・マッキントッシュの目に当たった。苦悶に身をよじるマッキントッシュは船長室に運ばれ、医師のマーシャルとマッカイはタオルに浸したクロロホルムで鼻と口から麻酔し、索具用の針金で〈ピンセット〉のようなものを作り、ランタン一本の灯りの下で潰れた目玉を摘出した。

空気は暗く沈んでいた。冬になろうとしているというのに越冬の場所は見つからず、ハット岬のスコットの旧基地にはかなり近かった。急いで他の上陸場所を探さなければならなかった。

必死に場所を探して氷の海を航海し、二月三日にとうとう金を掘り当てた。ディスカバリー号の中尉の名がついたロイズ岬という岩の多い場所の先端に立ち入ることができ、シャクルトンは探検するのでできるだけ近くへ寄せてくれと言った。

シャクルトンは小型帆船で着岸し、基地を設営するための平らな岩肌を見つけた。近くの丘で寒風は防げるし、近くにはいつでも水源を供給できる湖があった。期待以上の場所だった。時間を無駄にできないので、荷下ろしを開始するから直ちに船を近くに寄せるようにとイングランドに指示した。

ところが、イングランドは非常に慎重だった。岩への衝突や、氷に囲まれるのを恐れて船の前進と後退を繰り返し、貴重な燃料を浪費した。多少は荷下ろしできたが、すぐに食糧が氷で濡れ、重いソリで陸へ運ばれたが時間がかかった。シャクルトンはそれまでは慎重さよりスピード優先で荷下ろしを完了しなければと思いつつ辛抱していた。イングランドがもう一度船を後退させようとしたとき、怒りを堪えてきたシャクルトンは帽子を脱ぎ地面に叩きつけて踏みつけたところを目撃された。

シャクルトンのイングランドへの忍耐は限界に近かったのだろうが、上陸中の一行は烈火のごとく怒った。機関長のハリー・ダンロップは「緊張し過ぎて神経がおかしくなった」と結論づけた。フランク・ワイルドはもっと痛烈にイングランドは「怖気づいて」、「正気を失って」いたと言った。一方、マッキントッシュはイングランドの悪ふざけで「全員が落胆した」と記した。その直後に強風でニムロド号は海へ五十マイル（八十キロ）引き戻され、上陸中の一行は取り残されて、食糧も足りず置き去りにされる恐怖から状況はさらに悪化した。

イングランドが船長を務めるのはこれが初めてで、もちろん見通しの利かない荒れた海は初めてなのをシャクルトンは知っていた。彼は寛容になろうと最大限努力したが、海が穏やかなときにブリッジ（訳注　船長や航海士が船を指揮する場所）で起こったことで堪忍袋の緒が切れたのだ。食糧の供給を増やすため船を岸に寄せるようイングランドに命じたところ、彼が断わったので激怒したのだ。権威を示すためにシャクルトンは通信機に手を置き「全速力で前進」と合図した。これに応えてイングランドは合図を「全速力で後退」に変えた。イングランドは船長だったかもしれないが、シャクルトンは彼の雇用主だった。これには微妙に両者の力関係の緊張が現われていた。

船長室へ戻って二人だけで話し合い、シャクルトンはイングランドに病気を理由に辞めるよう促した。そうすれば少なくとも彼の面子は保てると考えた。しかし、イングランドは辞職を拒んだ。そこでシャクルトンは彼の権限をすべて取り上げざるを得ないと考えたが、慎重に事を構えた。イングランドを疎外したくはなかった。喚き散らして一行の気分を害しただけでなく、ニュージーランドへの帰路の航海には彼が必要だった。その上、法律上は、彼を辞めさせられるのは船が入港中のときに限られていた。これらすべてを勘案してシャクルトンは、今はイングランドの職を解かずにおき、再び命令に従わない時は「場合によっては軟禁する」ようダンロップに命じた。

その後はいざこざもなく約三週間後の二月二十二日には食糧と装備品、動物などすべての荷揚げが完了した。残念ながらシャクルトンとイングランドの関係は修復不可能だった。

ニムロド号とイングランド船長がニュージーランドへ戻る際には、シャクルトンと上陸組一行は満足な別れも告げなかった。海上の茶番劇後の感情的しこりがあっただけでなく、イングランドは帰る船に必要量の四割増しの石炭補給を要求した。これは、上陸組がこれから訪れる厳しい冬の間石炭を節約しなければならないことを意味した。しかし、シャクルトンはこれがイングランドの見納めだと思って受け入れた。

イングランドは知らなかったが、彼が運んだ家族への手紙の中にシャクルトンから代理人のジョゼフ・キンゼイ宛の書簡もあった。イングランドを病人として解雇して一年分の給与を支払うよう書かれていた。もしマッキントッシュの目が回復していたら、船が戻るときに彼をイングランドの後任に昇格させ、それが叶わない場合は、コーニャ号のエバンス船長が介入して一九〇九年にロイズ岬へ戻ることになった。

予想されたものの、イングランドはニュージーランドに到着するなり、この決定、とくに自分が正気を失ったという申し立てに怒った。「私は心身ともに健全であり、辞職は強要されたものだ」とキンゼイに訴えた。それでも彼は辞職を受け入れざるを得なかった。自分の経歴にとって致命的かも知れないと知りながら誰とも話し合おうとはせず、彼の元へ押しかける大勢の新聞記者の取材にも応じなかった。だが、ニムロド号で帰還した別の者がうっかり口を滑らせた。

シャクルトンが上陸組の十四人と越冬の準備をしていた時、彼がまたもや世界中で大ニュースになっていたとは思いもしなかった。シャクルトンとイングランドの覇権争いの断片が記者の耳に入り、シャクルトンは必ずいいネタになるとしてなるべく大袈裟に潤色して書き立てた。その後新聞の見出しは「ブリッジでの揉め事に関する乗組員の話」とか「遠征隊員の喧嘩」などと派手になった。隊長と船長の確執の詳細を取り上げたどぎつい内容がコラムでも取り上げられた。「一人は殴り倒された」とまで書かれた。
ニムロド号がオーストラリア、ニュージーランド両政府の助成金で行われることになっていた科学実験をしなかったことが判明した時、シャクルトンには更に悪しき感情が向けられた。再びシャクルトンの言葉が問題になった。『リトルトン・タイムズ』はとくに手厳しかった。

オーストラリア連邦およびニュージーランドは、ニムロド号が南極探検中にリトルトンへ戻り、オーストラリア領海での磁気調査を実施するとの理解で、それぞれ五千ポンド、および、一千ポンドの物資の支給を決めた。本調査はオーストラリアにとっては南極点到達以上に実質的な価値があると考えられるが、調査は開始されていないどころか今後も着手されないだろう。一方、ニムロド号はリトルトンの港にただ繋がれていて、どうやら南極へ戻る時を待っているようだ。だから、探検隊は黙って六千ポンドを私用に供し、使途目的である不文契約の大部分を実行しないつもりである。

イギリス本国の債権者たちはこの報道に激怒した。シャクルトンが大勢の人々を騙して次々に不渡り手形と約束不履行を残しながらさらに資金集めをしているように見えた。ベアードモアも自分が貸した千ポンドは探検には使われずにフランク・シャクルトンの借金逃れのために使われたことを知った。このために彼のシャクルトンとの関係は終わりを迎えた。だが、シャクルトンの名声を最も傷つけたのは、彼がエドワード七世ランドではなくマクマード湾内のロイズ岬に上陸したというニュースだっただろう。

案の定スコットは怒ってケルティに「シャクルトンとは金輪際関係を持たない」と伝え、彼を「公然たる嘘つき」と呼んだ。船上での争い、借金の未払い、嘘で集めた資金、そして今度の約束不履行で、シャクルトンはこれから暫く探検隊に甚大な損害を与えることになると言ったスコットの言葉の正しさを証明していた。こういうことがありながら、スコットは万が一シャクルトンが奇跡的に極点に到達した場合に備えて「私は結果を予測できない。失敗を認めず嘘をつくつもりにきまっている。芸術的に嘘をつくはずだ」とベルナッチに告げた。

王立地理学会は微妙な立場を認めた。スコットは学会が選んだ「象徴」であり、シャクルトンが南極に上陸した現在でもスコットの極点到達のチャンスは少しあった。だから上層部は両者が満足するように努めた。一方で、ケルティはスコットに同調してシャクルトンを悪く言い、他方でエミリーに対しては、マクマード湾への上陸は「伝え聞いた状況下ではこれ以外に方法がなかったのだろう」と言った。スコットの最大の支援者のマーカムも同様に「どんな話にも二面が」あると述べた。

対照的にウィルソンはかなり手厳しかった。友人への手紙でスコットに対するシャクルトンの約束違反についてこう述べた。

シャクルトンについてとやかく言わないほうがいい……彼は卑劣漢になったようだ……私は彼と彼がしていることについてやや詳細に手紙に書き、彼との関係を永久に断った。彼は南極探検を利己的で卑劣な野心のぬかるみの中へ引きずり込んだと思っている。

今のところシャクルトンは外界と接触しないですむ快適さを満喫し、たとえ極点に到達しないで戻って来ても八つ裂きにされる心配はほとんどなかった。

これまでの数カ月間はストレスと緊張の連続だったが、少なくとも一年間姿をくらます前にエミリーに送った手紙にはブラウニングの詩「プロスピシー」(Prospice)(訳注「前を見よ」、「展望せよ」を意味し、原語はラテン語のprospicio。ブラウニング夫人エリザベスの死後間もなく書かれ、作者の死への態度を示す)を引用していた。

恐れるか　死を　――　喉には靄を
私の顔には狭霧《さぎり》を感じる
雪が降り始め　暴風が吹きつける
私はその場所へ近づいている
夜の闇の力　激しい嵐
敵の場所　そこに彼は立つ
恐怖の支配者のありありとした姿
されど勇者は行かねばならぬ

19

荒涼としたロイズ岬の海岸に猛烈な暴風雪《ブリザード》が海水の泡を吹き上げ男たちに氷の破片を浴びせた。こういう容赦ない自然の猛威の盾にしようとシャクルトンは基地の設営を急いだ。男たちは箱にこびりついた氷片をつるはしで削り取り、縦・横三十三×十九フィート（十×六メートル）のプレハブ小屋を急造した。照明はアセチレンガスのランプである。南極の冬の暗闇の中でこの小屋がこれから数カ月間彼らの家になり、外界から完全に遮断されていた。

小屋では十五人がグループに別れ、各グループはカーテンで縦・横六×七フィート（百八十×二百十センチ）の小部屋に仕切られて多少のプライバシーが、とくに〈面会謝絶〉したいときには護られる。イギリス生まれの科学者二人、デービッド教授とモーソン教授が同部屋で、旧知の〈極地男〉ジョイスとワイルド、科学者のプリーストリーとマレー、医師のアダムズとマーシャル、ポニーの世話係になったアーミテージとブロックルハースト、画家のジョージ・〈プティ〉・マーストンと運転士のデイ、そして、料理係のロバーツと生物学者で外科医のマッカイも同部屋だった。シャクルトンは「公共図書館」と相部屋だった。カーテンに塗料で名前を書いて自分の部屋らしくした者もいた。ローグは、二人の荒くれ男がマグカップでビールをグイ飲みする漫画の横にジョイスとワイルドの隠れ家と記した。

小屋の中を嗅ぎまわり、脂っぽい仕切りカーテンをかき分けてむっとする臭いを嗅ぐと、中央の廊下の真ん中にテーブルが置かれ、使わないときは滑車で上へ引き上げて少しでもスペースができるようにしてあった。いちばん大事な物は石炭（またはアザラシなどの動物の脂肪）を焚くストーブで、オーブンでもあり、セントラルヒーティングの源でもあって、玄関先から離れた廊下の奥にある料理の作業台の脇に置かれていた。その後ろの小屋の片側には死んだアザラシやペンギンを保存する〈冷蔵庫〉域がつくられた。これらの動物をスーパーのように付近の凍った湖から定期的に仕入れ、特別な日には百頭以上殺した日もあった。ただし、犬がかたっぱしから生ごみをあさるので〈冷蔵庫〉は反対側にある犬小屋から離れた場所にあった。

基地が完成してもすることは山ほどあり、例によってシャクルトンが先頭に立ってやらせた。あらゆる面に手を貸し、シャベルで石炭をすくい、ポニーを運動させ、夜警を買って出たりした。シャクルトンはいつものとおり階級を意識せずに協力し合った。彼は付き合いも良かった。スコットとは違って公の場でも物おじせず、隊員らのバカ騒ぎにも眉を顰めることはなかった。毎時八十マイル（約百三十キロ）の滑降風（訳注　山頂から吹き降りる風）で小屋が揺れ、粉雪が小穴や壁の隙間から入り込んでくる小屋の中で、隊員たちはガス灯の下の狭いテーブルに並んで集まり、シャクルトンの話に夢中になる彼らの影が幽霊のように交じり合っていた。「彼は社交性があって仲間と一緒にいるのが好きだった。偶々一緒になった仲間でもつねに人気者になった」とプリーストリーは振り返った。

しかし、シャクルトンと隊員たちがいちばん喜んだのは印刷機だったかもしれない。ディスカバリー号では『サウス・ポーラー・タイムズ』が好評だったが、今度はみんなが寄稿する本を出版したかった。タイトルは『オーロラ・オーストラリス』とし、マーストンが装丁を担当して、シャクルトンは再び筆名をネモとした。出発前にワイルドとジョイスは植字と組版、印刷を習い、百二十ページの本を百部出版し、デイが合板ケースを表紙にした。完成した本は大人気で確かに一行の娯楽に一役買った。

しかし、冬の暗闇の数カ月は娯楽や遊びばかりではなかった。マーストンが女装してみんなを喜ばせようと滑稽な仕草で部屋を一周すると、マッカイが怒り出し、その場にいた者たちは散り散りになった。さらに悪いことに、マーシャルの日記に詳しいのだが、料理係のロバーツがマッカイのシーチェスト（訳注　船乗りの所持品箱）に足を載せたことで両者が仲たがいした。マッカイがロバーツの首を絞めようとしたところに体格のいいマーソンが抑えに入り、シャクルトンは頭ごなしに命令せざるを得なくなった。このままにしておいたらグループにひびが入って遠征が危機に瀕する。シャクルトンは珍しくかっとなって、今度こんなことをしたら撃ち殺すぞとマッカイを脅した。

シャクルトンには鍛えられた海の男であれ、科学者であれ、異なる背景の男たちを扇動できる類まれな才能があり、個性の力か、強さで、みんなから尊敬されていた。バックリーは当時を振り返って、彼には「人を引き付ける力があり、たちまちみんなから〈ボス〉と呼ばれるようになった」と語った。しかし、今のボスには頭の痛いことがあった。

慎重すぎるイングランドのせいで、荷下ろしが遅れたことはシャクルトンにとってみれば、春に南極点を目指して出発する準備となる大氷壁へのデポの設置に間に合わなかったということだった。氷は主として経路を遮断していたが、今は海へ流れ出し、マクマード湾が再び氷に覆われるまで極点へ到達する路はなくなった。

ところが、デービッドが行った提案にシャクルトンは注目した。近くの標高一万三千二百八十フィート（約四千五十キロ）のエレバス火山にはまだ誰も登ったことがなかった。冬の間中小屋に閉じこっておらず、小グループでエレバス山に登れば探検隊は即座に記録に残ることになる。デービッドとモーソン、マッカイの三人は南磁極を突き止める後発隊に出たがっていたので、三人が経験を積む機会にもなった。

長い協議の末にデービッドとモーソン、マッカイが先陣を務め、アダムズとマーシャル、それに準男爵のブロックルハーストが後方から支援することになった。ところが登山経験者は皆無で、装備の扱いも初めてだった。火山への登頂には自家製の粗末なアイゼン（底が平らなフィンランドブーツに釘を打ち付けた革を付ける）とピッケルだけが頼りだった。それでも、上りの傾斜はなだらかに見えたのでまったく気にしなかった。

一行は十日分の食糧と三人用のテント二張りを積んだ六百ポンド（約二百七十キロ）のソリを引っ張り、有名人になることを期待して喜んで出発した。しかし、すぐに問題が発生した。ソリが壊れて三人で荷物を背負わなければならなくなったのだ。テント柱は運びにくいので捨てざるを得ず、避難用テントが立てられなくなった。引き返して未熟さを露呈するより、テントの布を掛けて寝袋の中で眠ることにした。出だしから暗雲の兆しだった。

なかなか火山へ登れず、一行は無理をしようとしていることに気づき始めた。アイゼンの効果がなくなって度々滑ったり落ちたりし、バランスを取るため腕を回しても手の感覚が失われて握れなくなった。「しばらく格闘していた。手と膝がきかず……息苦しくて話せなかった」とデービッドは記した。さらに上へ登るとモーソンに高山病の症状が出て、ブロックルハーストは足に凍傷ができた。一行はブロックルハーストをその場に残して登山を続けざるを得なくなり、下山の途中で拾うと約束した。二十一歳の誕生日記念とはあまりにもかけ離れていた。

出発から五日後、疲弊し切った一行は蒸気と硫黄を噴き上げる噴火口の頂上に辿り着き、広大な棚氷を見渡すことができた。苦労を忍んで来た甲斐があった。彼らは記録に残り、登山中貴重な経験もした。

ブロックルハーストと地質学的標本をいくつか拾い上げた後、一行は最も早い下山はグリーセード（訳注　雪の斜面をピッケル、杖などで制動をかけながら登山靴のまま滑り降りること）――尻滑りの丁寧語――で降りることだと決断した。両脚の間に斧を挟んでブレーキ替わりにし、大声で叫びながら斜面を蹴って駆け降りた。間もなく一行は無事にロイズ岬へ帰り着き、背中を叩き合って喜んだ。隊員の成功に気を良くしたシャクルトンは彼らのためにシャンパンを開けて「神酒《ネクター》のように美味い」と言った。少なくとも、彼の探検隊は初めて納得のいく成果を残したことになった。

しかし、シャクルトンは探検の本当の理由を見失ってはいなかった。極点到達である。英雄としての地位を固め、財産を築くだけでなく、多くの敵を黙らせることでもあった。だが、その仕事は、さらに四頭のポニーが死んでしまったのでいっそう難しくなった。マーシャルが解剖するとポニーの胃には火山灰が詰まっていた。上陸後、馬小屋が造られていた約一週間、ポニーは小屋から遠くない砂地に繋がれていた。ポニーは塩分をとるために砂を食べていたらしい。十五頭いたが、四頭しか残っていなかった。これは惨事だった。シャクルトンの計画では極点への旅に選んでいたアダムズとブロックルハースト、ジョイス、マーシャル、ワイルドの五人と自分用に少なくとも六頭のポニーが必要だったからだ。四頭でもどうにかなるかと思ったが、今後一頭でも死んだらどうにかしなければならなくなっただろう。

ポニーも問題だったが、シャクルトンが選んだメンバーがどんどん抜け落ちていった。ブロックルハーストの踵にできた大きな凍傷が壊疽で切断しなければならなくなり、極点への旅は論外になった。マーシャルはブロックルハーストの〈不整脈〉を認めて適性を疑問視していたので、この事態は衝撃にはならなかった。マーシャルは日記でブロックルハーストには「根性がないようだ」とも述べていた。とにかくシャクルトンはブロックルハーストの回復のために自室を明け渡した。

その直後にジョイスもチームから抜け落ちた。酒で肝臓をやられ、心臓病の徴候もあるとマーシャルは診断した。シャクルトンは探検では病人はメンバー全員の生命を危うくしかねないことを知り過ぎるほど知っていた。だが、その危険性のために自分自身の参加も危うくなった。

マーシャルが健康診断でシャクルトンの心音を聴いて「肺動脈弁収縮期雑音（Pulmonary systolic murmur）がまだある」と言った。マーシャルは驚かなかった。ディスカバリー号のときのシャクルトンの健康状態はよく知られており、彼は寒気と高度の影響を受けてエレバス山登頂を諦めたのかと思っていた。一九五六年のマーシャルの回想によれば「彼は高度一万二千フィート（約三千七百メートル）を越えるのは無理だったので、極点制覇の旅の前に不適格を示すだろうと思っていた」。

だがシャクルトンが極点制覇の旅から自分自身を除外することはどうあってもできないことだった。マーシャルはシャクルトンを説得したが、彼はすでに一線を越えるほどの危険を冒していた。だが、そんな状態で極点制覇に挑むつもりなら、同行者は健康には注意してもし過ぎることはなかった。脱落者は一人でも良くないが、二人になったらどうしようもない惨劇だ。

さて、ブロックルハーストとジョイスが抜けてシャクルトンはその晩考え込んだ。長い間いくつかの選択肢と格闘した挙句、極点制覇の一行をボスの自分と副隊長としてアダムズ、医師のマーシャル、そして、最後は味方として自分に忠実なワイルドに決めた。これ以上ポニーが死なず、メンバーの健康に問題が生じなければ、極点到達が可能な強力なチームであった。

幸い残る隊員たちに健康問題はなかったが、四カ月間の暗闇の生活で性格の不一致が表面化した。高学歴で意固地な人物であるマーシャルはやがてシャクルトンが隊長であることに反感を抱くようになった。高等教育を受けて大学の学位を持つ自分は隊員からはもちろん、シャクルトンからもっと尊敬されるべきだと思っていた。ところが、シャクルトンは人格だけで隊員を先導できた。学歴に依存する必要がなかった。彼の指導力は天賦のもので、それを備えた人間は少なく、偏狭で気分屋のマーシャルがそうでないことは明らかだった。

嫉妬を克服できないマーシャルはシャクルトンを極力無視し、機会があれば遠回しに批判した。密かに日記に不満をぶちまけ、エレバス山登頂の直後、理由もなくシャクルトンについて「まともな言動ができない……私が終わる前に仕返しするだろう」と記した。さらに、シャクルトンは犬を蹴り、規則正しい集会礼拝をしないなど同じような暴言を吐き続け、「救い難い嘘つきで熟練偽善者」とまで言い「彼に対する尊敬の念はかけら」もなかった。

冬の暗闇の中でシャクルトンはマーシャルと距離をおき、明るくなったら彼の機嫌が直ることを期待した。そうならなければ、マーシャルを放置するという困難だが必要な決断をしなければならない。だが、彼と一緒に残る者に影響を与えないと信じられるだろうか。八月に再び太陽の光が当たると、極点制覇の旅の本格的準備が始まった。最も重要な仕事は食糧デポの設置であり、上陸地点の決定が遅れたために延期されていた。九月二十二日、シャクルトンとアダムズ、マーシャル、ワイルド、マーストン、ジョイスは南緯七十九度三十九分にデポを設置するためにハット岬を目指して出発した。往復三百二十マイル（約五百キロ）の旅はメンバーの真価を問うものであり、シャクルトンはマーシャルをよく観察するつもりだった。

今回はポニーを使わないことにした。任務達成がきつくなるかもしれなかったが、極点制覇の旅の前にここでポニーが死んだり、怪我をしたりすることが心配だった。しかし、アロル・ジョンストン車が使えるかどうかを見極める試運転をすることにした。自動車は出だしでもたついてから八マイル（約十三キロ）走っただけで壊れてしまった。致命的だったのはタイヤの轍がなかっただけでなく、デイの説明によれば極度の低温でキャブレーターの口がつまったためだった。それから七十六年後、似たような条件で私たちの一人乗りスクーターがマイナス五十度の低温で同じ問題が起きた。スロットルが詰り、キャブレーターが塞がり、燃料が漏れ、ギアボックスのガスケット（訳注　管の継ぎ目を埋めるために用いるシール装置）が吹き飛んだ。

シャクルトンに疑念はなくなった。自動車は莫大な時間の浪費だった。後でデイが言うには、ソリが七百五十ポンド（三百四十キロ）の荷を積んで時速十五マイル（二十四キロ）で八時間走行するのは、六人のチームが少なくとも二日間でこなす仕事量であり、これはすべて固い氷の上の場合である。自動車が柔らかい雪に対応出来たら……翼があればブタでも空を飛ぶかもしれない……今のところは人力で残りの旅をやり遂げることだろう。

スコットの昔の小屋を片付けた後、棚氷へ前進し続けた。気温が華氏マイナス五十九度（摂氏マイナス十五度）に下がり、風がやたらに強くなった。ジョイスが凍傷にかかったこともあって一行には真のテストとなった。数日間テントから出られないほど厳しい環境になった。それでも彼らは目的とする南緯七十九度三十九分に到達し、燃料とポニーの飼料を降ろして目印に黒旗を立てた。

ロイズ岬への帰路でワイルドは「私たちほど到着したときに空腹で疲労していた一行はなかった」と記した。一方、デービッドとモーソン、マッカイの三人は南磁極を見つけるために既に出発していた。それは未開地への往復千マイル（千六百キロ）の旅であり、シャクルトンは三人に、もし帰還中のニムロド号に出会ってニュージーランドへ戻るつもりならば、一九〇九年二月七日までにロイズ岬へ帰着するようにと伝えていた。

だが、シャクルトンにとっては、これは遠征の主目的の単なるお飾りに過ぎなかった。十月末にシャクルトン一行はついに極点を目指して出発することになったが、出発まで二、三週間というところでマーシャルの心の問題がまだ残っていた。小屋では彼は良くない雰囲気をつくる存在だったが、氷上では立派な働きぶりを見せ、また、それ以上問題を起こさなかった。他の医師でもよかったが、シャクルトンはずば抜けてタフなマーシャルを残して行きたくなかったのだ。

シャクルトンは以前極点を目指したときに壊血病で死にかけたが、マーシャルが遠征隊に選ばれた最大の理由の一つが壊血病の研究だった。壊血病の原因がビタミンCの欠乏であることは未発見だったが、マーシャルの研究で壊血病を防ぐには新鮮な食べ物、とくにアザラシやペンギンの肉、缶詰のトマトを十分に摂るしかないとシャクルトンは考えていた。トマトの缶詰はニュージーランドで仕入れていた。とくにトマトはビタミンCが豊富で壊血病の予防にも治療にもなった。だからシャクルトンは極点制覇の旅で壊血病が頭をもたげることがないようにマーシャルの専門知識に信頼を寄せていた。マーシャルが激しい憎悪をコントロールできないことがはっきりするまでは、シャクルトンは彼も同行させるつもりでいた。

これは私自身の経験には多少反している。私の場合は、出発前にある人物が悪い影響を及ぼしかねないと感じたら、すぐにそれを取り除くほうがよかった。チームの雰囲気を壊して反抗を繰り返す人間がいなかったとしても氷原は厳しすぎる環境である。だが、マーシャルはシャクルトンが彼を仮採用中の時にもシャクルトンは行くべきではないと思っていた。

デポ設置作業の間シャクルトンに病気の徴候はなくても、さらに棚氷へ前進したら彼の心雑音は問題になるとマーシャルは考えていた。二人はやがてその問題について意見が対立したが、シャクルトンは〈ボス〉は自分であり、自分が行くと言えば誰も止めることはできないことをはっきりさせた。この問題の解決に当たってシャクルトンは出発直前に途中で起こり得る健康問題についての責任を免除するとの正式文書をマーシャルに与えた。シャクルトンが戻れなかった時は、遺言執行者はマーシャルの診断を弁護するとも明示した。シャクルトンは「君の診断を受け入れ、それに従った」と記して文書に署名した。しかし、シャクルトンを続行させた決断はその後何十年もマーシャルを悩ませた。マーシャルは五十年後にシャクルトンは「計画の実行には適していなかった」と述べた。

イギリスを発つ前にシャクルトンはエミリーに大事な約束をしていた。「可能性が低いのに『極点』制覇を試みようとして危険を冒すことは絶対にない」だった。だが今は、自分が死んだときエミリーに渡される手紙に「愛しい妻へ。こう考えてほしい……思い出してほしい……貴女の夫は偉大なことに挑戦して死んだ」。シャクルトンは何があろうと自分の運命は南極点制覇であり、さもなければ、それに挑戦して死ぬことだと信じ込んでいた。

20

一九〇八年十月二十九日はシャクルトンの正念場となった。マーシャルとワイルド、アダムズ、そして数時間だけ同行するジョイス以下数人のメンバーは、青く澄み渡った空の下いよいよ出発した。シャクルトン曰く「幸先のよいスタート」だった。バーナード・デイは荷物の運搬に自動車を固い氷の上で数マイル運転し、他方、チャイナマン、グリシー、クアン、そして、ソックスと名付けられたポニーが各々ソリ一台を牽引し、犬は連れて来なかった。スコットなら承認しただろう。

出発前にシャクルトンはロイズ岬での用務で後に残るマレーに、もし一行が一九〇九年三月一日までに戻らなかったら「その時は重大なことが起こったということだ」と伝えた。その場合は、万が一シャクルトン一行が戻って来た場合に備えてロイズ岬に三人のチームをもう一年間残し、ニムロド号をニュージーランドへ帰すと告げた。

だが、シャクルトンの頭の中には失敗はまったくなかった。約六年前にスコットに帰国を命ぜられて以来、彼は氷の世界へ戻るために出来ることは何でもして来た。その間にスキャンダルや困難、裏切り、露骨な敵意、妨害などを乗り越え、それでもこうして自分の運命と信じることを達成しようとしていた。歴史に残ることである。シャクルトンは「四年間の準備を経てようやく長い航跡に出た。「これに精魂込めてきたのであり、成功を祈る」と記した。

これから先の地勢が危険なことをシャクルトンは誰よりもよく知っていた。彼はスコットに同行して南緯八十二度十五分まで行き、極点はまだかなり先だったが、途中で死にそうになった。今回はさらに遠くを目指していた。以前の試みでは三百マイル（四百八十キロ）まで歩いたが、極点までの残り五百六十マイル（約九百キロ）は未知の世界だった。行く先々で何が待ち構えているのか分からない。極点までの行路にはエベレスト級の山々が遮っているかもしれないし、広大で深い峡谷が延々と続いているかもしれない。あるいは、南極点は北極のように陸地から切り離された海氷上にあるかもしれなかった。

不可能と思われる使命を成し遂げるための食糧はまだ九十一日分あった。スコットは七十日間分しか携行しなかった。往復千七百二十マイル（約二千七百五十キロ）を歩くには一日四千三百カロリーで十九マイル（三十キロ）進まなければならなかった。一見して途方もない目標に見えた。ディスカバリー号当時の二倍の速さである上に、九十三日間で九百六十マイル（約千五百キロ）しか進んでおらず、極点到達に必要とされる歩調とはだいぶ差があった。そんなに途方もなく不利だったにもかかわらず、シャクルトンは楽観的にどうにか達成できると思っていた。残る四頭のポニーが役に立つという確信があり、意志の力と強靭な性格は最も困難な条件を乗り越えられるとも信じていた。

この楽観主義と決意は隊員たちに影響を与えた。ブロックルハーストは「シャクルトンは情熱に溢れ、己の力を信じていたので成功以外は考えられなかった」と振り返った。シャクルトンは欠点も多かったが、自分が範を示して全体として大きな力を発揮させることについては彼に匹敵する者はいなかった。氷上では不可欠な特質である。

実際、シャクルトンはポニーのソックスの脚が悪くなってまず試された。その直後にアダムズが叫び声を上げた。ポニーの中でいちばん大きいクアンがアダムズの向う脛を蹴って骨までとどく深手を負わせたのだ。ソックスは脚が悪く、アダムズはほとんど歩けないので、シャクルトンはハット岬に引き返してソックスとアダムズの回復を見てから数日後に出直さざるを得なくなった。フランク・ワイルドはつねにシャクルトンに忠実だったが「隊長はかなり苛々していて落ち着きがなかった」と記した。十一月三日には二頭ともに歩ける程度に回復してシャクルトンは安堵した。ところが、棚氷を目指して再出発した途端にまた問題が起こった。

シャクルトンは熟考の末、犬ではなくポニーに極地まで食糧と装備品を運ばせることに賭けたのだった。だが、ポニーは柔らかい雪の上に立つと怖がり、体重で膝まで脚が沈み、歩きが極端に遅くなった。

ポニーは氷上のほうがややましだった。信じ難いが、ポニーには蹄鉄がないので滑って転びやすかった。スコットは後に柔らかい雪の上でポニーに簡単に装着できるかんじきの成果について発言したが、シャクルトン一行がその使用を考えてみた記録は見つからなかった。

苦しむポニーを助けるために一行は困難な氷に踏み入ったが、それで随分時間がかかった。いきなり一日十九マイル（約三十キロ）達成はどうみても無理であり、不可能に近かった。

条件は人間にも厳しく、一行も柔らかい雪に足が嵌った。立っていると一平方インチ（約六・四五平方センチ）当たり二・五ポンド（約一・一キロ）の圧力がかかる。しかし、既述のとおり、当時のスキーは重いので特定の環境で使われるだけだった。だから使わないことが想定されたリスクだった。必要ないとしたら一行は数千マイルも余計な重量を運んでいたことになる。だが、必要になったとしても、歩き始めて数日間で予定より大幅に遅れていたのでこの時点ですでに間に合わなかっただろう。シャクルトンはすぐに気づき、素早く動いた。

このスピードでは極点へ近づく前に食糧は底をつく。そこでシャクルトンは食糧が百十日もつように食事量を一日十二・五マイル（約二十キロ）歩くのに必要な量に減らした。これが現実に即した目標だろうと考え「時間内に達しなかったら、それは神の御意志だ」と言った。十一月七日に支援隊が戻ったとき、シャクルトンは万が一の場合に備えて両面作戦をとり、ミンナ・ブラフ（断崖）に追加の食糧デポを置くようにジョイスに命じた。その時までに物事が危機に瀕したときの保険になっただろう。

シャクルトンの頭の中では、何よりも毎日決まった距離を消化することが優先だったが、彼はマーシャルにも辟易していた。彼が仲間に自分に対する反抗心を植え付けようとすることが気になった。不満が出ないようにするため、毎週テントを交替させて不満の種を持つ者が徒党を組んで権限に逆らうことがないようにした。また、調理などすべての任務を平等に分け合い、重要な決定は全員で協議することにした。こうすれば全員が目標達成の成否に責任を持ち、チーム精神を呼び覚ますだろうと考えた。一行は成功であれ、失敗であれ、何が起ころうと一つにまとまった。危険が潜む油断のならない状況にあってシャクルトンは自分の権限を主張すれば、悪いことは何でも自分のせいにされることを懸念した。

しかし、シャクルトンの期待は別の打撃を受けた。当初九日間で五十四マイル（八十六キロ）進み、ディスカバリー号のときに同じ日数で進んだ三十七マイルよりもよかったが、猛烈な暴風雪が過ぎ去るまでテントに閉じ込められた。一歩一歩、毎日毎日が死活を制する中でこれは大打撃だった。テントに閉じこもって嵐が過ぎ去るのを待つしかなかった。

激しい風でテントが揺れ、テントの中では全員がうずくまって持参した本を読んでいた。シャクルトンの本はシェイクスピアの「から騒ぎ（*Much Ado about Nothing*）」だった。前進できないことも問題だったが、人間とポニーは二日間釘付けの間にも貴重な食糧を消費していた。張り詰めた空気の中で言うに言われぬ恐怖が広がっていた。極点制覇はすでに手が届かなくなっていた。シャクルトンは私的には「とても残念」と記したが、たとえすべてが不利に見えても今のうちから全員に負けを認めさせるわけにはいかなかった。できるだけ楽観的であろうとし、冗談を言い、話をし、一人一人の話に興味を持たせて士気を高め、落ち着いているところを見せようとした。これは全員に伝わり、彼らはシャクルトンが目標達成はまだ可能だと考えているなら、それでよしとした。

十一月九日になって南進再開が可能になった。だが、行く先の険しさは続き、とくに凍った波であるサスツルギに出会ったときは足下がかなり危うかった。恐る恐る前進しながらシャクルトンは「神に委ねるしかない」と記した。それでも一行は神に見捨てられたようだった。ポニーのチャイナマンがクレバスを跨いだとき地面が崩れてポニーは深い淵にぶら下がった。ポニーには調理用具一式とオイルの半分量、ビスケット全部が積まれていた。男たちは足下の氷が滑るのを気にしながらポニーのそばに駆け寄って必死に引き上げようとした。チャイナマンと調理品を失うとこの先前進できなくなるばかりか、ロイズ岬へ戻ることも難しくなる。男たちは全身の筋肉に力を込めて全力でポニーを安全な場所へ引き上げた。

ポニーは役に立つことより問題のほうが多いことが分かった。犬は体温を保持するが、ポニーは熱を放散して寒さの影響を受けやすいことを夜間のキャンプで知った。保温のために雪で風よけを造り、毛皮と蹄の雪を払い、ポニーの身体に毛布を巻いた。さらにポニーの餌は柔らかく煮る必要があった。それに比べて犬は遥かに扱いが楽だった。やがて誰もがポニーを嫌がるようになったが、一緒にいるしかなかった。

幸い天候がようやく回復した。足下の氷は固くなり、数日間は一日十二・五マイル（二十キロ）も前進して目標を達成しただけでなく、それ以上進んだ日もあった。すべてが順調でまだ極点に近づけるかもしれなかった。機嫌の悪いマーシャルでさえ「すべてに希望が出て来た」と記した。

十一月十五日に燃料補給のために第一デポに着き、空腹を満たした一行はその週は一日の目標以上を目指して貴重な時間を取り戻そうとした。十一月十六日には一日十七マイル（約二十七キロ）の新記録を達成して南緯八十度線に達した。ワイルドは「極点到達も不可能ではないと思い始めた」と記しつつ「でも戻れないかも知れない」と悲観的な言葉を付け加えた。

チャイナマンの体調が悪化した。蹄の切り傷がかなり深く、明らかにこれ以上は無理だった。シャクルトンやアダムズ、マーシャルにはできないので、ワイルドが果すべき義務を仰せつかった。頭部を撃って終わらせた。マーシャルはチャイナマンの肉を切り分けて五十ポンド（約二十三キロ）を帰途用に次のデポに置いてゆくことに躊躇いはなかった。残りの肉はその晩に揚げるか生のままで一行の胃袋に収まった。ワイルドは上等の牛肉のような味だと言って「相当量」をたいらげ、肉は「壊血病の危険を遠ざける」のに役立つとマーシャルは言った。食べている最中にアダムズの歯が痛み出し、マーシャルはかなり難しいのに鉗子なしで上手に抜歯した。

チャイナマンの肉は確かに帰途で重要だったが、失ったポニーの荷物を各人で運んだ。ポニーを失ったことはこの段階では大きな問題ではなかったが、続けて急にいなくなるのは問題だった。

ディスカバリー号のときは、ぽつんと立つ黒旗の場所を見つけるのに苦労した経験があったので――「北海でブイを拾い上げる」ようだとシャクルトンは言った――デポをはっきり目立つようにした。雪を高く積み上げ、てっぺんに黒旗を立て、さらに平らな風景の中でも目立つように他にも六、七フィート（二メートル前後）の雪を積み上げて悪天候でも消えないようにした。

数年前にディスカバリー号探検隊が大変苦労して砕けた浮氷塊を避けようとして少し東へ移動していると、ロングスタッフ山とマーカム山が見えて来た。だが、その前にもっと重要なことがあった。スコット隊の南緯八十二度十七分に手が届きそうだったのだ。

十一月二十六日に南緯八十二度十八・五分でキャンプを張ったので、数日後には一行はそれを越えた。スコットとシャクルトン、ウィルソンは記録樹立までに五十九日かかっていた。シャクルトン一行は二十九日で記録を更新した。シャクルトンの目標はこれではなかっただろうが、これから先何があっても、彼は新記録樹立者であるだけでなく、スコットなど彼を疑問視した人々に対して自分の力を示したのだった。

これから先は未知の世界だった。シャクルトンは感動で「人の目が見たことのない、少数者だけが見る世界が始まる」と記した。「誰も歩いたことのない土地を歩くのを想像できるだろうか」。しかし、前進すれば、新発見に戦慄を覚えつつも予想外の事態が生じるかもしれないことは意識していた。

二週間、一行は奇跡的な前進を遂げ、全員の健康状態は良好だったが、ポニーのグリシーとクアンの脚が動かなくなった。射殺するしかなく、グリシーの肉は次のデポに置いていくことになった。マーシャルはクアンの死についてシャクルトンの「無知と無能」を非難した。両者間の前々からの確執は爆発寸前だった。

極点まであと四百マイル（六百四十キロ）の地点で一行は六百ポンド（約二百七十キロ）のポニーの積荷を分担することになった。食事の量が減ったため激しい空腹を感じるようになった。エネルギーの余力が急減して進める距離も減った。もともと一日四千三百カロリーだったのが三千カロリーになった。シャクルトンは「近ごろはとても空腹で、これから三カ月もそうなる」と先の見通しを記した。「それはないよ」とシャクルトンと一緒のテントだったワイルドは暗号で書いた。

空腹との闘いだけでは終わらず、次に相当な打撃が来た。極点に達するには平坦で固い地表であることが絶対だった。しかし、前途には南極横断山脈として知られる山脈があった。これは全長二千二百マイル（三千五百キロ）、幅が百八十マイル（約二百九十キロ）で、所々に高さ一万四千フィート（約四千三百メートル）級の山があり、まさにシャクルトンが恐れていた未知の世界だった。

この山岳地帯に足を踏み入れるだけでも挑戦だった。氷の圧力が巨大な尾根を押し上げて非常に危険な地形になっていた。マーシャルによれば「大洋が未知の海岸に大きく砕け散るよう」だった。だが、楽な行路はなさそうで、一行は行けるところまでは来たと思っていた。マーシャルは「私は頼まれてボスに『ここまで来たのだからこれで十分です』と告げに行った。『引き返すのを止めるものはありません』と応じた」と記した。それでもシャクルトンは負けを認めようとはしなかった。それどころか、近くの高台からこの先に楽な進路があるかどうかを見てみると言った。もしあったら、栄光へ向かって進み続けるだろう。なかったら、戻る以外に選択肢はない。シャクルトンを「ボス」と呼ぶようになっていた男たちは彼を信頼することを選んだ。

一行はお互いの身体をロープで結び、試しにクレバスを七マイル（約十一キロ）通り抜けた。危険はあらゆる場所にあった。ちょっと滑れば深い谷底へ転落する。当然ながら歩みは遅々として進まず、六時間かけて赤い山の麓へ辿り着いた。

山脈の中でもこの山は二千フィート（約六百メートル）と低い方だった。山頂から反対側の楽な進路が見えるように祈りながら二時間かからずに登頂した。

太陽の眩しさに目を覆いながら遠くを眺め、天国への高速道路のように山脈を貫く南への行路を切り開く大氷河が目に入った。「遮るもののない南への行路があった」とシャクルトンは興奮気味に記した。ポニーと積荷とともにクレバスを通過できていたら極点への行路がはっきり見えていた。マーシャルでさえ大きな発見に感激し「初めて約束の地を目にした瞬間を永遠に忘れない」と記した。「全能の神は私たちの味方だ」。シャクルトンは山脈を越えて極点へ達する数少ない進路の一つを発見していた。

未知の土地が新たに展開するたびに記念の名前をつけた。シャクルトンは赤い山を「ホープ山」と呼ぶことにした。「ホープ」とは極点への進路を見つけたときの感激を表していると思う方があるかもしれないが、別の解釈もあり得る。

数年前にシャクルトンはホープ・パターソンという名のスコットランド女性と出会っていた。恋愛関係にあった証拠はないが、複数の手紙から二人は親しい関係だったことが確かめられる。探検から戻った直後にシャクルトンは表にホープ山の地図座標が刻まれた銀ケースに入った岩のかけらをその女性に贈った。

シャクルトンが氷河につけた名前についても種々異論がある。ベアードモア氷河については、シャクルトンが千ポンドの借金を残したまま姿をくらましたので、恐らく彼の怒りを鎮めるためにウィリアム・ベアードモアに敬意を表したものと受け止められている。ところが、シャクルトンはそれ以前にエルスペス・ベアードモアに、彼女を称えて氷河に命名すると告げていた。そこで、夫ではなくエルスペスの名前をつけたのだろうと長く言われてきた。

その時は、名前は取るに足らないことだった。シャクルトンはスコットの記録を破った上に今度は極点へ続く稀少な行路の一つを奇跡的に発見したのだ。突然彼の夢のすべてが叶えられそうになった。

21

一行は山を下りキャンプへ戻った。太陽がまるで一行の重大発見を喜んでいるかのように輝いていた。酷寒の中で苦労続きの数週間だったが、運命が変化したようだった。だが、これだけではなかった。

三人で六百ポンド（約二百七十キロ）の荷物を、それに、ワイルドに引かれたポニーのソックスが別の荷物を引きずる重労働だった。灼熱の太陽は楽にしてくれなかった。真夏になり太陽は真夜中でも照っていた。一行は大量に汗をかき、シャツを脱いで暑さを凌ぐために凍った馬肉の塊を噛んでいた。

太陽は一行の目にも害を与えた。クレバスを渡ってホープ山を登る際に太陽光が氷に反射して目が見えなくなった。スノーゴーグルも汗で曇り、上瞼が腫れて細い目から涙が流れ、マスクが頬に凍り付いた。シャクルトンは一行を先導するのにゴーグルをつけなかったため紫外線で目の角膜だけでなく露出した皮膚が火傷を負い、顔には水ぶくれとかさぶたができ、唇は割れて血が滲んでいた。痛みを抑えようと手袋で目玉を押さえたが効果はなかった。そして、がさがさの唇を開いて話そうとする度に傷口が広がりさらに血が出たまま凍り付いた。ワイルドは雪盲《せつもう》がシャクルトンに「辛い試練の時」を与えたと記したが「彼が負けていない」ことを称えた。

十二月四日には極点の「入口」である巨大氷河に足を踏み入れたが、シャクルトンがクレバスを渡るとき太陽の熱で通路が溶けて崩れ落ちる恐れがあった。一行が歩く度に弱い雪の橋にひびが入って軋み、いつ崩れ落ちるかと気になった。

シャクルトンには頭上からの恐怖もあった。一行は崖から落ちて来た巨大な岩に囲まれていた。「いつ大きな岩が転がり落ちてくるかもしれない」と記した。夜はとくに気になった。テントを硬い氷にしっかり固定できず、花崗岩の柱の下にある瓦礫に囲まれた柔らかい雪の上に固定せざるを得なかった。「今夜は神様が見守って下さるだろう。これ以上私たちにできることはない」とシャクルトンは記した。

一行はまもなく、崩れやすい氷上で積荷全部を運ぶのは危険すぎることに気づいた。そこでポニーを後に残し、ソリで荷物を分けて運ぶことにした。マーシャルは一行が直面した恐怖を「午後いっぱいクレバスを渡ることに費やした。足下がはっきり見えないのでかなり危なっかしい……シャクルトンも私もキャンプを張る間際に通り抜けた。生きた心地がせず、安心できなかった。明日も危険が待ち構えている」と言った。

何度も命懸けの危険に晒されてたまらなくなり、シャクルトンは「一歩一歩が冒険だった」と記した。ワイルドは「あれを繰り返すぐらいならまだ四十マイル（約六十四キロ）歩く方がましだ」と記した。だが、ワイルドが最悪の事態は過ぎたと思っても、そうではなかった。

十二月七日、ワイルドが一行の後方でポニーを引いていた時、氷河の初心者用ゲレンデの約千七百フィート（五百二十キロ）上で、立っていた場所の地面が割れた。ワイルドは奈落の底に落ちそうになったが助かった。幸いソリが横向きに倒れて穴を塞ぎ、馬具のおかげで落ちなかった。かつて同じことがベアードモア氷河で私にも起きた。クレバスを渡ろうとしたとき、スキーのスティックが手首に引っかかって地面が崩れた。巨大な穴にぶら下がり、もう片方のスティックのおかげで落ちずにすんだ。スティックは私の上で留まってまだ私の手首に引っかかっていた。

ポニーのソックスは運が悪かった。重みでソリの引き綱がぷっつり切れて暗い穴に落ちた。一行は少なくともソリが無事だったことに感謝した。ソリには食糧と四つの寝袋のうちの二つを積んであったからだ。それが失われていたら確実に全員が命を落とすところだった。

それでも、ソックスの死はまたしても大きな打撃となった。千ポンド（約四百五十キロ）以上の荷を分担して引きずらなければならなくなり、二週間分はあったはずのポニーの肉も失った。口にできるのは僅かだった。メイズ四十ポンド（約十八キロ）、それに肉とニンジン、ミルク、砂糖、干しブドウを混ぜ合わせた高カロリー食が三十一ポンド（十四キロ）である。シャクルトンは平静を装い「困難は克服するためにある」と言った。

失敗の恐れがあり、しかも、パニックが予想されそうなとき、マイナス思考に打ち勝つ最善の方法は最悪の事態に対処する気持ちの持ち方を考えることである。例えば、クレバス地帯に近づいた時、百フィート（約三十メートル）の割れ目に落ち込んだらどうするかといろいろ考えてみる。なんであれ心の準備ができていたら非常にプラスになる。

疲弊したシャクルトンは行程についてこう書いた。「午前七時四十分出発。場所は丘に食い込み、峡谷に傾斜し、クレバスだらけの青く尖った最悪の氷の表面。ソリが壊れないか、クレバスに落ちないかと気になって安全を守るためにと全員緊張が解けなかった。鋭利な氷にぶつかって傷だらけだった……ソリは一度に一台しか運べなかったので終日交代で作業に当たった……それでも南へ三マイル（約五キロ）進んだ……」。

不安が増大し、歩くたびに凍傷になった踵や指の痛みとひりひりする股間で下着が引っ張る鋭い痛みとが重なって、毎分、毎分が永遠の長さに感じられた。空腹と疲労が限界に達したとき互いに相手を軽蔑の目で見た。ワイルドはアダムズとマーシャルに自分の役割を果たしていないと言い、マーシャルは「大きな図体の怠惰なブタ」であり「深さ千フィート（約三百メートル）のクレバスに落ちればいい」と記した。ワイルドはアダムズにはいくらかやさしく、彼はベストを尽くそうとしているが「まだまだ最善とはいえない」とした。ワイルドはマーシャルとアダムズは「二人の愚痴のこぼし屋」だと言った。

マーシャルは普段から遠慮なくシャクルトンを批判していたが、もう黙っていられなくなった。シャクルトンは雪盲でも勇敢に主導していたが、マーシャルは同情することもなく、自分の失敗のせいであって「嘆き」はまっぴらだと言った。シャクルトンの料理は「へた」で「いつも狼狽《うろた》えている老婆」のようだと言いたい放題だった。後に極限に達したマーシャルはシャクルトンに面と向かって「そもそもこの旅は極点到達という唯一の目的のためにあんな基地〈ロイズ岬〉から始められるべきではなかったし、この基本決定を擁護しようとする誰かの頭はおかしい」と言った。シャクルトンはマーシャルの不機嫌さをまともに取り合わないようにしていたが、エミリーの手紙にはどうしても愚痴をこぼし、マーシャルを「心が幼く、規律に怒りたがる」と書いた。こういう困難な状況下でもかまわず口に出すマーシャルは一行の安全を危うくし、連れて来たのは間違いだったとシャクルトンは思っているに違いなかった。

やがて各人は白銀の夢の世界と奇妙な地勢を黙って越えることにした。不満と痛み、自分への怒りを抱えながら一行はソリを引いて危険なクレバスを通り抜けた。極点はまだ三百五十マイル（五百六十キロ）先であり、確かなことは南へ向かっているということだけだった。

極点が一行の目標だったかもしれないが、科学的調査もあった。経緯計《セオドライト》と測高計《ヒプサメーター》（訳注　液体の沸点から気圧を求め、土地の高さを知る温圧計）を使って未開地を地図に示し、周辺の山頂の高度を測定して多数の山脈と氷河に探検隊と繋がりのある人々の名前を付けた。ドーマン、ミル、ケルティ、アダムズ、そして、ワイルドである。シャクルトンは思いやりからマーシャルの名前も選んだが、ちっとも感謝されなかった。

さらに、こういう陸標のいくつか、とくにドナルドソン山の命名については議論があった。ニュージーランドへの途次にシャクルトンはイザベル・〈ベル〉・ドナルドソンと親交を結んでいた。再び、その関係が恋愛とは断言できないが、ニムロド号がロイズ岬へ出発する直前にシャクルトンはその女性に手紙を書き「貴女の極地探検者」と署名した。一万二千九百フィート（約三百九十メートル）の山はイザベルと命名され、彼女とは後々まで交際があった。この調子でシャクルトンは数多い知人女性の命名をすると山の数が足りなくなりそうだった。

新しい山や氷河の発見はそれだけで心踊る出来事だったが、ワイルドが驚くべき発見をした。石炭である。岩石を調査していたとき厚さ最大八フィート（約二・五メートル）の黒い鉱脈を見つけた。南極大陸で貴重な資源が発見されたのはこれが初めてではなく、数百万年前にはここが温暖な湿地だったことを証明したこと自体が科学上の大発見だった。この探検隊がスコットの記録を破ったことですでに成功と認められるならば、この発見は科学面での躍進となった。オーストラリア政府がデービッドの言葉を信じてシャクルトンへの寛大な寄付をしたのもこういう発見への期待があったからである。

氷河の頂上が見えてくると一行には更に活気が出た。極点は手の届く範囲になったとシャクルトンは思った。ただし、成功のチャンスがあったとしてもさらなる犠牲が出るだろう。再び食事の量を減らした際にシャクルトンは「乏しい食糧で目標達成に挑まなければならない」と記した。

さらにデポを設置して四日分の食糧を残し、一行はビスケットと少量のペミカンにポニー用のメイズを混ぜたものを携行した。少なくとも一日二十二マイル（約三十五キロ）進まねばならず、食糧が十分だったときでも達成したことのない距離だった。シャクルトンはこの最後のひと押しは一か八かであり「背水の陣を敷いた」と記した。

前進はとくに辛かった。高緯度になればなるほど大気が薄く冷たくなるので呼吸がしにくくなる。極点付近の高度一万フィート（約三千キロ）の大気が人体に与える影響は、赤道付近の高度一万三千メートルの山々と同じである。大量の発汗と空気の乾燥は脱水症の危険がある。高原の酸素は棚氷での半分しかない。

高度に関するシャクルトンの苦労は私の世界遠征隊（Trans Globe Expedition）の準備に非常に役立った。彼が直面した問題を知っていたので、私に冬期の基地を選ぶ番が来た時は海抜五千フィート（約千五百メートル）のリヴィンゲン山の麓を選んだ。ここで七カ月間高度に順応してから横断を試みた。シャクルトンはもちろん未知の地にいたわけだから、そういう障害への準備にまでは思いが至らなかった。

マーシャルは高地で人が荷物を引くのは「殺人的行為」だと注目していて、シャクルトンから目を離さなかった。呼吸難に陥ったことのある者にとっては、これは命取りになると思っていた。今のところシャクルトンは問題になる徴候を見せずに頑張っているが、マーシャルは「シャクルトンはもうやめたほうがいい……これ以上の高度ではもたない」と記した。

一行は前進を続けてクリスマス当日には南緯八十六度に達し、シャクルトンはみんなに何かしてやる日だと決めていた。朝食にはいつもよりペミカンを多くし、ビスケット四枚とお茶の昼食にはチーズ一片を加え、夕食ではお祝いに自由に振舞っていいことにした。

二人用のテントの中でひしめき合う四人は、牛肉エキスとペミカン、ビスケットを混ぜ合わせたディナーの後でブランデー風味のココアでつくったプラムプディングを平らげた。次に葉巻を回しのみし、寒さでひび割れ、日に焼けた両唇に挟むとテント内に匂いが立ち込めた。

温度計は華氏五十二度（摂氏マイナス十一度）を差し、外は強風が吹き荒れていたが、テント内は至福の時間だったと言えば充分だろう。ワイルドはとくに嬉しかった。「しばらくぶりで満腹になったので、自制して誰にも嫌なことはひと言も言わなかった」。

翌朝目覚めたとき極地まであと二百八十マイル（約四百五十キロ）を目指す新たな活力が湧いていた。高揚した仲間たちの姿を見て、シャクルトンは今なら悪い知らせをしても大丈夫だと思った。一行の前進の度合いからすると食事の割当てを七日から十日に延ばさざるを得なかった。「朝はビスケット一枚、昼は三枚、夜は二枚」と記した。「必ず極点に到達するにはそうするしかない」。

シャクルトンは自分の野心に賭けていた。極点制覇は彼にとってすべてだった。日記にジョージ・メレディス（訳注　十九世紀イギリスの作家。「エゴイスト」等）の詩「谷間の恋（Love in the Valley）」を記した。彼の心境を表している。

私たちの恋は辛い。
捉えられず手に入れられない。
辛いが、勝てば勝利の栄光がある。

極地できついスケジュールに直面してもなお前進したいとき、私は必ず祖父と父と叔父のことを考えた。祖父はカナダとアフリカの先駆者であり、父と叔父はともに私の生前に第二次世界大戦で戦死したが、私のそばにいて私を励ましてくれていた。これは私にはつねに大きな慰めであり、新たな目的意識を与えてくれた。こんな時シャクルトンはエミリーと子供たちのことを考え、極点までの一歩一歩は誇りに思ってもらえる一歩になったのではないか。

その後すぐに必要でない装備品をすべて捨てて荷を軽くした。予備のソリの滑走部《スレッジランナー》と鋏、衣服はすべて氷上に残した。こうして一行は目標の予定に近づき、十二月末には山脈を越え、極点へ続く平坦地へ足を踏み入れられることになる。ただし、一日十五マイル（二十四キロ）進むとすればさらなる犠牲を強いられることになる。

今度はテントを捨てて、別の食糧デポを置いた。きつかったが、運が良ければこれで一月十二日までに極点に辿り着ける上に、ニムロド号の出帆期限の二月二十八日までにハット岬へ戻る時間は十分あるとシャクルトンは判断した。

これまでやって来たことから判断してこの最後のひと押しは可能だと思えた。数週間苦労した後で目指す全行程達成まであと数日だった。だが、運ぶ荷物を減らしてもほとんど歩けなくなっていた。筋肉や腱が新たに痛んで肉刺《まめ》ができそうになり、擦り傷が悲鳴を上げた。少ない食事量はビスケットを熱い紅茶に浸して膨らませて大きく見せた。悲しいかな、そんなことでは一行の胃袋を膨らませることはできなかった。氷と雪に囲まれながらも一日の燃料はかなり低く抑えられ、氷を解凍して水にすることもできなくなった。脱水症状がひどくなり始めていた。汗でずぶ濡れの服が凍って肌に張りつき余計に寒くなったが、替えの衣服を捨ててしまっていたので着替えがなかった。マーシャルが体温を測ると全員が華氏九十五度（摂氏三十五度）ぎりぎりで低体温症の瀬戸際にあった。

私は大袈裟だと思えたのでマイク・ストラウド医師に訊いてみると、彼は「こういうのは初めてで疑わしい。少し考えれば（そういう）極地遠征で『きちんと体温を測る』のが難しいことはすぐに分かる。口腔内温度は外気の影響を受けるので直腸でなければ正確に測れないいし、気温が非常に低いと実際よりも低く表示されるだろう。さらに二度（華氏だろうと思うが、摂氏でも）程度下がっても人間の判断に大きな影響は与えない。だから、むしろ低血糖症だと考えられ、私も極点からの二、三日そのような状態になった」と言った。

問題の原因が何であれ、一行はよく転倒して脚を治療しなければならなかった一方で、凍傷は相変わらず深刻だった。一九九〇年代に同じルートで私は指四本の爪先が凍傷になった。同行程で共同運搬人だったマイク・ストラウドは日記に「ラン（ラヌルフ）はもう無反応で苦痛に耐えられないのだろう。右足の腫れに深い穴があき、赤く、ひどい炎症で膿がたまっている。それに両脚の踵が黒ずんで腫れていて、健康な細胞が炎症と闘っている足底の鮮明な赤い線とは全然ちがう。腐っていく肉の臭いがすでにひどい体臭に重なった」。もしこの南極体験が「寒さ」という言葉の新しい意味を教えてくれたとしたら「痛み」についてもそうだった。骨折や欠けた歯とちぎれた足の指、凍傷、慢性腎臓結石は不快だが、南極の夜で初めて本当の痛さを知った。

シャクルトンは耐え難い苦痛に歯を食いしばって「人間の限界はどこまでだろう」と記し、それでも一行を前進させた。こうして大晦日までに十二・五マイル（二十キロ）進むという信じ難い前進を遂げた。「神様どうかこの先十四日間好天が続きますように」と祈った。「そうすればすべてが上手くいきます」。マーシャルでさえ、シャクルトンの超人的な意志の力に驚嘆せざるを得なかった。それが一行を引っ張った。隊長は力ある限り全身全霊で一歩を踏み出し、先頭から引っ張り続ける力を見つけた。

新年になってさらに十一マイル（約十八キロ）も前進し、南極・北極のいずれかへ到達しようとした最長距離（一九〇六年にロバート・E・ピアリによる北緯八十七度六・五分）を破って世界記録を達成した。シャクルトン一行はかつて人間が到達した最高緯度も越えた。

ところが、その直後に、つねにシャクルトンに忠実だったワイルドがもう行きたくないと思い「肉も血ももう耐えられない」と記した。マーシャルも全員の体温が九十四度（摂氏三十四度）と体温計で測れないほど低下したことを知った。シャクルトンは初めて戻るべきかも知れないと考え始めた。

一九〇九年一月二日、十マイル（十六キロ）も進み、極点まであと十日程度となったとき、シャクルトンは「いまの前進速度では食糧がもたなくなり、デポまでは戻れない」と日記に記した。土壇場だった。極点には辿り着けるかもしれないが、全員生還の可能性は小さく、そうなれば、成果が伝わらなくなるのではないか。シャクルトンが決断しようとしていたとき確かにこう考えていたのだろう。「このまま前進すれば引き返せなくなる。そうすれば、すべての成果は無に帰する」と記した。

もしシャクルトンが単独行動なら、命の危険を冒してでも不可能に挑戦していただろう。だが、彼はアダムズとマーシャル、ワイルドの安全も考えなければならず、彼らは自分が達成できると言えば世界の果てまでもついてくるだろう。「私はこのことを慎重に見極めて従う者たちの生命を考慮しなければならない」と日記で打ち明けた。「人間は最善を尽すしかなく、自然の最強の力に対抗して来た」。

一月六日、シャクルトンは敗北を認めた。一行は南緯八十八度五分、極点から百十五マイル（百八十四キロ）まで到達したが、これ以上隊員たちを危険に晒すことはできなかった。「終わりが来た今、自分の気持ちを書き記そうとしても正確に説明できない」と記した。極点には届かなかったが、好天で土地が平坦だったら、シャクルトンはすでに達成した見事な記録に加えて一行を南への最後のひと押しに突進させた。ゴールの極点まで百マイル（百六十キロ）以内であり、あと一押しとちょっとした創意があれば実行可能だった。

これまでシャクルトンは法定マイル（約一・六キロ）で踏破した距離を測定していた。極点まで百法定マイル（百六十キロ）以内に辿り着くのは今では不可能だろうが、百海里（百八十五キロ）以内なら到達できたかもしれないことが分かった。これを念頭に一行は最後のデポを設置し、竹柱と空の袋を旗にして位置を示し、立ち去った。

これは重大なリスクだった。この決断の愚かさは、直後に暴風雪に晒されて四十八時間テントに閉じ込められ、少なくなりつつある食物を食べていたときに露わになった。寝袋にイワシのように横になり、凍った息が渦を巻くとき、各人が正しい選択だったかどうかにひそかに疑問をもったにちがいない。ワイルドは「今日はこれまでで最悪だったと思う。暖かさを保つのはまったく不可能なことに気づいていたし、全員が凍傷になっていた……四時半にテントを張っていなければ倒れてしまっていたはずだ」。

九日についに暴風雪は止んだが一行は引き返さなかった。テントとソリをその場に残し、僅かなビスケットとチョコレート、それに中にエドワード七世ランドの切手とアレクサンドラ王妃の絹の英国旗が入った真鍮の円筒を携えて出発した。シャクルトンは好天のうちに午前九時には停止の合図を出さざるを得なかった。「我々は最善を尽くした」と記した。誰にもこれ以上の力はなく、限りない白い世界が地平線に続いていた。それにしても一行はシャクルトンの思い通りに極点まで百海里以内にいたのだろうか。それを確かめるのはマーシャルの責任だった。

遠征を通してナビゲーターのマーシャルは経緯計を使って正午の太陽の位置から進んだ距離を測っていた。太陽が見えなければ、一日の走行距離を測るスレッジメーターが示す距離を頼りにした。しかし、この最後のひと押しの際、荷を軽くするために経緯計が捨てられていて確実に正確な位置を示すのが困難だった。そこでマーシャルは推測で南緯八十八度二十三分、極点まで九十七海里と伝えたのである。マーシャルのこの最後の読みについて異論を唱える人たちがいるが、彼は後に「事実は私の死の前か後に明かされるだろう」と言った。ところが、それ以上は何の言及もなかった。

やせ衰えた一行は「南緯新記録」を記念してアレクサンドラ王妃の旗を高々と掲げて写真撮影をした。スコットの記録四百十二マイル（約六百六十キロ）を破った。準備の混乱と資金・支援の極端な不足を考量すると確かに感慨深い成果だった。

だが、喜んでばかりはいられなかった。もしビスケット二十五ポンド（約十一キロ）とペミカン三十ポンド（約十四キロ）を余分に運んで来ていたら、あるいは、ソックスが死ななかったら、極点に到達していただろうと考えた。そうかもしれない。私が思うに、スキーや犬、ポニーについて云々するよりも、南極遠征で最も重要なものは食糧であり、彼らはまさに食糧不足になったのだ。それでもシャクルトンは、あの環境では、それ以上は無理だったことを否定しなかった。「後悔はあるが私たちは最善を尽くした」と彼は記した。

極点制覇を逃したことがシャクルトンにとってどれほどの痛手だったかはみなに分かっていた。彼はこの先に待ち受けていることを夢見て南を睨み続けていた。自分の夢より一行の安全を優先したことをワイルドは知っていた。彼は回顧録で「シャクルトンが自分一人のことだけを考えていたら、前進を続けて極点に国旗を掲げていただろう」と記した。

シャクルトンが引き返す判断をしたことはとても勇敢で賢明だった。それ故に彼はいつまでも尊敬されているのだ。このことはその時点ではちっとも慰めにはならなかった。彼は何としても極点に到達すると決心し、次に戻った時何を変えればいいかをすでに考えていた。だが、その時には誰かが先に到達しているのではないか。そして、やり方を見せてしまっただろう！　先の見通しを考えるとあまりに辛かった。

すべてを真剣に熟考できる前に、まずは安全にニムロド号へ戻らなければならなかった。直線距離で七百五十マイル（千二百キロ）以上あった。五年前、距離はもっと短かったが、ディスカバリー号へ引き返す途中で死にかけた。一行の健康が危険な状態で飢餓に襲われていたので、引き返す途中で絶対にすべての食糧デポを見つけなければならなかった。

22

一月十一日にいちばん近いデポに辿り着いた後、シャクルトンは無事に次のデポへ行き着くのは至難の業と思った。そこまでは二百マイル（三百二十キロ）以上あり、食糧は半分に減らしても十日分しかなかった。その上、同じルートを歩くのに十七日もかかっていた。つまり、見通しは暗かった。

シャクルトンも満身創痍だった。足の凍傷がひどく、ワイルドは心配で「両足の踵は四つか五つに割れており、両脚には打撲傷や擦り傷がある。今日は転倒してひどい頭痛なのにみんなに合わせている」と記した。一歩一歩が苦痛なのに一日十四マイル（約二十二キロ）以上を念頭にデポまで辿り着こうとしていた。だが、シャクルトンには脚をいたわりながら一行のスピードを上げる妙案があった。

南への行程は激しい向かい風に妨げられた。今度は追い風で、風に乗ろうと考えた。スコットに同行したときテントの床の敷物を帆として使ったことを思い出して同じようにした。追い風に乗りすごい速さで凍結氷河を進んだ。それほど努力せずに一日二十マイル（三十二キロ）は進んだ。万事順調で、この調子で次のデポには早めに着けるだろう。

しかし、デポはなかなか見つからなかった。スコットとの帰路がそうだったが、詳細な地図やGPSのような現代の発明品の助けなしにあんなに小さい場所を探し出すのは運によるところが大きかった。シャクルトンが記したとおり「食糧を真っ白で広大な平原に置いていくのは、ソリの轍を辿るしかないので危険が大きい」。最初は往路が見えて辿って行ったが、進むにつれて跡が消えてしまった。それにスレッジメーターを落としてしまい、毎日どのくらい進んだか、ロイズ岬と同様にデポまであとどれくらいかが分からなくなってしまった。「重大な失敗だ」とシャクルトンも認めた。

こうなるとよく知っている陸標を探すしかなかった。それで少なくとも正しい方角に向かっていることを知り、あとどのくらい歩けばいいのかを推定できた。幸い、今のところ山脈でバックリー山などの特定の陸標を見つけ出せた。風の力で一月二十九日には二十九マイル（約四十六キロ）進むことができて早めにデポへ辿り着いた。

たらふく食べている時間はなかった。だが、誰よりも食べる必要があると思われるシャクルトンは胃がむかついて食べ物を見るのも嫌だった。翌日、出発の際に彼の体調はこれまでにないほど危険になった。マーシャルは不本意ながらリーダーの頑張りに感心していたが、苛立ちながらシャクルトンの世話をした。診察後「脈拍は約百二十で、弱く、不規則」と記録し、悪化したらソリで運ぶと判断した。六年前スコットとウィルソンもそうした。シャクルトンは再度その侮辱に耐えられなかったが、間もなくもう荷を引っ張れないほど衰弱した。今となっては他のメンバーに荷を引かせてその横をよろよろ歩くほかなかった。ワイルドは、シャクルトンの病を弱さとは記録せず、信じられない強さのためであるとして「六週間も本来の役割以上のことをして来た」と記した。

シャクルトンは、スコットが自分を駆り立てたときの苦い記憶から一行を支えることで非難されまいとし、自分の底力を当てにした。やはり風が救いになった。危険なクレバスを抜けるときも一日に十五から二十マイル（二十四から三十二キロ）進むことができた。胃の具合も食べ物を少し受けつけられるようになったのでエネルギーが湧いてきた。寒さと凍傷の苦しみは変わらなかったが、高度が下がるにつれて呼吸が楽になった。これはとくにシャクルトンにとっては非常に重要だった。

次のデポまで四十マイル（六十四キロ）あり、食糧はほぼ尽きていた。ふらつきと偏頭痛に悩まされながらシャクルトンは「スカスカの食事を食べていて、もし一人が誰よりも長くフーシャを食べていれば明らかに不満を感じる」と記した。ペミカンとポニー用のメイズの最後の切れ端を貪った後に残ったのはマーシャルの錠剤「強行軍」だけだった。コカインとカフェインを混ぜた錠剤だった。これは十分ではなかった。一人一人が力を振り絞って足元によろめく前に、順番に雪の中に倒れ込んだ。骸骨のようにやせ細り、うつろな目で死人も同然になり、脚が痛み、肩は数週間のソリの引き綱で皮がむけ、鼻先は皮がむけて赤くなっていた。

アダムズが支離滅裂に何か言いながら倒れて立ち直れなかった時は、次のデポにつくあてもなかった。絶望状態はその前からだったがこの時死が近づいた。

マーシャルはワイルドから役目を十分果たしていないと非難され、機嫌の悪さは相変わらず続いていたが、ようやく本領を発揮した。デポがある遠くの岩石層の周縁に気づき、あそこまで行けるのは自分だけだと思った。勇敢に一人で食べ物を持って来ると決心し、全員のために一か八かだと出て行った。

マーシャルはよろめきながらクレバスを通り抜け、度々転倒して落ちそうになったが、足を引きずりながら這うようにしてでもみんなを失望させなかった。

デポに辿り着き、疲労困憊でひどく空腹だったマーシャルは自分の分ばかりか他の者の分も食べてしまいたい誘惑に必死に抵抗した。彼は砂糖の塊二つをエネルギーにして、持ち運べるだけの食べ物をかき集め、一刻の猶予もできないと一行の元へ引き返した。よくやり遂げた。

マーシャルが戻るまでの三十六時間、残った者たちは何も食べずに惨めな状態だった。マーシャルから食べ物を受け取り、ワイルドはストーブに点火して馬肉入りスープの鍋を温め、デザートのビスケットを一杯の紅茶で流し込んだ。「何と嬉しかったことか」とシャクルトンは記した。「これまでで最高の食事」だった。幸運にも危機を脱することができたのはマーシャルのおかげだと感謝した。「最後の四十八時間の精神的、肉体的緊張を何と言えばいいのか」と遠征の最悪の時期について記した。

翌日、状況は少し改善された。胃に食べ物が入り、危険な氷河を通過して平坦な棚氷に戻って来ていた。次のデポまでは僅か五十マイル（八十キロ）になり、六日分の食糧もあった。これまで耐え忍んで来たことと比べると実に贅沢だった。

ただし、楽そうには見えたが、それは一行の健康が悪化しなければ、という条件付きだった。シャクルトンとアダムズは重症で、今度はワイルドの番だった。ひどい赤痢の発作に襲われ、ポニーの肉のせいだと言ったが、下痢で何度も立ち止まった。脱水症がひどくなって気休めに氷や雪を懸命になめた。ワイルドは疲れ切っていてソリを引っ張ろうとしても持ち上げることすらできず、何マイルも片方の足をもう片方の前に置くことなど到底無理だった。マーシャルは彼が元気になるように薬を与えたが眠気を催しただけだった。骨と皮ばかりに痩せ、一日にたった四枚のビスケットで生き延びていたが、死線をさまよっているような有様で、一日の終りにテントの中へ這って行って死ぬことより他に求めていなかった。

ワイルドの急激な衰弱ぶりを見て、シャクルトンは大事な自分のビスケット一枚を彼に食べさせた。ワイルドが食べられたのはそれだけで、シャクルトンは食べれば死なずに済むと思っていた。一口の食べ物が生死を分け、ビスケット一枚に助けられたとき、それは天晴な行為だった。その後、ワイルドは残りの人生をシャクルトンに献げたいと言った。「これがどれほどの寛大さと同情だったかを真に理解できる人間がこの世に他にいるとは思えない」とワイルドは書いた。「神に誓って一生忘れない。何千ポンド出してもあの一枚のビスケットは買えなかっただろう」。

無私の行為だったにせよ、そうでないにせよ、ビスケットだけではワイルドを支えられなかった。彼は六日以上も他に何も食べられず、身体はまだ残っている栄養で元気が出た。「すぐにこれを乗り越えなければ棚氷に置いて行かれざるを得なかっただろう」と日記に記した。

次のデポまで食べ物は十分あったが、やがて全員が下痢でワイルドと同じ危険に晒された。二月四日にシャクルトンは「全員が倒れ、進めなくなった」と記録した。アダムズは夜間用を足しに七回もテントから出て行き、他方、マーシャルは、キャンプは「戦場のようで……見通しは暗い」と言った。だが、彼らにただ座しているだけの余裕はなかった。闘いを続ける以外に選択肢はなく、風に押されて一日二十マイル（三十六キロ）程度進んだことが唯一の慰めだった。だが、ロイズ岬はまだ二百四十マイル（三百八十四キロ）先だった。

幸いにも下痢が治まり、食事を控えていられたので、次のデポでは素晴らしいご馳走にありついた。チャイナマンの遺体だ。二月十三日にデポに到着し、冷凍血など食べられるものは何でも食べた。ワイルドが冷凍血を「美味しいスープ」にした。二日後にはシャクルトンの誕生日を祝ってさらにご馳走が出た。お祝いに多めのフーシュとシャクルトンには素晴らしい贈り物があった。葉巻である。仲間の袋にあった刻みタバコを紙の筒に詰めたものだった。「うまかったなあ」とシャクルトンは懐かしそうに振り返った。

これまでの帰途の成功は長距離で風を利用したおかげだった。それがなければ時間内にどのデポにも辿り着けなかっただろう。その後、ディスカバリー山のような分かりやすい陸標を通り過ぎて一日十二マイル（約十九キロ）とペースが落ちると、再び食事の量を減らした。一日の必要カロリーの半分以下の二千カロリーに減らしたため「空腹でたまらない」とシャクルトンは文句を言った。

二月二十日に次のデポに着くと、フーシュとビスケット、ジャムとココアを貪り食った。嬉しいことにシャクルトンのタバードたばこ会社から提供された葉巻もあり、そのおかげで暖かく感じられた。しかし、ロイズ岬はまだ百四十マイル（二百二十四キロ）先であり、食糧は持ちそうになかった。注意して十分なスピードで進めたら、七十マイル（百十二キロ）先のミンナブラフに到達する分の四日はもった。そこにはジョイスがデポをもう一つ準備してくれていたはずだった。もちろん、ジョイスがシャクルトンの指示に従っていたらの話である。その場合でも一行はデポを探し出さなければならなかった。

二月二十一日、吹雪でテントから出られない状況だったが、前進を続ける以外に選択肢はなかった。前が見えないほどの激しい風で、気温はマイナス三十五度（摂氏マイナス三十七度）に下がって冷たい風が肌身にしみ、唸る風で飛び散った氷の破片が顔にあたった。寒さが身体中にしみ込み、なんとか身体の芯の体温を維持することに懸命だった。衣服は繰り返す滑降風を受けてほとんど役に立たなかった。「命懸けだった。前方に食べ物があり、後ろから死が忍び寄る」とシャクルトンは記した。

なぜかこの状況の中で一行はたった二日間で四十マイル（六十四キロ）前進した。体調が絶好調でもこれは大変なことだったろう。「固い雪の上で寝袋に横になると骨が痛いくらい痩せて」いたのに、シャクルトンは病んでいる者に向かって、以前消耗したときのように身体の内奥にある備蓄を使えと鼓舞した。

二月二十二日には雪の上に空き缶やたばこの吸い殻の他に、真新しい轍を発見して一安心したが、ジョイスはデポに食糧を残して行ったのだろうか。ミンナブラフまで一日の行程が残っていたが、数枚のビスケット以外の食糧は食べ尽くしていた。この日の内に到達してデポを見つけ出さないと万事休すだった。

午前六時四十五分に出発して探したが見つからなかった。午後三時頃になっても形跡すらなかった。ビスケットはなくなり、もうすぐ暗くなってデポの目印の黒旗を見分けられなくなる。見つける時間はほんの僅かしか残っていなかった。

目を見開き、首を回して棚氷のあらゆる方向を見渡しながら前方へ這って行った。希望は極細の糸に吊り下がっていた。午後四時、ワイルドが遠くに閃光を見た。デポかどうかはっきりしなかったが行くしかなかった。

前進しながら、あの強い光はデポに十フィート（三メートル）ほど盛った雪の上に置かれたビスケットの缶に太陽の光が反射していることが分かった。三本の旗が風に翻っていた。救われた。ジョイスは指示通りにデポをつくっていただけでなく、茹でた羊肉とプラムプディング、卵を置いて行っていた。もっといい知らせがあった。メモにはイングランド船長の解雇後、コーニャ号のエバンス船長指揮下のニムロド号が到着したことをジョイスが確認してあった。

だが、すでに二月二十六日で、船は三月一日にニュージーランドへ帰航予定だった。それに間に合わせるには最後の力を振り絞らなければならなかった。もし神々が一行に微笑めば何とか行き着くだろうが、絶対に遅れることはできなかった。

残念ながら祈りは神々に聞き届けられず、再び下痢に襲われ、前進は遅れ、胃痙攣で歩みが止まった。雪に膝をついてしゃがみ込みながら歩き続けなければならないと思ったが、その後の激しい暴風雪で仕方なくテントにもぐり込んだ。時間は刻一刻と過ぎて行った。

二月二十七日に暴風雪が止み、前進できるようになって、失われた時間を取り戻そうとした。信じられないことに、一行はそのとおりにして二十六マイル（約四十二キロ）以上前進した。マーシャルに我慢できない下痢の発作が度々起こっていてもであった。

キャンプを設置し、シャクルトンはこの先まだ三十マイル（四十八キロ）あると見積もった。ニムロド号は三十六時間後に出帆するはずだった。だが、マーシャルは明らかにこれ以上何もすることはなかった。マーシャルは栄養不良が甚だしく、薄くなった皮膚に骨が突き出そうなくらいで、逞しかった両脚はやせ衰えていた。彼のこの状態が続いたら一行は間に合わなかった。そこでシャクルトンは大胆な決断を余儀なくされた。

アダムズがマーシャルとキャンプに留まるよう指示され、シャクルトンとワイルドはいちばん近い避難場所であるハット岬へ向かうことになった。シャクルトンはそこに数名を待機させていたが、たとえ無人でも、近くの展望台には人がいて、一定の間隔で合図を送るように決めてもいた。少なくとも一行が無事で元気なことを合図し、ニムロド号に一行を待たずに出航しないように伝えることができた。

最後の行進には寝袋二つと少量の食べ物だけを携行した。ただ「神を信じて」暴風雪に襲われないことを願い、自然の力に身をゆだねてゆっくり進んだ。

午後四時三十分に出発して夜を徹して歩き、早朝には確かに展望台が見えた。狂喜してシャクルトンは日光反射《ヘリオ》信号装置《グラフ》を照らしたが、反応がなくてがっかりした。ニムロド号はすでに出航してしまったのだろうか。

先へ進むしかなく、食べ物も空になって二人は錯乱寸前だった。しばらくして遠くに複数の人影が見え、ニムロド号の捜索隊だと信じてがむしゃらに走り出したが、ペンギンの親子だった。正午が過ぎた。二十四時間歩き続けていることになった。シャクルトンはワイルドがやる気をなくしたことに気がついた。「フランク、いいか」、彼の腕を摑むと「苦難の時は経験豊富な人間が必要なのだ」と言った。ワイルドは微かな笑みを浮かべた。若い二人がテントで休んでいる間に、二人の三十五歳はどうにか歩み続けていた。

棚氷の終わりが見え、二人は海氷に辿り着いてハット岬への道筋を探そうとした。しかし、氷が非常に不安定で渡る方法がなかった。迂回せざるを得なかった。たとえ安全でなくてもシャクルトンもワイルドもよく覚えていたが、ここはディスカバリー号遠征でジョージ・ヴィンスが落ちて死んだ場所に近かった。

不安定な足下を確かめながら、視界が悪いのでこれまで以上にゆっくりと坂のてっぺんに辿り着き、遠くにニムロド号が見えないかと探した。だが、どこにも見えなかった。ハット岬にも人影はまるでなかった。大打撃だった。少なくとも、もう一冬南極に閉じ込められることになると判って二人とも「口がきけないくらい」になった思い出をワイルドは振り返った。少なくとも食べ物が残されていることを願わずにはいられなかった。

無人の小屋に入るとデービッド教授のメモがあった。まだ希望があった。ニムロド号はすでにロイズ岬を後にし、ハット岬との中間点にいた。だから船が見つからなかったのだ。だが、メモによれば船は二月二十六日までそこにいるとのことだった。現在は二月二十八日の夜なので船が去ってしまった可能性は十分あった。シャクルトンは怒った。ニムロド号には三月一日に出航するようにとの明確な指示を残していたのである。

二人はニムロド号が氷に閉じ込められるのを避けて出航していない可能性もあることから、船がいそうなところへ信号を送ろうとした。尿でカーバイド信号に点火し、見つけてもらえるようにと船の大まかな方向へ振った。その間にできることは祈りながら待つことだけだった。数時間以内にニムロド号が現れなかったらそれまでで、二人はこの気の滅入るような知らせを持ってすぐにマーシャルとアダムズを救援するために棚氷へ引き返さなければならなかっただろう。

まもなくニムロド号の蒸気が見えて二人は驚き、狂喜した。片目のイーニアス・マッキントッシュがマストの先から振る閃光が見えた。シャクルトンとワイルドは夢中で抱き合った。二人とも三十六時間以上眠っていなかったが、努力は報われた。ワイルドは船が見えた時のことを「これ以上幸せな光景はなかった」と記した。

二時間もしないうちに泥まみれで骸骨のような二人は歓喜する乗組員たちの待つニムロド号に乗船した。死んだと思われており、その姿はそれに近かった。健康を案じてさっそくベーコンと揚げパンが振る舞われ、二人は貪り食った。

ワイルドはかなり衰弱していてすぐに横になったが、シャクルトンはマッキーとモーソン、それにニムロド号の新しい乗組員のマイケル・マクギリオンの小グループを集めて、マーシャルとアダムズを救援するために棚氷へ引き返した。全部ではないとしても食糧がなくなりかけているはずだったので、シャクルトンは何としても二人の元へ行くよう厳命した。そこで、二昼夜一睡もせず歩き通して疲弊していたシャクルトンだったが、再び一睡もしない二十四時間の辛い行進が始まった。

三月二日正午、シャクルトンはついにテントを発見した。テント内に食べ物はなく、マーシャルとアダムズの惨めな姿があった。シャクルトンが食糧を沢山持って来ていて、ニムロド号にも間に合ったという知らせに喜んだ。すぐに二人は乗船し、帰国することになるだろう。みんなを元気づける知らせだった。

二度目の二十四時間の行進後、全員が無事にニムロド号の船上にあった。極点を目指し、シャクルトンは二十四ポンド（約十一キロ）体重を減らしたが、休養して食べられるものは何でも食べた。私は一九九三年、南極での九十四日間の人力運搬で五十五ポンド（約二十五キロ）体重が落ちた。すぐに元に戻したが、どれほどのストレスがかかっていたのだろうか。心臓には特にストレスがかかり二〇〇三年に私は空港で強度の心臓発作に見舞われ、移動式除細動器のおかげで死なずにすんだのだ。シャクルトンも遠征後に心臓にさらなる悪影響を被ったのだろうか。急激な体重減少は血管に悪影響を及ぼし、心拍数の変動と血圧上昇をもたらして心不全のリスクが増大することがよく知られている。結局シャクルトンは健康を取り戻したのだろうが、数年後の問題を蓄積していたと私には思える。

この時点ではそんなことはシャクルトンの念頭にはなかった。最終目標の極点制覇は達せられなかったかもしれないが、確かに歴史には名を刻んだ。彼は人類で最南端に到達して未知の土地を明らかにし、石炭を発見した。これで探検家・科学者としての名声を確たるものにし、また彼の優れた指導力が証明された。一行は氷上で貴重な調査を行い、もちろんエレバス山にも登った。

シャクルトンは最も危険な状態の中で一行を煽《おだ》てて千七百五十五マイル（約二千八百キロ）の人力運搬をさせたようでもあり、人類が堪えられないほどの苦難を全員で味わった。極度の飢えと寒さ、疲労を経験したにもかかわらず、全員がこの地獄から生還した。シャクルトンは重大な岐路では危険を適正に判断し、各人を限界まで追い詰めたが、生命を危険に晒すことまではしなかった。

極点まであと百海里（八十五・二キロ）になった時点で引き返す決断をしたことは何よりも賞賛されただろう。極点到達がシャクルトンの究極の野心だったことは誰もが知っており、彼は信じがたいほどの犠牲を払ってでも近づこうとした。その決断は相当苦しかったに違いない。大多数の人間は結果がどうなろうと一か八かでやってみようとしただろう。しかし、シャクルトンには私的野心はあっても、仲間を危険に晒すことはしなかった。後にアダムズが語ったとおり、もう一時間前進していたら確実に死んでいただろう。

シャクルトンが下痢と飢え、極度の疲労で苦しんでいた時、ワイルドに向かって将来もう一度極点制覇を試みたら同行してもらえるかと尋ねた際に、ワイルドは忠誠心を掻き立てられた。今までのすべての苦難とこれから先も続くはずの苦難を乗り越えて、ワイルドは即座にイエスと答えた。

だが、当面、再遠征はしばらくないであろう。まずは、氷から解放されなければならない。船が氷に閉じ込められそうになっていたのだ。

23

急いでニュージーランドへ出航する準備で大わらわだった。三月四日のことで、ニムロド号はすでに氷に囲まれ始めていた。ハット岬で必要な装備品と食糧が手早く船に積み込まれ、どうしても必要でないものは残された。一行がもう一年氷上で生きるための十二カ月分の食糧もあった。これは問題ない。将来どこかの探検隊に利用されることになるだろう。今は手遅れにならない内にマクマード湾を立ち去る必要があった。

荷物を満載にしたニムロド号が隊員たちの『蛍の光』の歌とともに錨を揚げて出帆しようとした時、激しい風で新たにできた氷が船体にぶつかった。一方、シャクルトンは遠ざかる小屋を「悲しみを帯びて」振り返った。彼の大冒険は終わり、心の中では失敗だったと感じていた。隊員たちの見事な成果について語る際には「極点ではないが」の断りがついた。帰国すれば、勝利一色になるだろうし、実際に南緯新記録を打ち立てたが、彼を非難する人々が彼の「失敗」を喜ぶことは分かっていた。

真っ直ぐリトルトンを目指さなかったのはそのことが気になっていたからだろう。エバンスにアデア岬の真西にある未知の地へ向かうよう指示した。帰国に際して新発見が欲しくて必死だったのだ。危険なほど遠かった。氷に閉じ込められる恐れがあったので、これ以上は幸運を推し進めようとはせず、この最後の目標を諦めて三月十日にニムロド号は南極標準水域を後にした。

それはたいしたことではなかった。シャクルトンの指示で活躍した一行と話すと、歴史的な新発見をした者たちがいた。彼らは命懸けでやっていた。

シャクルトンの不在中、プリーストリーのウエスタン・マウンテンズ・グループ（the Western Mountains Group）とブロックルハースト、アーミテージはマクマード湾の西端の海氷上で地質学の研究を任されていた。ある晩キャンプを設置し終わった際に、アーミテージは自分たちが居る氷原が海岸線から離れて海へ向かって動いていることに気づき恐れをなした。氷原は四時間後に定着氷域と短時間接触したことが不幸中の幸いで、一行はソリで安全な場所へ移動した。「我々が立ち退いたちょうどその時流氷が再び動き出し、この時は北の外海の方へ向かった」。ブロックルハーストが最も気になったのは回遊するクジラの群れだった。「殺し屋たちは氷河の端に集まっていた。巨大で醜い野獣どもは変った朝食を奪われた」と言った。もう一歩のところまで接近したプリーストリーは「あんな体験は二度としたくない」と言った。

一九〇八年十月五日に南磁極を突き止めるために出発したデービッドとマッカイ、モーソンたちにも相当の苦労があった。人力運搬で最長距離を進んだこの一行は百二十二日で千二百六十マイル（約二千キロ）を旅し、途中で猛烈な悪天候と危険な地形に出会った。とくにドリガルスキー氷舌（訳注　海岸線から舌状に張り出した狭く長い氷のシート）がそうだった。重いソリを順繰りで次に送りながら一日に僅か四マイル（六・四キロ）移動したこともあり、その間食糧不足と厳しい飢えにも苦しめられた。

一行の構成は温厚な科学者たちであり、劣悪な条件下でグループ内に緊張が生まれた。モーソンはデービッド教授にとくに手厳しく、かつての指導者を「半分頭がおかしい」と言い、彼は「狂った」から指揮を執らせないと脅した。

さまざまな揉め事が生じたが、三カ月の人力運搬後の一九〇九年一月十六日に南緯七十二度十五分、東経百五十五度十六分で南磁極を突き止めた。シャクルトンはこの知らせに喜んだ。自分の最南端の記録に正真正銘の歴史的発見が加わり、ニムロド号探検隊は失敗だったとは誰にも言わせないつもりだった。大成功の探検隊を率いた人物であることを証明できたからには、再度南極遠征をする資金集めもしやすくなるだろう。それでも、彼は氷に取り残されそうになったことに愕然とした。

シャクルトンの指示でニムロド号はフレデリク・プライス・エバンス船長の指揮下に置かれ、イーニアス・マッキントッシュが副航海士になった。一月二十三日、ニムロド号はロイズ岬に引き返し、すべてが計画通りに進んでいるように見えた。しかし、二月一日までにデービッド教授の南磁極一行が戻って来なかった時は、エバンス船長は大事な石炭を使い果たしたくなかったので、一行の探索に船を使用することを拒否することにした。同じ理由で、直後に船長はシャクルトンも死んだことにした。そこでエバンスは、毎日展望台からヘリオグラフ（訳注　回光通信機。光の明滅による発光信号を行い、光源に太陽光の反射を用いる）で発信してハット岬から全員を呼び戻し、食糧を確保していつでも出帆できる態勢をとっておくようにとのシャクルトンの命令を無視した。シャクルトンが任務を課したマレーのおかげで船は少し長く待っていた。もしシャクルトンとワイルドがニムロド号に合図できなかったら、もう一年氷上で冬を過ごすことになっただけでなく、永久に出られなくなったかもしれなかった。エバンスがニュージーランドへ戻って当局にシャクルトンは死んだと報告したら、救援船が送られる保証はなかったからだ。

これを聞くと怖くなるが、シャクルトンは怒るよりも安堵した。何人かはぼろぼろになり、負傷しているが、全員無事に生きている。このような厳しい条件下では誰一人完璧に行動できないことも分かった。一人一人に後悔の念をもって振り返る瞬間があった。シャクルトンには、もう少し余分に食糧があれば極点を制覇できたという後悔の念がこびりついて離れなかった。

探検隊の成功について彼個人の考えがどうであれ、自分が筋書きを決めて完全勝利に導いたことが極めて重要なことは分かっていた。広報宣伝の大家であるシャクルトンは初めてその機会に巡り合い、景色のいい離島のスチュアート島に少し立ち寄って『デイリーメール』に二千五百語の報告書を送った際に自分を海賊のように描いた。シャクルトン勝利のニュースは世界中で反響を呼び、ロンドンの極地勢力にロケットのような打撃を与えた。シャクルトンは自分を疑う者たち全員の誤りを証明したようで、彼らは慌てて身を隠そうとしていた。公にシャクルトンの業績を称賛する者もいたが、彼の英雄的な冒険の成果を受け入れたくない者たちもいた。

もちろんマーカムはシャクルトンの南極の公式記録に疑問を呈した。同じく懐疑的なケルティへの書簡に「南緯八十八度二十三分」という記録がどうして出せたのかよく分からない」と書き、王立地理学会の新会長のレオナード・ダーウィン（チャールズの息子）には「南緯の記録は認められない。南緯八十八度二十分に達するには二十日間でソリと食糧の半分を引っ張り、直線距離で一日十四マイル（約二十二キロ）進み、海抜九千フィート（約二千七百メートル）の険しい傾斜を上がって行かなければならない。信じられない」と書いた。

しかし、シャクルトンの記録は王立地理学会の地図責任者E・A・リーブズが詳しく調べて正確との結論を下した。「すべての状況を考慮し、シャクルトン氏の緯度は納得がいくと考えられる」と述べた。

マーカムは潔くこの結果を受け入れられず、スコットの方が優れていると思っていた。彼は誰彼となく「シャクルトンの今があるのはスコット隊長のおかげで」あり「スコット隊長がいなければ〈シャクルトン〉はいなかった」と話した。さらに、シャクルトンが南緯の記録を破ったにもかかわらず、彼の「不完全な手腕」を批判し、極点へ到達し損なったことは失敗だったと語った。シャクルトンに関する彼の手記の中で「医師の息子……だが、アイルランド人……彼はスコット隊に加わったが、衰弱して他の隊員の生命を危うくした。スコットとウィルソンが彼の命を救った」。ダーウィン宛の別の書簡には「シャクルトンは南極点へ到達できなかったが他の者ならできただろうし、計算の問題であって実に腹立たしい」と書いた。

王立地理学会は信じ難いほどの悪意でシャクルトンに「パトロンズ・メダル」を授与しないことを決めた。この金賞は前に遠征を称えてアムンセンとナンセン、スコットに授与されていた。マーカムは「彼をスコット隊長や当学会の探検隊（ディスカバリー号）の隊員と同列に扱うことは、私の考えでは重大な誤りである……実に腹立たしい」と述べた。代わりにアフガニスタンとスーダンで地理調査を実施したジョージ・ミロ・タルボット大佐が一九〇九年王立地理学会の最高メダルを授与された。

スコット隊長はディスカバリー号に同行したトム・クリーンとの旅行中にシャクルトンの新記録達成を聞いた。スコットはシャクルトンが約束を破ってマクマード湾に基地を置いたことをまだ怒っていたが、それでもニュージーランドからのニュースを喜んだ。シャクルトンは新記録を達成したかもしれなかったが、極点には到達しなかったのだ。商船隊員でも二回目の挑戦で近くへ到達できるなら、海軍士官ならもっとうまくやるだろう。むしろこのニュースでできるだけ早く二回目の南極探検に出発したいとの衝動にかられた。

ノルウェー人探検家のアムンセンは「ナンセンは北。シャクルトンは南」と述べて、探検独自の明確な価値のみに基づき、少なくとも心からシャクルトンを称賛した。アムンセンはダーウィンに対しても、シャクルトンの探検は「最高の探検行為で、おとぎ話のようであり、新しい世界に見える」と述べた。

この件に関する世論の見方を要約したのが新聞『スケッチ』だっただろう。

神経質とヒステリーの現代は何でも大袈裟にする。自慢も不安も箍《たが》が外れ、フットボールの試合で活躍した人物を英雄視し、成功は何でも勝利になる……だが、シャクルトン大尉の名前は後世に伝わり英雄に並び称される……スポーツでも、もっと深刻な問題でも、劣勢を見せつけられると誰もが意気消沈してこっそり出て行くが、探検では、我々はまだ世界の王座にいることを知って元気が出る。

この時代にイギリスにとって特に気なったのはドイツの侵略的台頭であり、ドイツは深刻な海軍力になっていた。だからシャクルトンの勝利に関する多数の記事はイギリス人として成功を祝うだけではなく、対外的に愛国心を煽る風潮があった。例えば、『スフィア』の記事は「イギリス人がこういうことをする覚悟がある限り……『ダックスフント系の国民』の侵略を恐れて毎晩朝まで目を覚ましている必要はない」。『デイリーテレグラフ』も同様の報道ぶりだった。

この機会に思い出してみよう。現代は人種の退廃について無駄なおしゃべりばかりだが、彼は我が人種の古い枠を擁護した。身体的、精神的、そして道徳的エネルギーの面目躍如となった。的確な指導力の下で力を発揮すれば誰にも引けを取らない……すべてのイギリス人の運命を決める大事な時に彼は新しい息吹を吸い込み、全世界にイギリスの蓄積を広げることを助けた。

シャクルトンの功績は、新しい大衆紙の印刷と販売力の拡大のおかげでイギリス人の自尊心の高揚になった一方、彼の英雄的な旅はスコットの探検よりも幅広い国民層に届いた。その結果、シャクルトンはリトルトンに入港した時、南極の英雄としてだけではなく地球上で最も有名な名前の一つになり、彼はこの長らく待った成功の瞬間を一時たりとも無駄にしなかった。

24

群衆の歓呼がリトルトンの港に入ったことをシャクルトンに伝えた。デッキに立ち、各地からニムロド号の歓迎にやって来た大勢の人々を見て嬉しさで顔が綻《ほころ》んだ。これこそずっと夢見てきたことだった。英雄として歓迎され、歴史に名を残すことだ。未払いの借金とぎくしゃくした人間関係は過去のものだった。この日はシャクルトンの勝利のお祝い一色だった。

地上に立ったとき群衆に囲まれ、握手を求められ、肩を叩かれた。この瞬間彼はニュージーランドで最も有名な人物であり、引っ張りだこだった。ニュージーランドの首相は彼のために昼食会を主催し、盛んにスピーチを求められた。前回リトルトンを訪問したときは資金集めに必死で誰彼かまわず面会を求めていたが、その時とは雲泥の差があった。「人生に再び幸福が訪れた気がした」と歓迎のことを嬉しそうに記した。

その後の数週間はニュージーランドとオーストラリア各地の巡回講演に費やしたが、新たな名声によってチケットは売り切れになった。興行手腕と魅力ある人柄で聴衆を引きつけ、講演の収益を地元の慈善団体に寄付したことでさらに評判が高まった。

講演の機会が減ってくるとシャクルトンはいよいよ帰国することにした。いくつもの汽船と鉄道を乗り換えての旅行中は本の執筆に時間を利用した。『*The Heart of the Antarctic*（南極）』がそれで、ニュージーランド人のエドワード・ソンダースというゴーストライターの力を借りた。奇をてらう書き方を何年間もやって来ていて、自分一人で書けたはずだが、この時は落ち着いてソンダースに内容を語り、ソンダースはそれを走り書きした。シャクルトンは語りの真骨頂を発揮した。「書くより話すほうがずっと楽だ」と自分でも言った。

旅の終わりに近づくとあらゆるメディアに打電して、六月十四日月曜日の午後五時にロンドンのチャリングクロス駅に到着予定であることを伝えた。実際にはその二日前に内密に帰国していたので、大騒ぎになる前に、休息を取り、エミリーと子供たちとの静かな時間を過ごすことができた。

家族と顔を合わせるのは約二年ぶりであり、シャクルトンは何よりも凱旋したかった。だが、後にエミリーが明かしたところによれば、彼が再び探検の決意を語ったとき「死んだライオンより生きているロバのほうがましだ」と言ったそうだ。エミリーは彼女の「生きているロバ」が帰って来てくれて幸せだと言った。以前ワイルドに新しい探検のことを語っていたが、この時はエミリーにはもうないと伝えていた。「これまでのように家族と別れ別れになることは二度とない。二人の人生を引き裂く長い別れは二度とない」と約束していた。もちろん守れないと知った上での約束だった。

だが、チャリングクロス駅には約束通りに着いた。旗で飾られた馬車の背後から、シャクルトンは困惑したエミリーと二人の子供のそばに立った。手を振って歓呼する人々に囲まれ、観衆はこの国で最も有名な、新聞で予告された人物を一目見ようとしていた。押しつぶされそうになるほどの人込みで、これ以上人が入って来ないようにするため駅へ続く入口が閉鎖された。

シャクルトンは大勢の支援者たちへ懸命に手を振り、エミリーの方を向くと深い満足感を覚えた。常々自分は彼女にはふさわしくない人間だと思っていたが、ようやく約束を守ったという思いだった。世間に広く知られる大物になったし、財産も築けるはずだ。エミリーは誇らしかったが多少気圧されて、いつものように後ろへ引っ込んでいた。後日彼女は「私は公になるのを避けてきました。彼と人生を共有する部分を世間に知ってもらいたいと思ったことはありませんでした」と言った。

群衆の中には父と妹たちがいた。キャサリンは後に「兄は今も昔も常に私の英雄でした――世界中で一番好きな男性が兄だなんて素敵じゃありませんか」と述べた。かつてはでまかせの英雄物語を語り聞かせた少年が現実に英雄になった。

一連の出来事に暗い影を落としたのは、ダーウィンと渋い顔をしたマーカムなどの王立地理学会の会員たちだった。彼らは心からのお祝いではなく仕事ととして来ていた。シャクルトンは群衆の中にスコットの姿を見つけた。彼は暖かい称賛を与える実にしゃれた対応をした。行くかどうするか決めかねていたが、共通の友人のミルがスコットに行くように促したのだ。

スコットは人波をかき分けながら近づいてシャクルトンの手を握り、耳のそばで「ブラボー」と叫んだ。友人関係は解消していたが、二人の間には確かに尊敬し合う気持ちがあったのだ。ともにした人力運搬での南極横断の試練と苦難、それが気弱な者にはできないことを知っていた。スコットの言葉はシャクルトンにとっては世界を意味した。彼は以前「役立たず」と評されたが、これで彼への非難が間違いだったことが証明されたことを実感した。

スコットの祝意が耳の中で鳴り響く中で、シャクルトンは妻や子供たちとオープン馬車に乗り込み、ストランド沿いに列をつくって歓呼する群衆の前を通り過ぎた。ミルは溢れる笑みを浮かべて手を振りながら昔からの友人について「あれほど開けっ広げに成功を喜ぶ人を見たことがない」と言った。

この盛大なお祝いの後も、しばらく祝賀会と晩餐会が続いた。六月二十八日にアルバートホールでジョージ皇太子主催のレセプションが催され、皇族や政治家、高位者など八千人が出席した。シャクルトンは自分一人が脚光を浴びないようにするためニムロド号の全隊員を招待して努力に報いることにした。「探検隊は克己のため一致協力と、ここにいる十四人全員が示した探検目標への揺るぎない好奇心がなければ成功しませんでした」と聴衆に向かって述べた。しかし、王立地理学会は祝賀会の席上でなぜけちな振る舞いをせざるを得なかったのだろうか。

王立地理学会は一九〇九年のパトロンズ賞をシャクルトンに授与しないことを決めていたが、レセプションの場では最低限何かしらの金メダルを授与すべきではないかと提言されていた。ケルティは、メダルは必ずスコットに授与したもの以下のものとすることでしぶしぶこれに同意した。王立地理学会の他の関係者らは明らかにこれを行き過ぎと感じ、スコット以上でも以下でもないものにするようケルティを説得した。

シャクルトンの功績を称える公式挨拶をスコット隊長が務め、次のような賞賛の言葉が綴られていた。「彼は私たちの名誉である。彼は探検隊を組織して準備し、人知に重要な追加を行い、そして、そのほとんどすべてが英国人の勇気と忍耐力の輝かしい模範であることを示したからだ」。二人には昔の探検仲間であることを思わせる様子はなかった。シャクルトンがハット岬を使用したことへの恨みはなかった――とはいえ、もしシャクルトンが実際に極点を制覇していたらそうではなかったかもしれない。

あくまでも批判的なマーカムとしては、国王エドワード七世はシャクルトンの価値を認めておらず、レセプション出席に相応しくないと思っていたと嬉しそうに同僚たちに語っていた。だが、国王誕生叙勲リストでシャクルトンがナイトの称号を与えられた直後には言葉をつまらせた。これから先彼はサー・アーネスト・シャクルトンと呼ばれることになった。デービッドとプリーストリー、モーソンの三人にも南磁極の発見でナイトの称号を授けられた。シャクルトンはもう王立地理学会の承認印がなくても前へ進めるようになった。サー・アーネスト・シャクルトンの名前だけでいくつもの扉を開くことができた。翌年、彼はバッキンガム宮殿を訪れ、新王ジョージ五世からロイヤル・ヴィクトリア上級勲爵士に任命された。先王エドワード七世は一九一〇年五月六日に逝去していた。シャクルトンはバルモラル城へも赴き、新国王夫妻と週末を過ごし、彼の探検の体験談で招待客たちを喜ばせた。今や上流階級に受け入れられただけでなく積極的に歓迎されていた。

彼は人気を利用しようとして著名な講演代理人のジェラルド・クリスティを雇って欧米各地で百二十回講演を行うことにした。多くの人々にとってこれは火星のような所へ行ってきた人物の話を聞くチャンスであり、幅広く遠方からやって来て会場はいっぱいになった。

クリスティはその仕事人生で数えきれないほどの講演会を見て来た人物だが、シャクルトンは「並外れた表現力」を有していると述べた。観客を大笑いさせた次の瞬間には胸が締め付けられるような思いを味わわせた。ミルは後に「物語の動きに伴って彼のかすれたような低い声が高くなり、低く沈み、時には大きな唸り声になる」と振り返った。極地探検家仲間のサー・ヒューバート・ウィルキンスは「シャクルトンのお世辞は意図的で強調されていた。というのは、私の知る人物の誰よりも彼は言葉の感化力を心得ていて、話すときそれが念頭にあった。正直かどうかは関係ない」と述べた。

アメリカはとくにシャクルトンには合っていた。独立独歩で恐れずに成功に挑み、どこか生意気で自信ありげな彼の話しぶりはアメリカンドリームと共鳴した。ホワイトハウスでウィリアム・タフト大統領から大歓迎され、ニューヨークではロバート・ピアリからアメリカ地理学会の金メダルを授与された。ピアリは一九〇九年四月六日に初めて北極に到達した。六十年後に私もアメリカ地理学会から同様の賞を授与された。

ところが、ドイツ滞在中にシャクルトンはその後味わうことになるちょっとしたトラブルを経験した。「今のドイツでは反イギリス感情が強い」とエミリーへの手紙に書いた。「女王旗《クィーンズフラッグ》を見ると石のように押し黙る……ドイツでの講演は、人々が共鳴し合わない時代にはかなり緊張する」。

シャクルトンは有名な歴史的探検家を輩出している国々への訪問を好んだ。ノルウェーは大好きで、ナンセンとアムンセンから温かい歓迎を受けた。二人は人通りの多い街路でシャクルトンを肩に担いで歩いた。まるで極点を制覇したかのような歓迎ぶりだった。エミリーはその場の雰囲気を「シャクルトンが話している間のアムンセンの表情を忘れません。彼は鋭い目を片時も夫から離しませんでした……幻影を見ている人の表情でした」。確かにアムンセンはシャクルトンの旅のあらゆる局面を分析し、彼の成功と失敗を心に留めていた。その時アムンセンは北極制覇の旅に出る準備をしていたが、ロバート・ピアリとフレデリック・クックが北極点に到達したとのニュースを聞いて決心がつきかねていた。シャクルトンの話を聞き、スコットが近々南極へ再遠征することを知り、アムンセンは南極でイギリスの競争相手に勝てるだろうかと内心考えていた。

シャクルトンは南極再遠征の計画を立てる前に、まず先の探検で未払いのままになっている借金の山を片付けなければならなかった。借金は日々増えていくように思えた。これを早く何とかしないと、せっかく成功を手に入れたのに面目を失って自滅することになるだろう。

25

南極へ出発する前に、シャクルトンは義弟のチャールズ・ドーマンにニムロド号の財務を託した。父親の死後ドーマンは家業の法律事務所を継ぎ、ニムロド号の管理もエミリーと子供たちの世話も任せられる安心できる人物だと思われていた。

シャクルトンが氷の世界に旅立った直後、ドーマンはとんでもないことを引き受けてしまったことに気付いた。負債の返済のために七千ポンド（現在価値で四十万ポンド）を何とかしなければならないことを知り「自分の仕事に加え、これらの心配事は私の手に負えない」とエミリーに書き送った。

ドーマンは政府の補助金やメディアへの広報を通じて資金を作ろうとしたが、相手にされなかった。財務大臣ロイド＝ジョージは要望を断り、『デイリーメール』はいかなる広告掲載も拒否した。漠然とした資金提供の話が数人からあったが、信頼できたのはエリザベス・ドーソン・ランプトンただ一人だった。千ポンド（現在価値で約六万ポンド）追加してくれた。だが、ドーマンは、姉のエミリーが夫の留守中のやり繰りに苦労していたので、仕方なくこの千ポンドを姉にあげてしまった。

ニムロド号がシャクルトンをロイズ岬に降ろしてリトルトンへ戻った時、ドーマンは船の緊急修理が必要との通知を受けた。予算にはなかったが、この種の作業はすぐに対応しないとニムロド号がシャクルトンと探検隊の他の二グループを連れて南極へ引き返せなくなる。あってはならないことだった。ドーマンは友人や親族に資金の支援を求める以外に方法がなかった。幸いドーマン家は比較的裕福で緊急に必要な費用のほとんどを賄える程度の出資はできたし、また、シャクルトンのニュージーランドの代理人のキンゼイもコネを利用した。

これらは少なくとも帳簿上の費用だった。ドーマンはシャクルトンが隊員などと交わした口約束については念頭になかった。イングランドは解雇されたといっても、彼とデービッドの二人には気前よく特別手当が支給されることになっていたし、アダムズやマーシャルなどには給料を上げた上に特別手当も支給していた。予算にはシャクルトンの気前の良さを補うだけの資金はなく、彼の口約束を賄うのにどのくらい必要かも不明だった。

一方、ニュージーランドに滞在中のシャクルトンは資金問題の深刻さを十分承知していながら、売り切れが出るほどの巡回講演の収益を地元の慈善活動に寄付することが度々あった。エミリーはかつて「夫が全額を慈善に寄付したということについてはどうでしょう。夫はよく寄付をしていて、その場で偶々あることなので必ずしも記録はありません」と述べた。確かに、彼はイギリスへ戻ってから金儲け事業を思いついた。ニムロド号に一般客を乗せるツアーで、三万人を越える集客があり、一人五ペニーで売り上げは二千ポンド以上になった。考えられないことだが、シャクルトンは借金があるのに売上金全額を地元の複数の病院に寄付した。「彼が商売上手だと言われるのを聞いたことがありません」とエミリーは後に語った。

シャクルトンは寛大な行為によって称賛と崇拝が得られることが嬉しかったのだろう。自分で墓穴を掘っていることにも、そして、まだ千ポンドの借金があるベアードモアなど多くの債権者を不安に貶めることにも気づかない様子だった。彼はそういう御大層な言動が知らないうちに多くの敵を作っていることにも気づいておらず、ただ皆から愛されたかったのである。

第三者から見ると、シャクルトンには巡回講演による多額の収益があるのに借金を放置していることにベアードモア氏は怒り心頭だったにちがいない。それはエルスペスを気遣ってシャクルトンがどうしても返済したかった負債だった。

一九一〇年の半ばには収益源の巡回講演は下火になったようだった。アメリカ中の多くの都市や遠方の町々を回って毎晩同じ講演を繰り返してきたせいで、辺鄙《へんぴ》な場所では会場を十分に埋められなくなっていた。そんなある晩に、収容人員四千五百人の会場で百人足らずしか集客できず、シャクルトンは「うんざり」したと後日友人に語った。

幸いにも、シャクルトンは借金返済のために集客数が減少する一方の講演の収益に頼っているだけではなかった。一九〇九年十一月の著書『*The Heart of Antarctica*（南極）』の刊行は、シャクルトンの当初の期待通りではなかったが、相当な資金源にはなりそうだった。エミリーには出版と講演の収益は少なくとも「三万から四万ポンド」はかたく、十万ポンド（現在価値で六百万ポンド）まで行くかもしれないと話したが、最終収益は『不思議の国のアリス』の数字には到底及ばなかった。書評はせいぜい『ザ・タイムズ』が「旬の本」として称賛した程度だった。『デイリーメール』の場合のように独占記事が時たま二千ポンドぐらいの臨時収入になったが、この種のものは常時ある資金源ではなく、負債額に比べれば大海の一滴でしかなかった。シャクルトンはもっと利益が得られる収入源を、しかも早く、考える必要があった。やがて彼は大金を摑んだと思った。

既述のとおり、南極へ行く前にニュージーランドの首相から郵便局長の指名を受けていた。シャクルトンは自分が発行した二十四万枚以上の切手シートを蒐集家が欲しいに違いないと考えた。「切手だけでも一万から二万ポンドになる」とエミリーに告げて再びビジネスの腕前を信じさせようとした。残念ながら、シャクルトンが関わったほとんどの投機的事業と同様に計画は失敗だった。理由が何であれ蒐集家は関心を示さず、切手のほとんどが売れ残った。だが、今日ではそれらの切手は貴重で価値が高いと考えられている。

余裕がなくなっていった。収入源となりそうなところが涸渇し、日ごとにシャクルトンの事務所に押し掛ける債権者が増えていった。債権者は事務所前に私用のタクシーを一日中待たせているのを見て激怒したに違いない！ブロックルハーストとアダムズも腹を立てていた。二人は賃金の全額をまだ受け取っていなかった。アダムズは随分後に「私たちは互いにあまり顔を合わすことはなかった。隊員の全員がお金の面ではやや待遇が悪いと考えていたと思う」し「シャクルトンには探検従事者に恩義があり約束厳守に注意を向けようとしていた……彼にとってお金はどうでもよかった。使うことしかお金という言葉の意味を知らなかったのだ」と述懐した。シャクルトンは隊員の多くが家族を養うために約束された賃金に依存していたことが分かっていなかった。

シャクルトンは途方に暮れ、不興を買った。ところがその時、このアイルランド人にまたもや例の幸運が頭をもたげた。彼の人生ですべてが失われたかに見えた時にしばしばそうなった。

シャクルトンがカウズウィークのボート大会にキャッスル船会社の招待客として出席していた時、立派な人物でジャーナリストとのパイプが太いサー・ヘンリー・ルーシーと言葉を交わした。サー・ヘンリーはシャクルトンの南極での話に惹かれ、二人はかなり親しくなった。評判のよい英雄のシャクルトンは自身の財政問題には触れなかったが、エミリーが探検隊の巨額支出についてレディ・ルーシーに話をした。後日サー・ヘンリーはそのことを知り、政府が探検隊を支援しなかったこともあって英国最大の英雄の一人が厳しい財政難に喘いでいるとの記事を『デイリーエクスプレス』に寄稿し、シャクルトンの救援に乗り出した。選挙を控えた時期で、当時の首相ハーバート・アスキスは国民の反発を招きたくなかった。そこで、その直後に政府はシャクルトンの英国に対する偉大な貢献を認め、二万ポンド（現在価値で百二十万ポンド）の助成金を支給すると公表した。

シャクルトンは巨額の資金調達には何の関係もなく、発端はエミリーとレディ・ルーシーとの会話だったのだが、自分のビジネスの才覚が証明されたかのように受け取った。「考えてみたまえ。君の旦那が国から二万ポンドもらったのだ」とエミリーに書き送った。「何ということだ！」。これでベアードモア氏の借金千ポンドも積年の他の負債もついに返済できることになったが、それでもベアードモア氏の機嫌は直らなかった。

この時期、シャクルトンとエミリーの夫婦関係は軋みかけていた。彼は都会を逃れてノーフォークへ引っ越したが、その直後に家族をほったらかして世界を股にかけた講演旅行に出かけてしまった。ノーフォークでエミリーは親族や友人から遠く離れて孤独を感じていただろう。

シャクルトンが珍しく家にいるときは不安そうで、たぶんお金の問題で悩み、まだ極点征服を夢見ていたようである。彼が不機嫌で怒りっぽい時は、エミリーと子供たちは邪魔にならないようにそっとしていた。だが、シャクルトンがエミリーの機嫌を損ねたと思ったときは、落ち着きを失い、茶目っ気を発揮して彼女の機嫌を取った。

新年になるとシャクルトンは機嫌が良く、再び一攫千金の行動にとりかかり、またもエミリーにひと財産できると豪語した。一九一〇年一月にはハンガリー地理学会での講演でブダペスト滞在中にナジバーニャ鉱山のことを知った。豊富な金鉱脈が発見されたが未採掘だった。信じられないほど耳よりな話だった。投資家に支援を説き伏せられたら出資させて大儲けができるだろう。そんな風に思い込んだ。

それから間もなくしてニムロド号に参加した地質学者のモースンと会った際に、シャクルトンは鉱山とその可能性について彼に語った。モースンはスコットに会って一九一一年の南極探検の参加について話し合う予定だったが、シャクルトンのアイデアに驚いた。

二人は計画を練り、新会社を株式市場に上場して鉱山を買う資金を調達することにした。この資金でモースンにニムロド号での賃金四百ポンドを支払って決着をつけ、また、二人は一九一一年末に南極へ戻っても極点制覇は目指さず、アデア岬の地図上の空白地帯を探検することに同意した。

いずれも実現しなかった。株式市場には上場されず、また、シャクルトンが上流社会とシンジケート組成について説得を試みたときに不都合な事実を突きつけられた。『デイリーメール』社主のノースクリフ卿はこのアイデアを一笑に付し「人を馬鹿にしている」とも「君らで勝手にやればいい」とも言った。一九一一年の南極行きもなかった。

シャクルトンがモースンに黙って王立地理学会に遠征計画を提出すると、二人は仲違いし、モースンは一人で行くことにした。モースンがニムロド号でシャクルトンと最も親しかったフランク・ワイルドと出発するのをシャクルトンは遠くから眺めていた。アデア岬の空白地帯の探検は地味で危険だったので、栄光を求めるシャクルトンにはたいしてショックではなかった。エミリーには二度と南極へは行かないと言っておきながら、彼が本当に求めていたのは極点制覇の再チャレンジだった。

スコットの南極再遠征計画が順調に進捗していることを知り、シャクルトンは自分が競争相手になれるかどうか探りを入れた。本人以外は誰も驚かなかったが、王立地理学会は支援に動こうとはせず、スコットを全面的に支持することにした。ディスカバリー号での元友人のウィルソンもスコットと同行することになっており、彼もシャクルトンの計画を非難した。

約束に反してマクマード湾で越冬したシャクルトンが許せないウィルソンは、彼が南極再遠征を考えていると言った時に激怒した。二人の友情はすでに破綻寸前であり、ウィルソンはスコットが歴史的偉業を遂げるまでシャクルトンに計画を断念させた。その直後にシャクルトンは仕方なくスコットに手紙を出して敗北を認めた。「無事に氷の中を進み、エドワード七世ランドに上陸して基地から高緯度へ到達できるよう祈ります」。とにかく、しばらくは、シャクルトンは自宅に留まることだろう。これは見上げたことだが、スコットがマクマード湾の権利を主張してシャクルトンに湾で越冬しないと約束させたにもかかわらず、シャクルトンはスコットがベアードモア氷河経由で極点へ行くことには何の異議も唱えなかった。

シャクルトンと同様にスコットもポニーを連れて行くことにしたが、シャクルトンのポニーの大多数が茶色であり死んでしまったことから、スコットは白いポニーにした。もちろん、これは色のせいではなかったが、スコットはチャンスを逃したくなかったのだ。さらにスコットは、犬は正しい訓練を施せばポニーの重さが障害になる危険地域では代替として使えると考えて三十一頭を連れて行った。シャクルトンが極点に到達しなかった欠点を動物の力と食糧で補えるとスコットは考えたのだろう……簡単な数学だった。

一九一〇年七月、シャクルトンはロンドンのウォータールー駅で行われたスコットの壮行会に出席した。プラットフォームには近くにケルティと王立地理学会の面々がいて、シャクルトンの時はなかったが、威勢よく万歳三唱が行われた。シャクルトンは、自分には功績がありながら王立地理学会から良く思われていないばかりか、やがてスコットが記録を破って歴史書に載るだろうと知って悲しかったにちがいない。それでも、汽車が出発したときシャクルトンはライバルの幸運を祈った。二人が会うのはこれが最後になることも知らずに。

26

一九一〇年末に南極レースに参加したいというシャクルトンの考えが急停止した。エミリーが妊娠し、暮らしやすいロンドンへ子供たちと一緒に戻りたいと言った。

一人分の食い扶持が増え、パトニー・ヒースという維持費のかかる地区へ移って、すでに悩みを抱えていたシャクルトンの心と銀行口座にさらに負担が加わった。エミリーは四十三歳になり妊娠は危険だったので片時も一人にしておくのは好ましくなかったが、そうせざるを得なかった。請求書の支払いがあり、あまねく講演旅行に出るしか支払う手立てがなかったのである。

英雄と称賛される喜びと新しい機会を得る興奮は徐々に消えていった。心は空っぽで酒の量が増えた。とりわけ高級なマールボロクラブに入り浸った。タバコの量も増え、体重が増えて健康に悪影響を及ぼした。ある時、会議中に大量の汗をかき、胸の痛みを訴えて自宅に帰された。後に彼は「リウマチ」だったと言ったが、同席していたモーソンは「狭心症にちがいない」と思った。

シャクルトンが短時間でも家にいる時は相変わらず暗い雰囲気で、孤立を深めていたエミリーとの言い争いに発展した。シャクルトンは「私が悪い」と言っても、何もできなかった。むしろ益々暗くなっていき、南極からのニュースが届く度に不機嫌になった。

スコットの南極再遠征を喜べないシャクルトンだったが、ちょうどそのころアムンセンがピアリの北極点制覇によって北極への挑戦を諦め、南極へ方向転換したことを知った。日本の白瀬矗《しらせのぶ》中尉も南極点到達を目指しており、また、ドイツ人のヴィルヘルム・フィルヒナーは初の南極大陸横断という成功しそうもない冒険を考えていた。

シャクルトンの記録が破られるのは時間の問題だった。破られた時点から彼の名声はどんどん色褪せ、巡回講演もほとんどなくなるだろう。「物事（講演）がうまく行かなくなったら、何もかも投げ出すことを考える」とエミリーに告げた。講演代理人のクリスティも近ごろ精彩がなくなったことに気づき「少し焦っているようだ」と述べた。

シャクルトンは相変わらず南極へ戻りたい思いでいっぱいだったかもしれないが、実現の見込みはなかった。「細君が七月にまた出産する予定では遠くへ出かける話はできない」と書き「人跡未踏の地を再び踏みたい」と付け加えた。このため、当然とも言えるが、息子のエドワード・アーサー・アレクサンダーが誕生しても一家がまた喜びに湧くことはなかった。

シャクルトンは片時もじっとしていられなかった。次の冒険を探し回っていた。家にいるとチャンスを逃すかもしれないとの思いに駆られた。一度「南極へ行かなければよかった」と口にした。「代わりに家で静かな人生を送りたかった」。だが、冒険の味を知ってしまった今となっては戻れなかった。

エミリーは後に、この頃はシャクルトンの人生で「最も幸せではない時期」でしたと言い、「私にとっても」と付け加えた。エミリーは夫がしじゅう留守にすることにも、他の女性たちとの交友にも、夫の留守中は出費を切り詰めることにも耐えたが、夫が家にいる時が最悪だった。かつてエミリーは子供たちに「そして、彼らはその後幸せに暮らしました」で終わるお話は良くないと述べたとされている。女の子に結婚が唯一の選択だと思わせるだろうからと考えたからだ。後で「大きな間違いです」と言った。

ミルが後に著したシャクルトン伝の各章の見出しの詩の選択を手伝うに当たって、エミリーはこの時期のシャクルトンにはロバート・サービスの『*Lure of the Little Voices*（小さな声の誘惑）』を引用した。

私を欲し　付きまとって離れない　とてつもなく寂しいところ
声に魂があるかのようにすすり泣いている
荒野から呼んでいる　広大で神神しい空間が
極地を見張るのは荒涼とした沈黙の世界

エミリーは再び三人の子を育てる役目を背負わされ、請求書の支払いをしばしば自分の手当から行い、夫が留守中は何か他のことを探しているようだった。「妻と三人の子供たちは元気です」とシャクルトンはこの時期に友人に伝えた。「でも、ほとんど会っていません」。

シャクルトンの切実な気持ちをどうにかしてくれそうなことは何もなく、もちろん一九一二年に政界復帰の申し出もなかった。再び、彼は自分を宥《なだ》め、発奮させる他の女性を求めた。ロザリンド・チェトウィンドはシャクルトンのチェック項目をすべて満たしていた。十歳年下で、裕福なアメリカ人弁護士の娘でお金持ちであり、準男爵と結婚してさらに富裕になった。離婚後はパークレーンに住み、両親からの年額五千ポンド（現在価値三十万ポンド）で「何とか生きて」いて、有名な鉱山王が彼女のアパートの家賃を支払っていた。シャクルトンは、かつてはエミリーの、その次にエルスペス・ベアードモアの気を引くために全力を尽くしたように、今度はロザリンド・チェトウィンドの気を引こうとした。

だが、若くて裕福なアメリカ人女性の注目でさえシャクルトンの真の渇望を癒せなかった。一九一二年に「もう一度遠征の機会がありさえすればいい」と記した。ところが、シャクルトンの南極点一番乗りへの望みは一九一二年三月七日に打ち砕かれた。オーストラリアのホバートに到着したアムンセンが、一九一一年十二月十四日に南極点に到達したとの大ニュースを発表した。

アムンセンは、クジラ湾で越冬すればマクマード湾で越冬するよりも極点へ百マイル（百六十キロ）近く、未踏のアクセルハイベルク氷河を目指せば近道で危険が少ないと考えて新ルートを試みた。運搬には五十二頭の犬（ポニーはなし）とスキーを使った。彼の賭けは成功し、三十三日間で極点へ到達した。アムンセンは科学的調査などには拘らず目標を極点制覇の一点に絞った。

アムンセン成功の知らせが届くとシャクルトンは「犬はスキーの速さについて行くので、雪の中をとぼとぼ歩くポニーの動きよりも当然速い」と記した。もし南極再遠征の機会があったら、今度はスキーと犬を使うと断言した。

シャクルトンは南極点到達一番乗りのチャンスを失って失望したが、恨みを抱くような人間ではなかった。アムンセンを称賛し「心からおめでとう」と電報し、ノルウェー紙にもアムンセンは「最も偉大な極地探検家であろう」と述べた。

案の定、王立地理学会はこのニュースに冷淡だった。彼らが支援するスコットは先に南極に到着していたのにニュースはまだ届いていなかった。ケルティと新会長のカーゾン卿はアムンセンが遠征中に科学的調査をしなかったことに着目し、アムンセンの業績を「汚い手」と貶して彼と面会しないことにした。マーカムもアムンセンが犬を使ったことを酷評し、スコットの人力運搬は人間の力を試すことであり「真の英国方式」だと述べた。スコットもポニーと犬を使っていたからもちろん事実ではなかった。にもかかわらず、後日、王立地理学会がアムンセンの祝賀晩餐会を主催することになったとき、マーカムは王立地理学会の諮問委員会を辞任したほど反感を抱いていた。

その晩餐会でシャクルトンがライバルに祝辞を述べると、カーゾン卿はアムンセンを侮辱せずにはいられなかった。探検家への万歳三唱を求める代わりに「犬に万歳三唱を」と言ったのである。イギリス各紙もスコットより先に外国人が極点制覇したことを認めることができず、アムンセンは後に「概してイギリス人は非常に悪い敗者の国民である」と書くに至った。

数週間後ついにスコットのニュースが届いた。テラノバ号がニュージーランドのアカロア港に到着し、乗組員は（支援チームが戻る前の最後の機会では）スコット隊は一月に南緯八十七度三十四分で、極点まで百四十六地理マイル（約二百七十キロ）と順調であると述べた。だが、テラノバ号は夏までに南極へ戻ることはなく、スコットの進捗に関するニュースはもう一年待たなければならなかった。少なくともそれまではシャクルトンは「イギリスの最も偉大な極地探検家」の肩書を使うことができた。

期待は外れたが、シャクルトンは南極にはまだ破られていないもっと困難な記録があることに気づいた。「南極点発見が南極探検の終着点ではない」と記した。「南極で次に果たされるべき重要な仕事は南極大陸の海岸線全体の確定であり、次に極点を通過する大陸横断である」と書いた。横断するには千八百マイル（約二千九百キロ）あり、その多くが未踏破の地で「実現可能な最後の南極大旅行」と呼んだ。

まさにその時ヴィルヘルム・フィルヒナーがそれそのものに挑戦していた。だからシャクルトンがその種の遠征の下準備をしている間は、数カ月で微かな兆候を見せつつもフィルヒナーが成功したかどうかを知るまでは具体的な計画を立てられなかった。

待ち望んでいたニュースは一九一三年一月に届いた。フィルヒナーは大躍進を遂げたが、大陸横断には成功しなかった。記録はまだ誰にでも達成可能だった。そこでシャクルトンは目を輝かせて記者たちに「おそらく南極再遠征に挑戦するつもりです」と告げた。

第四部

「忍耐のあぶみに勇気の足音」

アーネスト・シャクルトン

27

一九一三年二月十日、ついにスコットのニュースが明らかになった時、シャクルトンはアメリカで巡回講演中だった。スコットの状況を最後に聞いたのは、順調に極点を目指している一九一二年一月三日のことであり、その時トム・クリーンは壊血病で死に瀕したテディ・エバンス大尉と基地へ戻るよう命じられた。スコット一行は目標まで百四十六地理マイル（約二百七十キロ）に達し、無事に目的地へ到達してアムンセンの業績に並ぶかと思われた。ところが、テラノバ号は悲しい知らせを運んで来た。スコットとバワーズ、エバンス、オーツ、ウィルソンの一行は極点に到達したが、引き返す途中で低体温症と飢え、凍傷、険しい地形、悪天候に阻まれて全員死亡した。捜索隊が一行のテントを発見し、スコットの最後の日記があった。一九一二年三月二十九日付にこうある。

毎日十一マイル（約十八キロ）先のデポへ向けて出発しようとしたが、猛吹雪が止まなかった。現時点では状況が良くなるとは思えない。最後まで耐え抜くつもりだが、全員衰弱しつつあり、終わりはそう遠くないだろう。残念だが、もうこれ以上書けそうにない。R・スコット。最後の記。どうか隊員と家族をお願いします。

ニュースはたちまち世界中を駆け巡った。イギリスはちょうど一年前のタイタニック号沈没で千五百人の命が奪われ、また、アムンセンの南極点初制覇で沈滞ムードにあったところに、最も尊敬される英雄の一人を失った。大英帝国の終焉のような感じだった。何週間もスコット関連の記事が第一面を独占した。非の打ち所ない悲劇の英雄とされ、国はこれまでになく深い喪に服した。『マンチェスター・ガーディアン』は「一行を失って国中がこれほど瞬く間に深い影響を受けたことはなかった」と述べた。

ニュースが伝わって四日後にセントポール大聖堂でスコットの追悼会が行われ、マーカムとダーウィン、ケルティ、それにカンタベリー大司教、国王と上流階級のお歴々が参列した。大聖堂の外には一万人以上が集まって弔意を表した。

シャクルトンはアメリカに滞在中だったので追悼会には参列できず、ライバルの死にどう反応したかについての記録はない。複雑な気持ちだったはずだ。スコットはシャクルトンにチャンスを与えたが、彼の南極再遠征をぶち壊そうとまでした。かつてシャクルトンを過酷な環境で闘う「力がない」と評した人物との激しい競争における満足感はあったかもしれない。もちろん推測に過ぎないが、彼がアメリカの新聞で追悼を読んだ時にそんな考えも微かに心中を通り過ぎたかもしれない。

それどころか、スコットの死は、最良の条件が備わり万全の準備をした者でさえ氷の上で最期を遂げ得るものだという、恐れ知らずの探検家に対する警告になったはずだった。シャクルトンは二度死にかけ、当時より年を重ねて健康問題を抱えている様子だった。それでも彼は南極へ戻って大陸を横断する目標を思い止まらなかった。それで余計に元気になった。スコットと同じ運命になったらそれはそれで仕方がない。

物資などの準備――それに費用――は膨大だったが、アムンセンとフィルヒナーの成功と失敗を分析した後、これならいけそうな案をシャクルトンは思いついた。

計画では一九一四年夏に船二隻で出発し、各々の船は南極大陸の互いに反対側を目指す。シャクルトンの船は南アメリカから出発し、ウェッデル海を経由してヴァーセル湾に基地を置き、もう一方の船はニュージーランドから出航し、ロス海を経由してマクマード湾を拠点とする。ヴァーセル湾から、シャクルトン一行は十分な食糧を運びながらベアードモア氷河まで氷上を横断する。そこから先は、別の一行がシャクルトン一行のマクマード湾までの残り四百マイル（六百四十キロ）のために食糧デポを設けておく。シャクルトンはアムンセンの勝利に注目し、主な運搬手段を犬百二十頭とスキーにすると決めた。だが、スコットのように機械式ソリの使用の研究にも熱心で、機械式ソリのエンジンでは記録的短時間での氷上横断が可能になるとの期待があった。

ちょうど五十八年後に地球を一周する初の地表周回の旅を成功させようとした私の妻ジニーの計画は、この同じ地理的偉業の仕上げでもあった。しかし、シャクルトンが船二隻を使い、二チームを反対方向の海岸線から出発させてどこか途中で落ち合う計画だったのに対して、ジニーの計画では船は一隻で、三人のチームとスノースクーター三台を降ろし、各一台でソリ二台の牽引を助けることになっていた。私たちは六十七日で行程を完了し、単独チームとしては初の南極横断に成功した。

シャクルトンの計画は野心的で興味をそそるものだが、当初予想では十万ポンド（現在価値で四百二十五万ポンド）

もの費用がかかると見込まれていた。シャクルトンが船一隻の資金調達にも苦労していたとすれば、隊員と食糧の資金はどうするつもりだったのだろうか。

彼がニムロド号の資金調達に奔走していた時は、探検隊を率いた実績はなく、富豪の知人もほとんどいないのに計画を進めた。ニムロド号探検隊がほぼ成功したことは彼に信用力を与えたのみならず、今や上流社会に快く受け入れられもした。その上、サー・アーネスト・シャクルトンになったが、サーの称号は即尊敬の対象だった。こういう状況で十万ポンドの資金調達は確かに高い壁ではあったが乗り越えられなくはなかった、彼が述べたとおり「極地探検家はみな想像力豊かな楽観主義者である」。

しかし、スコットの悲劇的な死は極地探検に対する更なる国民の熱狂を抑制した。ウィンストン・チャーチル海軍大臣はかなり批判的で、実行に注意を促し「不毛の冒険の旅に過大な人命と資金が費やされた」と書いた。結果的に政府はシャクルトンに対して一万ポンドの助成に同意したが、対スコット支援の半額でしかなく、しかも、支援に先立ってシャクルトンが九万ポンド集めるという条件付きだった。

シャクルトンの資金提供者探しに王立地理学会から十分な助成があるようには思えなかった。スコットランドの極地探検家ウィリアム・スピアーズ・ブルース宛の書簡には「王立地理学会からの援助はないと思っていますし、求めるつもりもありません。彼らが旧弊で偏狭なことはご承知の通りであり、貴方も私も彼らの飼い犬ではありません」と述べた。それでもマーカムはシャクルトンの計画を「無益で費用過大」であり「自己宣伝の目的しかない」と苦言を呈し、あれほど野心的な探検に着手するほどの人物だろうかとも述べた。

王立地理学会に対し公平を期して言えば、スコットの遠征を終えたばかりであり、シャクルトンの計画が突飛に見えたのだ。シャクルトンの大親友のミルでさえ大陸横断には賛成しなかった。ミルには氷の砂漠全域がヨーロッパと米国、メキシコを合せたよりも広大に見え、シャクルトンはそこを一日十六マイル（約二十六キロ）歩いてたった百日間で横断するというのだ。しかも大半が未踏破領域だった。ウェッデル海も一年中予測できない流氷があることで知られており、ミルは「二隻の船が同じ条件になることはない」と警告した。事実、フィルヒナー遠征隊はドイッチュラント号が流氷に閉ざされて九カ月以上も流された末に遠征を諦めざるを得なかったのだ。シャクルトンにも、冬になる前に余裕をもってロス海側へ進めるようにするために、南極の短い夏の初めにヴァーセル湾に良港を確保できるようにする当てはなかった。機械式ソリと犬の助けがあっても、である。つまり、シャクルトンの計画は危険すぎて、野心過剰だった。

七〇年代末に私たちが南・北両極経由での地球一周に出発した際も同様の批判を受けた。イギリスで最も尊敬される極地探検の第一人者の一人であるサー・マイルス・クリフォードは、当時私の計画に苦言を呈し「ファインズ君、君たちはたった一回でスコットとアムンセン、ナンセン、ピアリ、フランクリンその他多くの探検家の偉大な旅を完成させるつもりなのかい。それは少し欲張りか、そうでなければ、ありそうもないと思うがね、どうだい」と言った。もちろん、これは完全に思いつきだったが、私たちは、シャクルトンのように、夢を実現するためにはしばしば不可能を可能にする揺るぎない信念に過ぎないものに縋《すが》らざるを得なかった。そして、多くの人たちから不可能だと言われると、シャクルトンのように、そう言う人たちの方が間違っていることを証明しようと躍起になった。

シャクルトンの計画を「大胆の度が過ぎる」と言ったにもかかわらず、王立地理学会は面子を保とうとして最終的には千ポンドを助成した。もしシャクルトンが再び彼らを驚かせても、まったく支援していなかったように見られる立場にいたくなかったのである。

王室の支援はニムロド号探検の形勢を変え、幸いにも国王ジョージ五世は帝国南極横断探検隊（ＩＴＡＥ）を支援した。これで計画を公表できるとシャクルトンは考えた。そうすればさらに支援と資金が集まるだろう。

一九一三年十二月二十九日にシャクルトンは寄付希望者が押し寄せることを期待して『ザ・タイムズ』に彼の意図を表明した。同紙は一九一二年のタイタニック号事件とスコットの悲劇の後にシャクルトンは「大英帝国の威信を再び確立」しようとしていると訴えて確実に彼のために宣伝した。ところが、またもやフランク・シャクルトンの愚かな振る舞いが遠征全体を危険に晒すことになった。

フランク・シャクルトンはいつも何か問題を引き起こしがちなのだが、今度は高齢の独身女性メアリ・ブラウンから千ポンド盗んだ詐欺の罪で訴えられた。フランクが有罪となり十五カ月の禁固刑に処せられたが、シャクルトンは幸運にも連座制を逃れた。トマス・ガーリックが共犯で、この人物は日露戦争中にロシア兵を帰国させようとしたシャクルトンの相棒だった。いずれにしても世間で騒がれた裁判であり、フランクの収監が災いして資金調達は思い通りにいかなかった。マイナスの宣伝効果の巻き添えを食わないためには、シャクルトンはメアリ・ブラウンと法廷外で和解するしかなかった。彼は「弟はこの上ない愚か者で、ご想像のとおり私の仕事も打撃を受けました」と言った。

一方で、南極大陸横断は南極での最後の名誉と目され、また、競争相手の探検隊の脅威が頭角を現してきた。中でも最有力視されたのはフィルヒナーの隊員だったオーストリア人のフェリックス・ケーニヒ博士だった。ケーニヒは一九一四年に自分も大陸横断を試みると発表したばかりか、彼の計画はシャクルトンより遥かに進んでいたのだ。ケーニヒはシャクルトンとは違ってすでに相当の財政支援を獲得していたので、シャクルトンは追い込まれ、急いで準備しなければならなくなった。

私は何度も探検を行う中で、他者と競争になって何としても勝ちたいと思ったことがある。だが、私の場合はチャールズ皇太子が味方となり賢明なアドバイスをしてくれた。「競争ではない！」として、誰が何をしようが自分たちがしっかり準備をし、最善を尽くして目的を達成すべきことを明言された。このアドバイスが役立ち、一番乗りしたいという競争本能は捨てきれないものの、絶対に手抜きはしないように心掛けた。これがシャクルトンには高くついたことが証明されることになった。

ケーニヒはシャクルトンとほぼ同時期に出発する予定だったので、両者はまもなく所有権をめぐって衝突した。ケーニヒは先にフィルヒナーと初めてウェッデル海の南端の海岸線を探検していたと思い込み、ここに既得権があるとしてシャクルトンに使わせまいとした。また、ヴァーセル湾を越冬基地に使用するので、シャクルトンには他の場所を探すようにと伝えた。

シャクルトンは、スコットと争っているときは、自分の前指揮官に一種の借りがあることを認めていた。だが、年齢と経験を重ねた今はケーニヒに一歩たりとも譲らなかった。「長い時間をかけて策定してきた計画は変えられない」と伝えた。王立地理学会には「私はケーニヒ博士と同等に〈ヴァーセル湾〉を使う権利がある」との書簡を出した。だが、シャクルトンがすぐ資金集めをしなくても、ケーニヒの出航を怒りで煮えくり返る思いで傍観するほかなかった。

シャクルトンの『ザ・タイムズ』への発表もあって寄付は集まらなくはなかった。バーミンガムの裕福な企業経営者のフランク・ダドリー・ドッカーは一万ポンド寄付してくれたし、サー・ジェームズ・ケアードも一万ポンドを寄付してくれた。ダンディーでの繊維業経営で財を成した七十七歳のケアードはすぐに無条件で二万四千ポンドを上乗せした。シャクルトンは、かつてロングスタッフがスコットに寄付したように、一挙に相当額を出せる裕福な寄付者が見つからないかと夢見て来たが、ついに見つかった。

信じられないように次々と資金が埋まっていった。エリザベス・ドーソン-ラムトンは必ず金庫を膨らませてくれる人だが、話し上手なシャクルトンは更にもう一人の裕福な女性から寄付をしてもらった。ジャネット・スタンコンブ-ウィルは六十代前半で、大富豪の父親の資産の半分を相続し、慈善活動のことを良く知っていた。シャクルトンの人柄と冒険物語に魅せられて「貴方は暗闇から突如現れた流星のように私の人生を明るくしてくれました」と書き送った。

二人はたちまち固い友情で結ばれた。「私は強引に人生を切り開いてきて、友人はいますが少なく、貴方と知り合って嬉しい」とお定まりの言葉を並べた。スタンコンブ-ウィルは探検基金へ更に多額の寄付を行った。必要な資金のほぼ全額が集まり、シャクルトンは探検の最大の買物をすることにした。船二隻である。

最初の買物は裕福な捕鯨船隊の持主向けにノルウェーで建造された三本マストの〈ポラリス号〉で現在は持主が支払い不能の状態だった。シャクルトンは間髪を入れずに約一万千六百ポンドの原価での購入を決めた。分割払いで資金の使用範囲を広げ、シャクルトン家の家訓「忍耐で乗り越える（By endurance we conquer）」に鑑み、船名を〈エンデュアランス号〉に変えた。シャクルトンはこの船でウェッデル海を通ってヴァーセル湾へ向かうことになった。

二番目の船〈オーロラ号〉は幸い格段に安かった。建造から四十年以上が経過し、捕鯨船として長く使用され、その後、モースンのオーストラララシア南極遠征隊で使われた。モースンは現在はもうこの船を使っておらず、かかった経費の支払いにどうしてもお金が必要だった。そこでシャクルトンに三千二百ポンドの安値で売ることに同意した。オーロラ号はロス海を通ってマクマード湾へ向かう一行が使うことになった。

次の予定は隊員募集だった。これはなかなか骨の折れる仕事であり、二隻分の隊員を探さなければならず、二隻の船はかなり異なる旅になる。前回同様、最初は極地体験のある男たちを当てにした。ディカバリー号とニムロド号探検隊を通じて親しくなったフランク・ワイルドはその一人だった。モースンとの探検から戻ったワイルドは早々にシャクルトンの代理に任命され、リージェント・ストリートの事務所で働き出した。そこで彼は五千人以上の応募者をシャクルトンが検討しやすいように三つの範疇に分けた。すなわち「問題外」、「見込みなし」そして「見込みあり」である。

ワイルドが弟のアーネストの申込書をどの範疇に入れたのかは分からないが、アーネストはロス海組の要員に選ばれて犬の訓練を任された。「見込みあり」に入らなかった人々には女性の応募者全員が含まれていた。

「なぜ男性ばかりが栄誉に与り、女性はだめなのか」との疑問を持つ「スポーツ好きな女性三名」の申込書を受領後、シャクルトンは「本探検隊には女性の募集はありません」との返事をした。この時代遅れな態度は私自身の遠征には真っ向から反しており、私は男女を問わずその仕事の最適任者を求めた。実際、妻のジニーは私たちの遠征の調査活動で極地メダル（Polar Medal）を授与された初の女性だった。

ディスカバリー号とニムロド号以来の旧知の仲間たちが多数乗船した。トム・クリーンはエンデュアランス号の二等航海士に任命され、また、イーニアス・マッキントッシュはロス海の上陸隊に選ばれて、棚氷上にシャクルトンが横断中に立ち寄る大事なデポを設ける手はずになっていた。ニムロド号でもディスカバリー号でもシャクルトンに同行したアーネスト・ジョイスが追加され、ジョージ・マーストンも画家として再び加わった。

日ごとに徐々に隊員が集まり、他方、シャクルトンは最も重要な仕事に集中していた。オーロラ号とエンデュアランス号の船長探しである。ニムロド号のイングランド船長での失敗があり、また、エバンス船長もうまくいかなかったと言う人々もあって、彼は適任者を二人も見つけるために仕事を切り詰めた。

イングランド船長とのブリッジでの諍いが新聞の見出しになり、同船長の名声と経歴のこともあって非常に好ましくない結果を招いた。帰還後、隊員の中でイングランド船長だけが銀賞極地メダルを授与されなかったことを後で知った。このことが多数の有望な候補者を遠ざけ、また、シャクルトンは賃金と特別手当の約束を守らない人だと囁かれたこともあった。シャクルトンがエンデュアランス号の船長の第一候補者にしたジョン・キング・デービスは、それが念頭にあってシャクルトンの申し出を断った。これはショックのようでいて、実はこの上もない幸運だった。

デービスが舵取りにならず、フランク・ワースリーという商船隊の航海士が候補に挙がった。ワースリーは休暇でロンドンにいて探検隊のことを知った。シャクルトンはすぐにこの四十二歳のニュージーランド人が気に入った。彼は確かに航海の経験が豊富だったが、それ以上に冒険好きらしく南極の特殊な航海の重圧に向いていると思われた。おまけに、一緒にいると楽しい人物で、話をさせたらシャクルトンと同じくらい上手だった。それは間違いなかった。ワースリーはエンデュアランス号の船長になった。

エンデュアランス号には運よく適任の船長が見つかったが、オーロラ号の船長探しはさらに困難だった。マッキントッシュが船の指揮をとることになっていたが、彼が氷上にいるときの代役を務める者が必要だった。適当な候補者が見つからなかったため、シャクルトンはウィンストン・チャーチル海軍大臣へ自ら書簡を送り、海軍の船長を派遣してもらえる用意があるかどうかとお伺いを立てた。

ところが、一九一四年六月二十八日にフランツ・フェルディナンド大公がサラエボで暗殺された。間もなくオーストリア＝ハンガリー帝国とセルビアとの間で宣戦布告され、ドイツはオーストリア＝ハンガリー帝国を支援した。大戦は不可避と見られ、チャーチルへの要請については消極的な回答が返ってきた。海軍からの船長派遣は現在禁止されており、シャクルトンの手元にある船長候補者も大幅に減少した。

船長候補者が見当たらず、シャクルトンは以前断った者を候補にすることを考えた。ジョセフ・ステンハウスは商船隊の船長だったが、二十六歳で鬱病だった。これは過酷な南極向きの特性ではないが、ステンハウスは執拗でなかなか引き下がらない性格だった。ついにシャクルトンには選択の余地がなくなった。ステンハウスはマッキントッシュがマクマード湾で上陸組の指揮を執ったらオーロラ号の船長にすることで採用された。彼は天にも昇る心地で「俺は幸運な男だ」と言った。

戦争は探検隊の計画に別の影響も及ぼした。シャクルトンはカナダから犬百二十頭を購入していたが、一九一四年七月までにロンドンへ着いたのは九十九頭だけだった。平均体重は百ポンド（約四十五キロ）で、ワイルドによればば「オオカミと大型犬」の雑種とのことだった。犬の躾にはダブリン・ファージリア連隊のＦ・ドブス大尉をあてることにしたが、ドブスはヨーロッパの情勢悪化でやめざるを得なくなった。シャクルトンは代わりにショウン・ビョルソン・ジョンソンとシグリョウン・イスフェルドという二人のアイスランド人を当てたが、二人とも新婚で近く父親になる予定だったため断られた。

サー・ダニエル・グーチは経験豊富な狩猟犬のブリーダーで、氷上の経験はまったくなかったが、シャクルトンの次の選択対象だった。しかし、彼はエンデュアランス号でサウスジョージアまでしかシャクルトンとは同行できず、ワイルドがそれまで彼を見て学ぶことになった。

ニムロド号のときと同様にシャクルトンの面接は無茶苦茶だった。当時ブラックバーン病院の外科医だったアレクサンダー・マクリン医師は初対面での思い出をこんな風に語った。「一つの質問は『視力は確かですか』でした。私は眼鏡をかけていました。確かですと答えました。彼は『なぜ眼鏡をかけておられますか』と尋ねました。私は視力をもっと良くするためですと答えると、『眼鏡をかけて賢く見える人が眼鏡を外すと間が抜けて見えますね』と笑いました」。マクリンはその後エンデュアランス号の外科医に採用された。

ジェームズ・マッキルロイ医師は第二外科医採用面接の思い出を困惑気味にこう語った。

シャクルトンはとても怖そうでした。ナポレオンのように怖い顔で、冷徹な目で私を見据えていました。掛けなさいとは言われませんでした。私は彼の前で立ったまま灯りの方を向いていました……たくさんの質問を受けました。一つは「ご出身はどちらですか」で、マラヤ土侯国と答えました。すると「マラリヤなどそこの熱病のことをよくご存知でしょう」と言ったので、私は「はい、そう思います」と答えました。すると彼は

「もちろん、熱病はお断りですね。南極では熱病はありません。貴方は寒さを体験したことはありますか」と尋ねました。私はイギリスの寒さしか知らないと言わざるを得ませんでした。ところが、彼は「それはそうと、健康診断を受けてもらえますか。何度も震えているようですね」と言いました。私は「貴方の前で緊張しています」と答えました。実はマラリヤでした！　それで、その後で医師の診察を受け、医師から良い通知を受けてシャクルトンはとても満足していました。

レジナルド・ジェームズ医師はエンデュアランス号の船医に応募し、こう語った。

私は外で五分か十分程度の面接の後に採用されました。記憶にある限り、歯は丈夫か、静脈瘤はないか、機嫌はいいか、歌は得意かと訊かれました。最後の質問に私がやや呆気にとられたように見えたのでしょうか、彼は「カルーソー（訳注　二十世紀初頭のオペラ黄金時代を築いたイタリア人テノール歌手）のことを言っているわけじゃなくて、ただ大声で叫べるかと思っただけです」と言いました。彼はそれから血液循環は良いかと尋ねました。寒くなるとかじかむ指一本を除いてはと答えました。次にその指を失ったら非常に困りますかと訊かれて、それはそうなったとき……と答えると、私に手を差し出して「よろしい採用です」と言いました。

隊員の締め括りはオーストラリア人の二十九歳の写真家フランク・ハーリーで、一年間モーソンに同行して戻って来たばかりだった。シャクルトンは資金集めの最新の枠組みとして帝国南極横断映画社という新会社を設立した。

遠征中に撮影した全映像の権利を掌握してハーリーの映画と写真をメディアに売り込み、自分の講演にも使うつもりだった。この点に関してはシャクルトンは真のパイオニアであり、広報の価値と内容の統制を誰よりも前から確信していた。

その直後にライオネル・グリーンストリートが一等航海士に任命され、スコットランド人のヘンリー・〈チップス〉・マクニッシュが船大工として乗船した。シャクルトンは後に短気でおしゃべりなこのスコットランド人は「私が唯一確かだと思っていない人物」だったと言うことになった。さらに、ハル出身の元海軍軍人で漁船乗組員のグリムズビーとラブラドールが最後に参加した。

シャクルトンにとって特に重要なのは食糧だった。ニムロド号一行に食糧が「もう五十ポンド」あったら極点に到達していたという思いが消えることはなかった。さらに、ディスカバリー号のときはビタミンCの欠乏のために壊血病で命を落としかけた。今回は、こと栄養に関しては、これまでのどの探検隊よりも十分な備えをするつもりだった。

当時そういう問題について話せる最良の相手は王立陸軍医科大学衛生学部教授のウィルフレッド・ベヴァリッジ大佐だった。ベヴァリッジは軍所属の栄養士で、進軍中の食糧問題に造詣が深かった。ベヴァリッジの薦めでシャクルトンはオートミールと砂糖、牛肉粉、蛋白質を固めた特製〈ケーキ〉、それに粉ミルクと砂糖、マーマイト（訳注　ビール酵母を主原料とした発酵食品）、茶、塩でできた〈ナッツ食品〉を携行した。これらの乾燥食品は初めて南極探検隊に携行され、壊血病の発症を防ぎ、他の食糧よりも遥かに軽かった。

船二隻と犬、食糧、乗組員が徐々に混然と集まって来ていた。ところが、シャクルトンとエミリーの関係は次第にぎくしゃくしてきていた。シャクルトンは最低でも十二カ月間またも家族と離れることになり、少ない生活費と三人の子育てはエミリーに一任された。出発前の数カ月間はシャクルトンが家にいることはほとんどなかったため、事態は深刻化した。「君はもっと家庭的な男と結婚していたら幸せだっただろう」と自分の欠陥を認めた。「僕は探検以外まったくだめな男だ」。いつも通り、今回成功したら別人が戻って来るだろうとの信念に固執した。つまり「私はこの仕事を貫き、その後は僅かな期間でも遠くへふらふら出かけるのはやめる」。

エミリーはこの言葉を以前にも聞いていた。「いつも今度で最後だといいますが、信じられますか」は彼女の独り言だった。それでもエミリーは夫を引き止めようとはしなかった。夫を、あるいは、夫の夢を抑える方法はなかった。「いったん男性の気持ちがその方向へ傾くと、とくに、夫がそれに傾いている時は、自分の気持ちを引っ込めなければなりません——時にはどれほど辛くても」と彼女は述べた。数年後、ジニーはかつて私のことでよく似たことを言った。雑誌『ウーマンズウィークリー』で「私はとても厳しく、感情を表に出さない昔風の毅然とした家風で育ちました。ただ座って泣いているだけではありません。成り行きに任せます……私は一度も『行くな』と言ったことはなく、これからもないでしょう」と語った。だが、私はシャクルトンより恵まれていた。ジニーは、畜産に打ち込む前は、長年私の探検隊には欠かせない一員だったからだ。

探検隊は一九一四年八月には奇跡的に出発準備がほぼ整い、出港前夜にアレクサンドラ皇太后がシャクルトンを再度訪問した。エンデュアランス号の甲板で六十九歳の皇太后が絹の英国国旗と聖書二冊を寄贈した。その一冊には「貴方の行動に際して主の助けがあらんことを、陸と海とのあらゆる危険を切り抜けられんことを。最悪の状況で主の御業と御恵があらんことを」と記されてあった。

ところが、八月一日にエンデュアランス号がラムズゲートへ向けて出港する際、シャクルトンは、探検隊が中止になるかも知れないとの不安にかられた。八月一日にドイツがロシアに宣戦布告し、次いでエンデュアランス号がラムズゲートに停泊した八月三日にドイツはフランスにも宣戦布告した。全面戦争は避けられなくなった。それに応えて、イギリスは軍の総動員令を発した。エンデュアランス号の乗組員四名が直ちに下船して戦争へ参加した。ケーニヒの探検隊も影響を受けた。彼の船はオーストリア＝ハンガリー帝国の港トリエステに停泊したが、南下を止められてドイツ軍へ入隊させられた。シャクルトンと隊員全員も同様の運命を辿るように見えた。

シャクルトンは船と乗組員を陸軍省の管轄下に置かずに出発することはできないと考えた。海軍本部へ打電してその旨を伝え、探検隊がまさにイギリスを離れようとした時に中止を甘受することにした。

全員にいつでも入隊できると伝えたが、自分はどこへ行けばいいのか迷った。それがどこであれ、南極の静かな白い風景からは程遠いだろう。それどころか、もし戦争で生き残ったら南極再遠征のチャンスが得られるだろうかとも考えていた。その時には年を取り過ぎているだろうし、再び資金集めをやることを考えたら気が遠くなるようだった。だが、そんな考えが頭の中を巡っていた時、海軍本部から電報が届いた。チャーチル本人からで、ただ一言「進め」とあった。

私は、当時チャーチルの個人秘書だった私の祖父ユースタス・ファインズがこの決定に関与したのだろうかとよく考えることがある。

28

チャーチルの気が変わらないうちに、エンデュアランス号とオーロラ号はただちに目的地を目指して出航した。オーロラ号が目指すのはホバートで、エンデュアランス号はブエノスアイレスだった。シャクルトンは残務整理を済ませてから南米行きの郵便船でエンデュアランス号を追いかける予定だった。厄介な問題を残したままイギリスを出て行ったら失望されることになっただろう。

ブエノスアイレスには十月半ばに到着したが、すでに混乱が待ち受けていた。エンデュアランス号は新しい船だったが航海中に浸水し港で本格的な修理が行われていた。到着できたのは幸運だった。この船の石炭庫の容量はディスカバリー号のちょうど半分で、出港の二日後には石炭不足になった。モンテビデオの最寄りの港に入るためにはマスト数本など余分の木材全部を燃料にせざるを得なかった。航路が氷で閉ざされる前に南極へ到達するには時間との闘いだったが、アルゼンチン当局は水漏れの修理に慎重に時間をかけているようだった。状況はさらに悪化し、シャクルトンは乗組員数名が窮地に陥ったのを知ることになった。

マデイラ島に立ち寄った際に数人が酒を飲んで喧嘩になり、地元のバーに損害を与えた。四名が収監され、一名が鞭打たれ、料理番を含めてさらに四名がワースリーに解雇された。だが、ブエノスアイレスで暇を持て余していたとき、ワースリーの言うことを聞かずに大勢がまた酒を飲んでいた。幸先が良くなかった。シャクルトンは二度と同じような過ちがないように管理を厳しくする必要があった。

まず、料理番が必要になり早速チャールズ・グリーンを採用した。たまたま運よくブエノスアイレスに滞在していた。エンデュアランス号がようやくブエノスアイレスを出港した際、船内のロッカーに隠れていて発見された若い密航者のパース・ブラックボロウは料理番補佐に採用されたが、シャクルトンの顔を見てにやりと笑った。密航を厳しく叱責しながらボスは嘘の脅しをかけた。ワイルドの記憶によればこうだ。

「遠征中私たちはしばしば飢えることがある。身近に密航者がいれば最初に食べられることを君は知っているか」。シャクルトンは……体格が良かったので、青年は彼をちらりと見て「貴方のほうが、たくさん肉が取れますね」と言った。ボスは彼に背を向けてにやりとし、私にこいつを雇えと言ってから「まず料理番に紹介しろ」と言った。ブラックボロウはその後立派な船員になった……正式に就業契約を結んだ。

エンデュアランス号の修理を早く終わらせるため、シャクルトンは魅力と熱意の両面作戦で修理をうまく急がせた。「話す相手がいれば何でも説得に当たっただろう」と物理学者のレジナルド・ジェームズは振り返った。

エンデュアランス号の石炭庫の容量は百六十トンまで増えたが、ブエノスアイレスでの燃料費が予算をはるかに超過していることが分かった。現在の為替レートでは次のサウスジョージア島までに必要な石炭を入手できなかった。シャクルトンは恥を忍んで探検隊の地質学者のジェームズ・ウォーディから二十五ポンドを借りることにした。ウォーディは「多額ではないが、ロンドンでは問題にならずに窮地を脱出できるだろう」と日記に記した。

この混乱の中で最も心配なのはシャクルトンの健康だった。先の二回の探検ではシャクルトンは死の瀬戸際まで追い込まれ、診察したどの医師も心臓と呼吸困難についての問題を指摘した。目下、彼は自称〈インフルエンザ〉に罹っていて、病気なのにスケジュールが超多忙なせいだとした。彼は探検隊の医師のジェームズ・マッキルロイとアレクサンダー・マクリンの診察をまたも断ったので本当は何が問題だったのかは分からない。

シャクルトンが探検隊を軌道に乗せようとしていた時、彼はイギリス各紙の批判の嵐に晒されようとしていた。学会誌『バイスタンダー』は「サー・アーネスト・シャクルトンが前線ではなく南極へ行くことにした」のは「チャンスを逸した」ということだと書いて世論を要約した。シャクルトンは批判に胸を痛めた。彼は陸軍省に対して自分と隊員、船を差し出す用意があると熱心に申し出たが、遠征を続けるように告げられた。実は、彼はブエノスアイレスへ発つ前に陸軍大臣のキッチナー卿に面会していたのだが、大臣も南極行きを許可していた。その上、たとえ戦いたくとも四十歳という年齢では徴兵に応じられなかった。シャクルトンに罪悪感はなかったものの、メディアが自分に厳しいのはクリスマスまでに必ず戦争は終わると考えていた。シャクルトンに罪悪感はなかったものの、メディアが自分に厳しいのはいい気持ちがしなかった。それでも、悪意ある二、三の言葉を忘れるほどの十分な成果があった。

地球の反対側では、オーロラ号はエンデュアランス号ほど順調とは言えなかった。シャクルトンはマッキントッシュにホバートに着けば千ポンド手に入り、デポ作戦用の食糧を購入して船をマクマード湾に二年間は停泊できると確約していた。ところが、これは必要額の半分しかなく、シャクルトンはマッキントッシュに「何でも節約してほしい」と伝えていた。シャクルトンにとってこれは支援と無料奉仕を呼びかけたつもりであり、前の探検でロイズ岬とエバンス岬の小屋に残してきた物を利用するという意味だった。すでにぎりぎりの状況だったが、ホバートに到着すると、マッキントッシュが千ポンドを手にするどころか、金はなく、出費は予想以上に嵩んだ。

マッキントッシュは茫然とした。「どうやって石炭と装備品を手に入れるのか。備蓄は大幅に不足し、隊員の賃金と前渡し金についての指示がない……船は立ち往生して貴重な時間が失われており、この先どうなるのか心配でならない」と記した。

マッキントッシュは慌ててロンドンへ打電した。「送金を頼む」と促した。「私は隊員の生命を預かっている」。ロンドンから七百ポンドの送金があったが、シャクルトンとマッキントッシュは再びデービッド教授のおかげでピンチを切り抜けた。デービッド教授はオーストラリア政府に五百ポンドの支援を求め、オーロラ号を担保にした資金集めを画策した。オーロラ号は一般公開され、客たちは食べ物や本、ウィスキーの木箱など数えきれないほどの贈物を持参した。以前シャクルトンからエンデュアランス号の船長にと乞われていたジョン・キング・デービスも全力で協力し、支援の無線機を取り付けて船上に配備するなどした。この追加支援は後に不可欠だったことが分かる。瀬戸際でマッキントッシュは最小限の装備と食糧を手に入れられたが、この混乱はこれから先の前兆だった。

ブエノスアイレスではシャクルトンの体調が多少回復し、エンデュアランス号の修理が完了して、石炭庫に十分に石炭が積み込まれ、十月二十六日にサウスジョージア島へ向けて船出した。シャクルトンは安堵のため息をついた。「すべての緊張が解けて、いよいよ仕事に取りかかる……頑張るぞ」と記した。

南下するごとに気持ちが高ぶり、過去の失敗を挽回したいと思った。この大冒険が現実になるまで、多くの元スポーツ選手たちのように、新記録が作れなかったら世間から忘れられることを恐れた。こうして探検隊の指揮に戻って決意を新たにし、隊員たちの中で生き生きと物語を語り、冗談を言い合って、歴史を創るチャンスを待ち望んでいた。

一九一四年十一月五日「南極の入口」である薄暗いサウスジョージア島が霧の中に浮かんで見えた。一七七五年にジェームズ・クック船長は山の多いこの島をイギリス領としたが、島の奥地は未知のままであり、いくつかの港が盛況なノルウェー捕鯨産業の基地に使われていた。血まみれのグリトビゲン港に到着すると、捕鯨船の船上にノルウェー人船員たちの姿が見え、それぞれ巨大なクジラの死骸を運んでいた。その臭いがすぐ鼻をついた。この無人島は大英帝国の最も遠い前哨基地であり、唯一の文明の印は掘っ建て小屋の集落で、来月にはエンデュアランス号の基地になろうとしていた。

石炭と食糧はまだ不足していたが、財布が空で、シャクルトンは恥も外聞もなく相手を言いくるめて四百ポンドの掛買いで冬用の衣服とバター、小麦を手に入れた。請求書をロンドンの代理人のアーネスト・ペリスに送るように頼んだが、ペリスの手元には資金が十分にないことは承知の上だった。

シャクルトンの当初計画は、ヴァーセル湾に到着したらすぐに自分とワイルド、クリーン、マーストン、ハーレーの五人で大陸横断を開始する予定で、一九一五年三月までの完遂を目指した。南極の夏は十一月初旬から二月まで移動できるが、ブエノスアイレスで時間を取られてそのチャンスを逃した。ヴァーセル湾で越冬しなければならなくなり、かつてのディスカバリー号のようにエンデュアランス号を氷に閉じ込めることにした。

このことをオーストラリアのマッキントッシュに打電しなければならなかった。シャクルトンが動き出すまでの厳しい数カ月の間にデポが埋まってしまうか、吹き飛ばされてしまうからデポ作戦を開始してもしようがなかった。しかし、シャクルトンはマッキントッシュへ打電したと主張したがマッキントッシュは見ておらず、オーロラ号がエバンス岬に上陸後ただちにデポ作戦を開始するつもりだった。

この混乱の中、一九一四年十二月五日にエンデュアランス号はグリトビケンからヴァーセル湾へ向かった。予言めいているが、シャクルトンは日記にセント・ジョン・ルーカスの詩『愚者の舟』から数行引用し、自ら加筆した。

休息のないまま薄暗い土地を去った我々愚者たち
南極への熱い思いが煮えたぎる
そして風から奇妙な熱狂を吸い込んだ
賢者が気楽に座る世界は
私の悔いなき目から遠ざかり
未知の海をさ迷う
この冒険を続けるのみ

ジム・メイヤーの『シャクルトン　詩の中の人生』(*Shackleton: A Life in Poetry*)には「『愚者の舟』は一四九四年にセバスティアン・ブラントの詩に初めて使われた表題で、数多の愚者を乗せて愚者の天国へ向かう船の舵を取る愚者の寓話である」とある。確かにシャクルトン隊と探検について同じことを感じたであろう人間は多かった。

ヴァーセル湾に着くことだけでもシャクルトンが思い描いた挑戦より遥かに大きかったことが判明する。九十年前にジェームズ・ウェッデルが初めてこの海域を航海して以来、後続の船はほとんどなかった。一九〇二年のウィリアム・スピアーズ・ブルースのスコシア号とフィルヒナーのドイッチュラント号などほとんどが氷の中で大破した。

南緯五十七度線に至るや、鋭い軋み音をたてる流氷がすでに航路を妨害していた。これは捕鯨船の船長たちが前年十二月に報告していたところよりさらに北だった。しかも、この危険な迷宮はこの先千マイル（千六百キロ）もあって容易に入り込めず、ネズミ捕りでも仕掛けられたようだった。

一九七二年、ジニーが周極の旅のルートを最初に計画した時、南極海の異なる海域の特徴を調べて早々とウェッデル海は避けることにした。ジニーは、ウェッデル海から「ソ連船の船員が一九六五年に全長八十七マイル（約百四十キロ）で二千七百平方マイル（約七千平方キロ）の大きさの棚氷から割れた氷山を計測した」ことに注目した。

エンデュアランス号がヴァーセル湾に入るのに苦労していた時、シャクルトンは「この船はニムロド号ほど頑丈ではない。快適さを別にしていつか旧ニムロド号と取り替えたい」と書いた。

氷の中で航路を探すのは迷路を辿るようなものだった。どんよりした氷煙《ひょうえん》が漂う新しい解氷域があるように見えたと思ったら、次に氷がまた収束して前方を塞いだ。幸いワースリーが本領を発揮してくれた。見張り台からでも舵輪でも気合を入れてエンデュアランス号の舵を取り、必要とあれば、強固な流氷にぶつかりながら不凍水路の隙間に潜入して南進していった。ほとんど進めず、引き返さなければならないように見えたこういうときに氷が開いて船を誘い入れることがよくあった。

氷の中をジグザグに進んでいたものの、やがてヴァーセル湾は進めそうになくなった。ワースリーは懸命に代わりの沿岸基地を探し、一九一五年一月十五日にシャクルトンは氷河湾を見つけた。錨を降ろすには良い場所に見えたが、大陸横断の陸路がさらに二百マイル（三百二十キロ）増えることに気づいた。シャクルトンは増えすぎると判断し、危険な状況を承知の上でもっと南へ行くようにワースリーに命じた。後でこの判断を悔やむことになった。

一九一五年一月十九日朝、目覚めると船が進まなくなっていた。氷に閉ざされ、目指すひびや解氷域はどこにもなかった。陸地での越冬ではなくなり、エンデュアランス号は軋みを上げ、数百万トンもの氷の圧力を受け、氷に翻弄されていた。

29

少なくとも冬の間は氷から出られないことがすぐにはっきりした。今はこれから数カ月間二十八名の隊員が船上でいかに心地よくいられるかに全努力を傾注するしかなかった。

最大の関心は徐々に減っていく石炭の節約だった。残量は六十七トンで、三十三日間は航海可能な量だった。これだけあれば四十マイル（六十四キロ）ほど先のヴァーセル湾へ行けたが、サウスジョージア島へ引き返すのに十分かどうかはまったく別問題だった。しばらく悩んだが、流氷から出られたらすぐサウスジョージア島へ戻り、石炭を購入して出直す以外に選択肢はなかった。

エンデュアランス号は移動する流氷とともに目的地から遠ざかって未知の領域へ流されていった。「最大の心配は漂流だ」とシャクルトンは日記に記した。「これから先の長い冬の数カ月間に方向の定まらない風と潮流は船をどこへ運ぶのだろうか」。だが、できることは皆無だった。七百マイル（千百二十キロ）以上も漂流したフィルヒナーのドイッチュラント号ほど遠くへ運ばれないように祈るしかなかった。

ある時点で、海から最も近い陸地のプリンス・リージェント・ルイトポルド・ランドへ歩いて行くことを考えた。僅か二十マイル（三十二キロ）先だった。しかし、危うい海氷を渡るのは危険極まりなく、装備品と食糧を全部運ぶことは無理だとも思われた。しばらく考えてやめることにした。ただ忍耐が必要だった。

シャクルトンは心配で押しつぶされそうになったり行動もせずにあれこれ思い悩まずに、過去の探検隊の経験に頼ることにした。何よりも数カ月間氷に閉じ込められたドイッチュラント号の隊員に起きたようなことは避けたかった。船長のリチャード・ヴァーセルは命を落とし、隊員たちに「最悪の対人摩擦と不和」を来したという回想があるように、隊員たちは反目し合った。

南極の冬が始まった今、船はこれから三カ月間暗闇に閉じ込められ、シャクルトンには経験からこれが隊員の精神衛生上非常に良くないことが分かっていた。だからできるだけ楽観的でいようと努めた。つねに明るい雰囲気を醸し出そうとしてグループを巡った後に一様に笑いが残るように話した。ワースリーは「ボス」で全員が分かる人物は「朗らかな隊長であり、みんなを大冒険に導いた」と言い、また、探検隊の倉庫管理担当でスキーの上手な元イギリス海兵隊員のトマス・オードリーズは、全員を一つに纏め派閥を許さなかったと称えた。

オードリーズはある親切な行為のことも忘れずにいたが、それはシャクルトンに同行したことのある者は誰も驚かなかった。寒い海氷の上を長時間トレッキングした後、オードリーズは坐骨神経痛の発作でかなり苦しんだ。シャクルトンも長くそれに悩まされていた。シャクルトンはオードリーズの痛みが分かるので、自室のベッドを彼に譲って自分は短すぎる狭い長椅子で眠った。オードリーズはシャクルトンの優しさについてこう語った。

彼は素晴らしい人です。自ら熟練看護師のように手厚い看護をしてくれました。それは当面単なる隊長を遥かに超えるものです。私の世話をしてくれて、喉が渇いたと言えば夜中でも火を熾してお茶を入れてくれました。本を読んでくれて、つねに楽しい会話で喜ばせてくれて、絶えず冗談を言って痛みを忘れさせてくれました。私はまるで甘やかされた子供のようでした。こういうリーダーにはどんな犠牲も厭いません。

例によってシャクルトンは自分がしたくない事を他人にやらせようとはしなかった。自ら床を磨き、石炭庫へ備蓄を運び、みんなと一緒に周囲の浮氷まで行って氷を切り取って水にする作業を行い、アザラシ猟へ出かけた。他方で、オーストラリア人写真家のフランク・ハーリーは、船の前後に立つ二十五フィート（約七・六メートル）の柱の照明ランプの取り付け作業を命じられて忙しく動き回っていた。大工のマクニッシュも隊員の暖を保つために脂肪燃料のストーブから熱を送り込むように工夫した新しい寝台の製作を指示された。

確かに仕事ばかりではなかった。余暇活動も励行された。シャクルトンは充実した図書館の利用を薦め、劇やクイズの集いも行い、ポーカーやブリッジなどのゲームが定期的に行われ、夕食後には合唱の集いもあった。互いに散髪させ合ったのはとくに評判が良かった。マクニッシュは髪を刈り終えた隊員たちを「囚人の集団」のようだと言った。ホワイトアウトになりそうなときに船に戻りやすくするためにワイヤーで非常線が張ってあったが、可能な限りみな船から出て浮氷の上でフットボールなどをして身体を動かしたがった。

食事の大切さを知るシャクルトンは、安心感が得られるようにし、また、不機嫌になるリスクを減らすために隊員たちをつねに満腹にしていた。氷上に沢山いたようで、アザラシの肉をよく食べた。アザラシ猟では一度に難なく大量の獲物を殺すこともあり、脂肪は石炭節約のために燃料にした。

だが、オードリーズは、いつもこううまくいくとは限らないとして、シャクルトンになるべく肉を大量に備蓄するよう促した。シャクルトンは、そうしたら、隊員たちにいつまでも氷に囲まれ続けるという誤解を与えかねないとして反対した。シャクルトンは、二、三カ月分の食糧はあると見て、全員が楽観的でいられる方が遥かに重要だと考えていた。

多くの隊員たちの楽しみは犬の運動であり、大事な仕事だった。船に閉じ込められているのは犬たちにとって良いことではなく、大陸横断のために犬の体調管理は怠れなかった。ところが、四月中旬までにさまざまな病気で多くの犬が死んだ。シャクルトンにはニムロド号のときのポニーと同様に余裕がなかった。あの時は動物の死が結果的に極点到達不成功に結びついた。犬は五十頭に減ってしまったが、ワイルドとクリーン、ハーリー、マーストン、マッキルロイが犬の世話にあたった。彼らはこの仕事が好きで、犬と友だちのようになった。タバコやチョコレートを賭けて犬たちを競争させて大いに楽しんだ。

シャクルトンがどれほど明るい雰囲気をつくろうとしても、やがて生きるか死ぬかの問題に直面した。四カ月間氷に閉じ込められた後、船は六百五十マイル（千四十キロ）も漂流していた。一行は未知の海にいただけでなく衝突の危険があった。甲板では、シャクルトンが夜の見張り番と一緒に、収束流の巨大な圧力で二階建てバスのように大きい氷が押し寄せて、摩天楼が倒壊するような轟音をあげて後ろへ落ちるのを心配そうに眺めていた。

激しさを増すこの流氷の動きは今にも氷が割れる予兆で船を動かしかねないと言った者もいたが、シャクルトンの方がよく知っていた。巨大な氷塊にこういう力が働くと、オーク材製のエンデュアランス号が助かる見込みはほとんどなかった。不安が募り「船がもたないかもしれないな、船長」とワースリーに打ち明けた。最悪の事態に備えて救命ボートを三隻降ろすように命じた。万が一の場合には緊急避難が必要だった。

やがて氷の圧力による被害が現れ、船を卵の殻のようにゆっくり圧し潰し始めた。ワースリーは氷の力が船にかかる音を「バカでかい汽車が車輛をきしませながら衝撃音とともに引き込み線に入るような」音だと言い「人間が殺されそうなときに上げる悲鳴に似た音を立てていた」と表現した。床のリノリウムは端に皺が寄り始め、壁は徐々に歪み、梁は曲がって揺れ始めた。「何百万トンという氷の力が働いている流氷が船を圧し潰そうとしていた」とシャクルトンは記した。「足下の甲板が割れ、大きな梁が曲がって砲撃音のような轟音をたてて折れていく感覚にぞっとした」。シャクルトンの楽観主義はもう通用しなくなった。船は危険状態にあった。

十月中旬には巨大な圧力で船が海面上に持ち上がり三十度傾いた状態になった。テーブルで食事をするために椅子に座ろうとするには、脚か腕を近くの棚に無理やり押し込んでからだったが、食べ物が皿から滑り落ちることもあった。次いで水漏れが始まり、必死にポンプに人員を配置している間シャクルトンは「終わりの始まり」だと思った。

十月二十七日午後五時、氷に閉ざされてから九カ月後、シャクルトンは船を捨てるよう命じた。氷の力で船が真二つに裂けて海底へ沈んでいくのは時間の問題だった。ワースリーは船を、潜在的には自分の名望を、必死に失うまいとしたが、シャクルトンが述べたように「氷が得るもの、氷が保持するもの」をもちろん知っていた。

無駄にする時間はなく全員でボートと食糧、装備品、犬を氷上に降ろした。シャクルトンはどれほど深刻な状況かを認識していたが、それでも完璧に冷静さを装っていた。オードリーズは当時を「その間彼は心配顔に平静を装ってタバコを吸い、索具にすがりつきながら上甲板に立っていた」と振り返った。マクリンもシャクルトンは「感情や悲壮感、気持ちの高ぶり」を表に出さなかったと語った。

氷上に基地を設置した際に一行は船が破壊されていくのを眺めていた。グリーンストリート中佐は「船が押し潰され、氷に砕かれる音が聞こえて、我が身が砕かれるような気持ちだった」と振り返り、「突然しばらく灯りがともり、すぐに消えた。一巻の終わりという感じだった」。

船は、沈まなかったとしても、明らかに修理不能だった。船がなくなって隊員は希望が失われた。これから文明から遥かに遠く離れ、流氷の上のテントで何とか生きていかなければならない。流氷はいつ崩れるかもしれず、そうなれば、全員が真っ暗な海底に沈んで死ぬだろう。救助を求める合図の方法はなく、彼らの居場所を知る者は誰もいなかった。いずれにせよ、無事なうちに救援隊が氷の中をやって来るという期待はほとんど持てなかった。実際、外の世界では、探検隊はすべて計画通りだった。五カ月後の一九一六年三月まで一行に再びお目にかかることはないと思われていた。だから、二十八名は天涯孤独で、しかもシャクルトンが想像しうる最悪の苦境にあった。

30

この九カ月間、シャクルトンは、探検隊をまだ先へ進められるかもしれないという幻想にしがみついていた。エンデュアランス号を失ってそれが不可能になった。残る唯一の目標はどうにかして隊員の生存を確保することだった。「なんとか全員を文明世界へ戻せるように、次にこの窮地を切り抜けられるように神に祈る」と記した。

夢が再び崩壊するのを見るのは大きな衝撃だったが隊員には弱さの片鱗さえ見せようとしなかった。何よりも今日までの彼の人生で頑張ってきた以上のもので、これは間違いなく最大の挑戦だっただろう。

氷上のテントでの初めての夜は多難な今後を予想させるに十分だった。暗闇の中で流氷が割れて仲間が離れ離れになったり、近くの開水路に突っ込む恐れがあった。氷が割れる度にシャクルトンはホイッスルを鳴らして注意を呼び掛け、一斉にボートとテント、食糧を安全な場所へ移動させた。みな良く眠れなかった。いちばん眠れなかったのはシャクルトンだった。

静かな時が幾許かあっても休めないと思っていた。毛皮の寝袋が十八個しかなかったので一行は氷上の冷え切ったテントで自然の猛威に晒されていた。毛皮の寝袋の多くは引っ張り出したが、取り損ねた者には防寒が不十分なウールの寝袋が渡され、酷寒の中で震えていた。寝袋から鼻だけ出していると粘液が瞬時に凍り、吐く息は寒気で厚い白霜になった。

全員の強い不安をシャクルトンは感じ取っていたが寒さで解消できなかった。午前五時にシャクルトンは忠実なワイルドと一緒に各テントを巡っていつもの笑顔で温かいコーヒーを渡し、元気づけ、「帰ろう」と静かに言うことで船が沈んだことを深刻に考えないようにさせた。ハッセーは「平易で、感動的、楽観的でとても効果的」だったと記憶していたが、マクリンは「何を言いたかったのか伝わりにくかった」と述べた。危機管理の特別上級クラスだった。

シャクルトンはなるべく早く乾いた土地へ行く必要があるのが分かっていた。一行は既に約千三百マイル（二千八十キロ）漂流し、いちばん近い陸地は四百マイル（六百四十キロ）以上離れたポーレット島だった。そのために多少楽観的でいられる理由があった。一九〇二年にスウェーデン人の探検隊がこの島に取り残されて小屋を建てたが、島を離れる際にかなりの物資を残して行った。野生動物も多いので食用と燃料の脂にもなる。

四百マイルもあるならどうしても身軽でなくてはならない。旅支度の際にシャクルトンは各人の携行品を二ポンド（約一キロ）に限り、必需品以外は置いていくように命じた。切迫さを示すためにシャクルトンは金時計も、アレクサンドラ王妃から贈られた聖書も雪の中に投じた。神はいまは必要ないと思った。そもそも彼は信仰心が特に篤いわけではなかった。しかし、全員で荷造り中に、ジョン・ヴィンセントが金時計を拾って上着に隠した。後でそれを後悔することになった。

絶対に必要な食糧備蓄と装備品のすべてが大急ぎで二隻の救命ボートに積み込まれた。ボートがいっぱいになるとソリに載せた。犬と人力でソリを引っ張ることになっていた。これから先は気の遠くなるようなことが待ち受けており、乗員用のスペースがないので、シャクルトンは最も嫌な仕事を遂行しなければならなくなった。弱った犬を殺すのである。仕方がないと思ってもそれを引き受ける者はいなかった。大工のマクニッシュには特に辛かった。彼はペットのネコのミセス・チッピーを殺すよう命じられたのだ。

十月三十日午前、一行はポーレット島を目指して二台のソリを積んだボートを押したり、引いたりし始めた。開水域を見つけたらすぐにボートを使いたかった。重労働の上にボートの重さでソリが雪の吹き溜まりと氷の中に深く沈んでいったからなおさら大変だった。呻きながら重い荷を運ぶのですぐに疲れてしまった。二時間後に停止の合図がかかった時一マイルしか進んでいなかった。

翌日またやってみたが進んだのは一マイルだった。ポーレット島は夢物語だった。この調子では目的地に達するのに四百日近くかかるが、食糧は五十六日分しかなかった。その上、骨の折れる人力運搬では通常よりも余計にカロリーが必要だろう。そこでポーレット島行きは自ずと諦めることになった。

乾いた陸地へ行けなかったとしても、なるべく早く基地を設置するために固い流氷を見つける必要があった。シャクルトンは近くにそれを見つけてオーシャン基地と名付けた。まだ船が近くにあったので、先ほど捨てて来た所持品を取って来てもよいことになった。難破船の船中で男たちは氷のように冷たい水の中を歩きながら今後しばらく快適にしてくれる私物を集め、また、基地で使えそうな物をあさった。例えば、ワイルドは船の操舵室を持ち出した。帆とターポリン（防水布シート）を使えば氷上に倉庫が作れるからだった。三隻目の救命ボートもオーシャン基地に引っ張って来た。

ハーリーは懸命に写真を集めていた。写真は重いガラス板にはさまっていた。シャクルトンは五百枚もの写真を全部持ち出すのは無理だと言ったが、ハーリーは話し合いの末にお気に入りの百五十枚だけを選び保存することが認められ、その数枚が本書に掲載されている。三百五十枚の〈失格品〉は壊され、ハーリーは持ち出したくても持ち出せなくなった。シャクルトンは徐々にハーリーに対する関心を強めていった。彼を〈素晴らしい〉と思い、ワイルドやワースリーとともに、支援と協力を求めうる頼もしい隊員の中に加えた。

基地が設置されて全員が五つのテントに分かれると、シャクルトンは厳しい現実に直面した。流氷はもっと固いと思っていたが、浮氷が海へ漂い出て行くか、自分たちの周囲がすべて崩壊する危険性がまだあった。一時的な状況だとはいえほかに何ができただろうか。流氷の上では人力運搬がうまくいかないことははっきりしていたし、氷が溶けてボートを海に出せたとしても長い航海用の装備はなかった。

十一月二十一日、ついにエンデュアランス号の沈没を目撃して事態は一層深刻になった。船の氷の墓を取り巻く海水がすぐに凍り付くと、シャクルトンは厳粛に「船は死んだ」と告げた。全員が見つめる中で、ワースリーは、あの船は「船として最も果敢に闘った末に無情な流氷に潰された」と述べた。シャクルトンは少なからずショックを受けながら、勇敢なふりをして「これは書けない」と日記に記した。エンデュアランス号は再び航海できるとの希望を持っていた者がいたとしても、ここでその希望は打ち砕かれた。

行動する男を自認してきたシャクルトンは「忍耐の鐙《あぶみ》に勇気の足跡を入れ」なければならなかった。彼がどんな救出策を考えてみても、すぐにはそうならないことが分かった。マクニッシュは救命ボート三隻の木材で大きな船を造って乗り込むのはどうかと提案したが、シャクルトンはそれに反対した。夏で氷塊がすべて緩み、脱出は流氷間の動きのある危険な時期であり、大きな船は重過ぎて人の手で操縦できないと考えたのだ。マクニッシュは替りに三隻のボートに手を加えることにした。三隻とも帆を付け、木造船体の隙間からの浸水は、接合剤がないので、マーストンの油絵具を使って塞ぐことにした。

それ以上の解決案は出そうもなかったので、シャクルトンとクリーン、ハーリー、ワイルドは氷上の偵察に出た。目的はポーレット島へ行きやすいルートがあるかどうか、島では海面が僅かに開いた箇所で救命ボートの使用が可能かどうかを調べることで、ボートには探検隊の主要な支援者の名前が付けられていた。ジェームズ・ケアード号、ダンドリー・ドッカー号、そしてスタンコム・ウィル号である。

見通しは芳しくなかった。シャクルトンは、せいぜい一日二〜三マイル（三〜四キロ）が限度だろうと考えたが、解氷域は見えなかった。この調子ではポーレット島に着くのに六カ月はかかるだろう。絶望的だったが、できると言うしかなかった。それがすべてで、何らかの希望が必要だった。

十二月二十二日、隊員たちは肉と果物、ビスケット、温かい飲み物で最後の宴を楽しんでから、ジェームズ・ケアード号とダンドリー・ドッカー号に荷物を積み、ポーレット島に行くための二回目の人力運搬に出発した。なんと、状況は一回目のときよりちっとも良くなかった。

オーシャン基地で何週間も動けなかった後だけに、非常に重い荷物と困難な地形を辛いと思う者たちもいた。古代エジプトの奴隷のように装着帯を付けてボートを引っ張っていたとき、ぬかるんだ雪に太陽が照りつけた。ほとんど進まず、一日二〜三マイルというシャクルトンの目標はまったくの空想だった。

十二月二十七日には限界が来た。シャクルトンは日頃からマクニッシュには不安を感じていたのだが、彼はペットのネコを殺すように命じられた後からずっと恨みを抱き、反乱を起こそうとした。一歩も動こうとせず、彼が建造を提案した船で出発できることになった時、今の苦境はシャクルトンのせいであり、自分たちは無駄な努力を強いられていると罵った。マクニッシュは船員雇用契約書を引き合いに出して、船が失われた今となっては、シャクルトンは乗組員に対する権限を失ったと主張した。この時シャクルトンはニムロド号でのマーシャルの経験から学んでおけばよかったと、そして、あてにならない人物だという気がしたら連れて来るのではなかったと思ったことだろう。

マクニッシュが大声で喚き散らしていた時、疲れてやる気をなくした隊員たちが彼に引きずられるのではないかと感じた。すぐに反乱の根を潰さなければすべてがだめになる。激昂したマクニッシュとは対照的に、シャクルトンは静かに、だが力を込めて船員雇用契約書を読み上げた。船が失われても彼に監督権があることは明らかだった。さらに、シャクルトンは氷上の日々にも賃金が支払われると全員に告げた。しかし、反乱を選んだ者は港に着いたとき一銭も受け取れないばかりか、法律で厳しく処罰されることになるだろう。

反乱はすぐに潰されたが、物事をはっきりさせるためにシャクルトンはマクニッシュを側に呼んで次にこんなことをしたら射ち殺すと告げた。未遂で終わったこの裏切り行為にシャクルトンは失望し、激怒してマクニッシュのことを日記に記した。「この度の緊張とストレスの原因となった彼を決して忘れない」。当分の間シャクルトンは一行のためにこの一件を隠すことにしたが、絶対に忘れられない、許せない事件だった。

仲間同士の対立はよくあることで、リーダーは率先してこれに取り組み、困難を打破することができる。シャクルトンは正にこれを実行し、翌日は主導権を握り、誰よりも懸命にボートを引っ張り、仲間を励まして動かした。日が暮れる頃には目標の二・五マイル（四キロ）先まで進んだが、身も心もぼろぼろだった。一週間がんばって進んだのは僅か十マイル（十六キロ）だった。マクニッシュの暴発をどうにか収めたことを考慮しても「見通しはよくなかった」とシャクルトンは記した。

翌日は前進をやめる以外に選択肢はなかった。歩みの遅さと隊員の状態だけでなく、ギザギザに尖った氷でボートの底に修理不能の傷がつく恐れがあるからで、ボートはある段階で必ず必要になる。シャクルトンは冒険家だったが無謀ではなかった。ワースリーが記したとおり「彼は勇敢であり、私が出会った者の中で最も勇敢だったが、決して無謀ではなかった。必要ならどんな危険なことでも恐れずにやる。でも、つねに熟慮しつつ安全にやり遂げる」。

別の流氷にペイシェンス基地を設置した後、シャクルトンはこのまま氷上を進むのは無理だと分かった。浮氷がポーレット島近くへ流されるのを願うか、氷が溶けるのを待って解氷域にボートを出し、最も近い乾いた陸地を目指すしかなかった。

一九八二年に私とチャーリー・バートンが北極に到達したときも似たような危険な状況だった。私たちは陸地から切り離されて流氷に閉ざされ南へ流されるままで船まで着いたが、船は浮氷群の中には入れなかった。これには控えめに言ってもはらはらした。流氷が二つに割れてテントから引き離される恐れがあった。流氷が溶け始めて多くの場所が五フィート（約百五十センチ）の淡青色《アイスブルー》の水に浸かった。食べ物を漁るシロクマの脅威にも晒された。一頭のクマが襲いかかりそうな気配を見せた時はクマの足を撃つしかなかった。流氷の上に七十日間いた後、八〇パーセントは半解の雪か水で覆われており、クジラが私たちを狙って旋回していた。船までまだ十七マイル（二十七キロ）あり、私たちがいる流氷は崩れそうだったので、氷山が波間でビーチボールのように跳ねる浮氷群の中を自分たちで路を切り開いて行くほかなかった。ついに遠くにベンジャミン・ボウリング号のマストが見えたときの嬉しさは何と言っていいかわからない。私は飛び上がって甲板のジニーの姿が見えるまで無我夢中で手を振った。それはジニーが南・北両極を通る初めての地球一周遠征を思いついてから十年目のことで、私たちはとうとうやり遂げた。

だから、流氷が漂流して解氷域に出るまで忍耐強く待つとシャクルトンが決めたことは賢い決断だった。しかし、食糧の残りが四十二日分に減り、間もなく肉が補給できるアザラシの姿が消えた。この点について、私は無謀で不必要なことだと思うが、肉の備蓄を欠いた当初の決定を後悔したかもしれない。

基地の雰囲気はたちまち悪化していた。オードリーズは「本当に気が滅入る」と表現した。すべき仕事はなく、隊員は「楽しみ」に時間を潰すのにはとっくに飽きていた。〈ジミー〉・ジェームズは「最悪なのは暇つぶしだ」と記した。快活なワースリーでさえ通常は朗らかな日記なのに重々しい雰囲気を反映していた。「すぐにでも『立ち上がって何か』ができればそれでいい。この真っ白で終わりのない刑務所から逃れるのに役立つことならどんなに小さくてもかまわない。ここでは全員の精神力と能力は萎え、世界中が戦争でどうなっているのか分からないのに、私たちはただ生命を休ませて浪費している」。気難しく批判的なマクニッシュは少なくとも今のところは賢く沈黙を守っていたが、日記に怒りをぶつけて一行のある者を「役立たず」と呼び、また別の者を「世間の一日分の仕事すらしたことがなく、そのつもりはなくとも他人に寄生している」と批判していた。

オードリーズのイビキなど些細なことをワースリーは〈鼻のトロンボーン〉と呼び、また、クラークが執拗に臭いを嗅ぐのでいざこざになりそうだった。腹に銅線を巻きつけて氷を渡って家に歩いて戻ると言う者もいて〈気がおかしく〉なり始めた者のことをグリーンは心配した。シャクルトンですら一度だけ平静を装いながら辛そうに「疲れた。緊張のためだろう」と記した。

健康に恵まれた者でもこんな状況に苦労しただろうが、シャクルトンの場合はそれとはかけ離れていた。寝袋から出るのをワイルドに手伝ってもらうことがあった。医師の診察を受けたとき心臓の聴診をまた断り、まるで自分の本当の病気を知っているかのようだった。一つ確かなことは、この先にはさらにストレスと緊張が待ち構えていることだった。

残った犬たちの運命を決めなければならなくなった。犬は氷を横断することも、ボートで旅することもできなかった。さらに犬たちは減ってゆく食糧備蓄から食べてもいた。シャクルトンは悲痛な思いで犬を全頭殺すことを決めた。この辛い仕事を動転したワイルドが手を下すことになって「最悪の犬よりも撃ち殺したい者は大勢いる」と書いた。肉は食用にされるが、犬の肉を食べないと言う者もいて、ワイルドは「今まで食べた肉の中で最もまずいし硬い」と述べた。そうであっても、これから後に出される最上の肉だった。

シャクルトンが「全員が手に入る食糧の二倍食べられればいいのだが」と書いているように食糧はどんどん減っていった。困難な徒歩旅行用の予備に取っておいたソリ運搬用に手を付けざるをえないと決断した。

毎日のように誰かがオーシャン基地へ使えそうな物を回収しに戻り、救命ボートのスタンコム・ウィル号もその一つだった。これは二十四時間後に思いがけなく開水域が見えたことの証明であり、誰も以前の基地にこれ以上物をとりに行かなくなった。いいタイミングでスタンコム・ウィル号を取り戻したことになる。

海水がやや温《ぬる》み、流氷の氷が徐々に溶け出して睡眠中に寝袋に浸み込み、いつ何時下の氷が割れるかという緊迫した脅威が生まれた。流氷は一平方マイル（約二・五九平方キロ）からせいぜい二百ヤード（百八十三メートル）が溶けたにすぎない。一帯全域が動き始め、ゆっくりと渦を巻きながらぐるぐる回っていた。私は氷が動き始めたときの轟音と揺れをよく覚えている。割れ目や氷の圧力の音はさまざまだが、最も恐かったのは周囲に轟く大音響と氷が砕ける音だった。敵の大群が近づいて来るときのバグパイプと太鼓のように、遠くで鳴り響く流氷の音は一時間ごとに大きくなり、無視できず、眠りを妨げた。それでも溶けて動き出した氷とその結果できた開水域は一行の救いとなった。

漂流したおかげで二月末にはポーレット島まであと百マイル（百六十キロ）になった。もうすぐ行動に移らなければならないと思った。そこでボートの準備といつでも出発できるように完全武装で寝るように命じた。

三月二十三日、シャクルトンは驚いて靄の中を見つめた。十六カ月ぶりに陸地を見た。さっそく地図を調べると、西へ六十マイル（九十六キロ）以上離れたポーレット島の隣のジョインビル島の山頂のようだった。だが、割れた氷が複雑に道を塞いでいた。「割れた氷の上をソリで横断して辿り着けるチャンスがあったら六百マイルだったろう」とシャクルトンは記した。それから間もなくして流氷はポーレット島を通り過ぎてしまったので、乾いた陸地へ着く可能性はさらに遠のいた。

流氷が不安定な状態になり、長くは基地を置けなくなっていた。ある時流氷が真二つに割れて一行がボートと離れ離れになったが奇跡的に元に戻ってボートを取り戻した。時間は切迫していた。シャクルトンは必死に地図を調べた。約百マイル（百六十キロ）北に小さな島が二つあった。エレファント島とクラレンス島だ。エレファント島は一八二〇年代にこの島に上陸したアザラシ猟のアメリカ人が付けた名前である。巨大な南極海の真ん中の荒涼とした大きな岩の塊であり、ハリケーン並の強風が吹き荒れ、氷で覆われている。避難場所も見つけにくいだろうし、船の航路からはかなり外れていた。

次はキングジョージ島で、デセプション島へ行ける一連の島の一島であり、デセプション島には遭難した水夫のための貯えがあるとされてきた。二百マイル（三百二十キロ）先だが、どこよりもチャンスがあった。この海域には捕鯨猟師が多く漁をしていて救助されるかもしなかった。すべてがうまく行かなくても、デセプション島には小さな木造の教会があった。シャクルトンは教会を取り壊してボートを造り、それでサウスジョージア島へ戻ろうと提案した。

この数カ月で初めてシャクルトンには楽天観がこみ上げていた。状況は一行には不利だったが、少なくとも、目指すことがあり、どんなに小さくても救助されるかもしれない望みがあった。

四月九日には待ち切れなくなった。百五十六日間もいた流氷は危険なほど不安定になり縮小して基地用の場所がほとんどなかった。周囲はほぼ開水域になっていて行動するなら今だった。午後二時、全員が準備してあった救命ボートに乗り込んだ。シャクルトンはこの先の航海に十分な注意と心理面の配慮から一緒にすべき人物と、切り離すべき人物を考えてグループ分けした。ジェームズ・ケアード号には自分と他に最も悲観的な二人、ヴィンセントとマクニッシュを乗せることにした。二人が陰鬱な気分と恐怖を拡散しないようにするためだった。フランク・ワースリーはダドリー・ドッカー号を統率し、エンデュアランス号の航海士のヒューバート・ハドソンはスタンコム・ウィル号を指揮した。

三隻のボートはしぶきを上げて流氷側の開放水路網に入り、悪名高いウェッデル海に漕ぎ出した。この海は一年も前にもっと大きくて頑丈なエンデュアランス号を破滅させた。今度はたった三隻の救命ボートで、この同じ非情な海で生き残るために厳しい自然に晒されながら数百マイルの旅に出ようとしていた。地獄から脱出する最後の旅になるはずだった。

31

ワースリーがダドリー・ドッカー号の舵のへりから航路を誘導しようとしていた時、シャクルトンはジェームズ・ケアード号上で立ち上がり、暗い水平線をじっと見つめて援助隊が来るのを祈っていた。「先頭に立つ者の不安をこれほど感じたことはなかった」と打ち明けた。

南極の冬の途切れることのない闇の中で自然条件は想像以上に悪化していた。海は巨大な氷の塊と混ざり合いながらいつまでも衝突を繰り返し、その間で押し潰されそうで恐ろしかった。防御手段がないまま凍てつくような風をまともに受け、霙《みぞれ》と霧に凍えつき、氷のように冷たい海水のしぶきを浴びていた。一行を狙って海中を突進するクジラとボートが転覆する恐怖が絶えず付きまとっていた。

二百マイル（三百二十キロ）横断してキングジョージ島に着く可能性はすぐに消えた。代わりに六十マイル（九十六キロ）しか離れていないクラレンス島かエレファント島を目指すことが最善の選択になった。ところがこの二島は風に翻弄されていた。方向がまずいといくら全力で逆向きに漕いでも解氷域へ吹き飛ばされて、この先数百マイル（百六十キロ）に乾いた陸地はなかった。それでも、選択肢は他になかった。

一日中漕ぎ続けても休めなかった。第一夜は、そばを通り過ぎる巨大な流氷の上にボートを運んだ。海にいるよりは安全なはずで、臨時に基地を設営して眠りたいと思ったのだ。ところが、みんなが眠り、シャクルトンが夜の見張り番と周囲の様子を窺っていた時、一つのテントの真下で流氷が二つに割れた。中の者たちに海に投げ出される前に脱出しろと叫んでテントへ駆けつけると、水夫のアーニー・ホルネスが寝袋に入ったまま海中でのたうち回っていた。シャクルトンは指先で寝袋を摑み、歯を食いしばってありったけの力でホルネスを引っ張り上げた。ホルネスが恐怖と寒さで震えていた時、ほんの数秒前に落ちた隙間は閉じていた。一瞬でも遅かったらホルネスは死んでいただろう。劇的な出来事はこれだけではなかった。流氷が再び割れて、今度はシャクルトンが食糧も装備もなく投げ出され、たった一人で暗闇の中へ漂い出した。幸いワイルドが近くにいて、すぐにスタンコム・ウィル号を出して、漂う流氷まで必死に漕いでシャクルトンをボートへ引き揚げた。

夜が明けると、一刻を争って流氷からボートへ移った。その直後に彼らは幸運に恵まれたようだった。浮氷群がいっせいに消え去って開水域へ出た。ずっと祈り続けてきたが、それは偽りの恩恵だった。氷がなくなり、今度はうねって砕け散る大波に激しく打たれた。重い荷を載せたボートは海面深く沈み込み、転覆して沈没する恐れがあった。このままでは自殺行為になるので、シャクルトンは全員に氷へ引き返して基地を設営するよう命じた。疲弊した者たちに休息を与え、戦略を練り直したかったのである。

また中休みはなくなった。烈風で流氷が浮氷群の奥へ流され、近くを通る巨大な氷山に潰される危険があったためボートを漕ぎ出せなかった。浮氷群がさらに拡散して安全な航路ができるのを待つしかなかった。一行は悪魔と青い深海との間にいた。

一行を取り巻く氷が崩れ、シャクルトンは全員ボートへ乗るよう命じたが、移動し終わった直後に彼とワイルドの足下の氷が割れた。氷棚を摑もうとしたが足下まで海水が打ち寄せてきたので、自力で這い上がった。その後は乾いた陸地に辿り着くまで基地のための立ち寄りはなかった。ボートが狂暴なうねりに呑まれないことを祈るばかりだった。

必要ない限りこれ以上海にいたくなかったので懸命に船を漕いだ。だが、全員の奮闘も減り続ける食糧ではエネルギーを補えず、気を失いかける者もいた。漕ぎ続けるために必ず温かいミルクが出されたが、それでは足りなかった。

その夜一行は巨大な氷山の陰にボートを止めて中で眠っていた。氷山は激しい風から身を護るのに役立った。上にかけるものはなく、濡れた服のまま暖を求めて身を寄せ合っていた。低体温症になりかけていた。

暗闇の中でボートが揺れ出し、大波が来たと思って目覚めた者もいた。だが、目を開けると海は静かだった。次にシュューッという音が聞こえて水しぶきを浴びた。一行はクジラの群れに囲まれて命を狙われていたのだ。一頭でもボートに倒れ掛かって来たら転覆するだろう。一行は再び眠れない夜を過ごした。

四月十二日、ワースリーは太陽の光を捉えて六分儀で位置を測った。だめだった。あれだけ漕いでもスタート地点からまったく島へ近づけておらず、いちばん近い陸地までまだ六十マイル（百二十キロ）あった。

その夜は海で直面した最悪の状況でもあった。そんな状況の中で温かい飲み物もなく凍え切った男たちは、海水が一気にボートに流れ込むというひどい目に遇った。朝になると身体中に霜の膜ができ、あご髭に厚い氷が垂れ下がっていた。衣服が凍り付いてワイルドは「甲冑のコートを着ている」ようだと言った。

すでに飢えて低体温症と凍傷の恐れがあり、ほとんど全員にその兆候があった。冷凍のドッグフードでは確かに意気は上がらず、みな食べるのさえ嫌がった。下痢が蔓延してボートの両脇から排便した。

困ったのは飲料水がなくなったことだ。海には周囲に氷がなく、溶かす氷の塊がなかった。口の中が渇いて舌が腫れ、空腹でも食べ物をのみ込めなかった。ワイルドは一行の半数は「正気でない……無力で、絶望的」だと見ていた。スタンコム・ウィル号では八名中四名が倒れ、足が死人のように青白かった。料理番見習いになった密航者のパース・ブラックボロウはとくに重症だった。すぐに温めないと足指が失われるだろう。一方で、オールに厚い氷が張り、滑って握れなくなった。とにかく指に凍傷のある者が多く、オールが握りにくくなっていた。

進んだかどうかも分からずに絶望的な気分で再び冷たい海へ漕ぎ出した。シャクルトンは今までは模範を示してきたが、ややすり切れてきた。よく響く朗々とした声は衰え、ワイルドやハーリーにかすれ声で指示を出していた。ところが、一瞬、彼が声を上げた時があった。数カ月前に雪の中に捨てたはずの金時計をヴィンセントが持っているのを見たとき、彼の手から時計をもぎ取って「だめだ、君が持っているのは許せない」と叫んで海中へ捨てた。

混乱と絶望が支配するように見えたが、いくらか希望も湧いてきた。四月十四日にクラレンス島とエレファント島が見えてきた。まだ四十マイル（約六十四キロ）先だったが、最接近していた。前進していることの確かな証だった。シャクルトンは航海長のワースリーに明日には目標の島に着くだろうと叫んでみんなを喜ばせようとした。だが、ワースリーはもっと先だという気がしてシャクルトンの期待を打ち消した。シャクルトンは黙っていたが腹を立てていた。士気を高めようとしてそう言ったのだ。そして、その直後、士気はまたも決定的な打撃を受けることになった。

その晩ワイルドが状況は「これまでで最悪だ」と言った。気温マイナス二十度の中で雷を伴う嵐がボートをおもちゃのように翻弄し、強風が渦を巻いて凍えそうな水を一行に浴びせかけた。猛烈な風でダンドリー・ドッカー号がほかのボートから離れ、闇の中へ運び去られた。乗っていた者たちは行方不明になったかと思われた。

翌日、一行はエレファント島の崖が視界に入っても。ダンドリー・ドッカー号の死者を悼み士気が上がらなかった。島の崖には狭い浜があり、生き残った者が無事上陸していれば、彼らへの機転の言葉が必要だった。

陸地に近づくとダンドリー・ドッカー号が目に入った。全員ひどい目にあい濡れていたが無事だった。嵐を切り抜け、一行が上陸しようとしていた矢先に航路を見つけた。しばらくぶりに味わった嬉しさだった。

その後すぐにボートが着岸し、ブラックボロウにエレファント島上陸者第一号の栄誉が与えられた。彼は重度の足指の凍傷のために倒れて手を借りて立ち上がった。続いて残る全員が一九一四年十二月五日以来初めて固い陸地を踏んだ。小川で夢中になって喉の渇きを癒す者、また、ゾンビのようによろめく者、狂気のように一人笑いする者はシャクルトンには「気ちがい」に見えた。グリーンの行動は深刻だった。神経衰弱のように見えたが、急にピッケルでアザラシの群れに襲いかかり、オードリーズによれば「ハエを殺す子供のような残虐性」を見せた。レジナルド・ジェームズがこの時の光景を「ほとんど全員が半病人的興奮状態であり、笑っているのか、泣いているのかの区別がつかなかった。解放されるまで分からなかったが、最後の数日間はどれほど強い緊張状態にあったかである」と記した。

島は海の中の洞窟の多い岩に過ぎなかったが、一年ぶりの安全な天国だった。今はよくやれたと喜んでいたが、その場凌ぎでしかないことは分かっていた。通りかかる捕鯨船――季節外はもちろんだがこの海域ではめったにない――に発見されなければ、文明に戻るためにどこかのタイミングでもう一度海に乗り出すことになるだろう。それまでの間に自分たちが今いる見知らぬ島をよく調べなければならなかった。

32

一息つく暇はなかった。上陸した海岸は幅が百フィート（約三十メートル）で、背後の崖には水位線があった。死の罠だった。ここに基地を設営したら潮に流されるだろう。

付近に代替地がないので、シャクルトンはワイルドとクリーン、ヴィンセント、マッカーシー、マーストンを偵察に出した。五人はスタンコム・ウィル号で海岸伝いに七マイル（約十一キロ）航海し、ワイルドが「天国」と称した場所を見つけた。天国とは大袈裟だが、最低限安全な砂州のような場所を見つけた。長さ百ヤード（約九十メートル）、幅が四十ヤード（約三十七メートル）で、背後には千フィート（約三百メートル）の崖があり、アザラシやペンギンも捕獲できそうで、近くの氷河には真水があった。この状況下で一行が求めるもののすべてがあった。

ところが、ワイルド岬と命名されたこの新しい住処には容易に近づけなかった。七マイル（約十一キロ）しか離れていないのに猛烈な風でボートが海へ吹き飛ばされそうになった。疲弊した男たちは折角近くへ来たチャンスを失うまいとして、逆風の中を六時間以上も懸命にボートを漕ぎ続けた。その努力が犠牲者をもたらした。暗闇の中で到着した時、機関長のルイス・リッキンソンが心臓発作を起こした。幸い死は免れた。

さっそくボートから荷を降ろして岩を壁にして小屋を建てた。ダンドリー・ドッカー号とスタンコム・ウィル号を逆さまにして屋根に利用し、テント用具で強風と雪を防いだ。二十八名の隊員は暖を求めて中へ入り、ようやく眠った。

翌日早朝、ハリケーン並の強風で目が覚めた。テントが地面からはぎ取られ、衣服や鍋など各人の持ち物が海中へ吹き飛ばされていた。取り戻そうとしていると風で足下から吹き飛ばされそうになった。

こんな環境では長居はできないと多くの者たちは思った。だが、人が住める最も近い陸地はフォークランド諸島のポートスタンレーと南アメリカ最南端のホーン岬だったが、ともに約六百マイル（九百六十キロ）離れていた。エレファント島は既知の航路上にはなく救助の合図を出す手段がなかった。ワースリーは一行の危機を「我々は別の惑星から来たかのように世界とは完全に切り離されていた」と端的に表現した。

中には諦めた者もいた。いろんな目に遇ってきてこれ以上よくなることはないと思った。多くが島で死ぬだろうと思い込み、朝寝袋から起き出ようとするきっかけを探すのに必死だった。やがて基地は絶望感に支配された。

シャクルトンは現状を一時的なものと受け取っていた。どうにかして文明社会に到達して急報しなければならなかった。しかし、ここまで来たよりもっと長くて危険を伴う旅をするためにボートに戻るのはどう考えても納得できなかった。それに、死なずに済む確率は途方もなく低かった。それでも、ほかに希望はなかった。何も案がなければ、塞ぎ込む者も、気がおかしくなる者も出るだろうから「結論は私が出さなければ」と言った。

最善策は自分と小グループが救助を求めに出ることにして、その他の者たちは島に残ることだと考えた。しかし、小型ボートではフォークランド諸島にしても、ホーン岬にしても、強風と潮流の中をとても乗り越えられそうになかった。

地図を調べて、成功の鍵はエンデュアランス号が出発したサウスジョージア島へ引き返すことにあると考えた。八百マイル（千二百八十キロ）以上あるが、幸い逆風ではなく西風に乗っていけるだろうが、明らかに不利な点が一つあった。捕鯨船が「巨大な墓地」と命名したほどのこの海域の巨大な波の威力だった。小舟がこの海域を切り抜けたという話は聞いたことがなかった。楽天家のシャクルトンでさえ分が悪いことが分かっていて「航海の危険は甚大だ」と記していた。だが、挑戦するなら一瞬たりも無駄にはできなかった。五月には利用できる航路はすべて流氷群で閉ざされ、一行は島で越冬しなければならなくなる。現実に水平線には日ごとに流氷群が近づいて来るのが見えた。

それほど多難な目的を遂げるには慎重な隊員選びが必要だっただろう。ワースリーは当然だった。彼の海の経験と航海士としての優秀さは欠かせなかった。クリーンもエレファント島で有能な船員以上の力を発揮し、マッカーシーも、ワースリーが「どこまでも楽観主義者」と述べたほどの人物だった。意外に思った者もいたがヴィンセントも選ばれた。彼はおとなしい船員の一面があるが、かっこ良く、悲観的で、手先が器用だとされていて、シャクルトンが求める特性には必ずしも当てはまらなかった。だが、シャクルトンは、彼が島に残ったら問題を起こしそうだと考えたのかもしれない。旅の間、少なくとも彼から目を離さなかった。シャクルトンの人選でおそらく最も意外だったのはマクニッシュで、シャクルトンが撃ち殺すと脅した人物である。だが、これはかなり現実的な選択だった。ケアード号は必ず損傷を受けて修理が欠かせないだろう。それには大工が最適任者だった。

シャクルトンは、しかし、お気に入りの数人を残さなければならなかった。意気消沈した隊員を導いて結束を図るためだった。とりわけ重要なこの任務にはワイルドが選ばれ、また、マッキルロイとマクリンの両医師も、足指の凍傷がどうしようもないほど重症化したブラックボロウなどの病人の治療を続けることになった。

シャクルトンが最終準備中に束の間の希望が基地内に広がった。全員に旅の危険性について、また、成功の見込みの薄さを詳しく説明したが、ほぼ全員がボスを信じた。これまでシャクルトンは隊員を責めず、見事な回復力と生命力を見せつけてきた。至難ともいえる使命の遂行を望める人物はこの世にはサー・アーネスト・シャクルトンしかいなかっただろう。

前途に過酷な航海をひかえ、マクニッシュはジェームズ・ケアード号の準備に着手した。利用できるものは何でも利用し、船体の高さを十インチ（二十五センチ）高くして、雨風から身を護るために帆を引っ張り上げた。水漏れしそうな箇所にはペンキとランプの芯、アザラシの血液を混ぜたものを詰め、さらにスタンコム・ウィル号からマストと、船首から船尾まで竜骨を取り付けて、荒海でジェームズ・ケアード号が真二つに割れないようにした。底荷《バラスト》用に岩と砂利が積み込まれた。

四月二十四日には出発の準備が整った。エレファント島に残る者たちに別れを告げるとシャクルトンは責任の重大さをひしひしと感じた。全員が彼を頼りにしていた。これはシャクルトンの探検であり、全員を一人残らず国に帰す決意だった。彼はワースリーに「船長、一同が私を待っている間に私に何か起こったら、私は殺人者になったような気持ちになる」と言った。

シャクルトンはワイルドを引き寄せて最悪のシナリオを語った。もしジェームズ・ケアード号が遭難して春までに救援船が現れなかったら、ワイルドがダンドリー・ドッカー号でデセプション島まで行くようにすること。シャクルトンはワイルドの肩に手を置き、目を見つめて「君に全幅の信頼を寄せている。今までもそうだった」と告げた。それはシャクルトンにとって、エレファント島の残留者を信頼できる男に任せられるという多少の慰めだった。少し楽観的なところを見せて、自分が死んだら著作と講演旅行の契約が履行されるだろうと保証もした。オードリーズとハーリーは著書の契約を任され、ワイルドとハーリーは巡回講演を引き受けることになった。ハーリーは単独で探検隊の写真も任せられた。

出発直前にシャクルトンは自分が南極海で死んだら読んでくれとワイルドにメモを渡した。「家族に私の愛を伝え、私はベストを尽くしたと言ってほしい」とだけあった。

その後でシャクルトンら一行はジェームズ・ケアード号に乗り込み、残った者たちは声を上げて岸から見送った。「あの船は俺たちの唯一の希望だ」とウォーディは記した。自分たちの運命はこの航海成功の僅かな可能性にかかっており、泣いていた者たちもいた。

別れの手を振りながら遠ざかった後、シャクルトンは前方の暗く寂しい海を見た。一行には八百マイル（約千三百キロ）の悪夢の旅が待っていた。持参した食糧と水は一カ月分だった。シャクルトンはワースリーの方を向いて「いままで一緒に大冒険をして来たが、船長、これは最大の冒険だぞ。今回は物語本どおり成功するか死かだ」と言った。それどころか、もっとすごいことになった。

33

ジェームズ・ケアード号の進路は前方へ一直線だが、頻繁に流氷群に行く手を遮られた。迷路のようにくぐり抜けようとしたが、やがて通れないことが分かった。唯一可能な進路は北であり、流氷群を迂回して西風に乗ってサウスジョージア島まで辿り着こうとした。距離も時間も余計にかかるが流氷群のために避けられなかった。だが、氷を迂回するのさえ大問題だった。強風でボートがずっと反対方向へ吹き飛ばされ、その間に逆流で重荷を積んだボートが反転して水浸しになった。ワースリーはバラスト用に積み込んだ石の重さでボートが沈みすぎると注意したはずだとシャクルトンに言った。だが、今は非難の時ではなかった。全員が必死で生命にすがりつきながら、ひどい船酔いでボート内は吐いたもので汚れた。

海の中で転がり、上下に揺れ、ひっくり返って一息つけそうな時は一瞬たりともなかった。時間が限られているのにほとんど進んでいなかった。ワースリーは「心が折れそうだった。私たちは水をかぶってびしょ濡れだった。距離を縮めているという感覚はなかった」と記した。

幸い三日目に風向きが変わり、ジェームズ・ケアード号は流氷群を迂回しながらサウスジョージア島へ針路を定めた。見通しが明るくなってたちまち八十マイル（約百三十キロ）以上進んだ。

天気が多少穏やかになり、みな所定の手順に従った。三人が一度に四時間の作業を務めた。一人は舵を取り、一人は帆を張り、三人目はつねに水をかき出す役目で、後で交代した。作業に当たらない者は休息を取ったのだろうが、それはほぼ不可能だった。眠っている間にも冷水が船内に溢れ続け、頭上の帆から滴り落ちる水が首筋に流れた。凍って湿った寝袋も吐瀉物の臭いが鼻をつき、トナカイの毛が鼻をくすぐり喉をつまらせた。

こういう悲惨な状況でほっとできるのは食事の時間だけだった。料理係に指名されたクリーンはプリムス・ストーブ（訳注　ケロシン燃料使用の加圧式ポータブルストーブ）を両膝に挟んでこぼれないようにして牛肉プロテインとラード、オートミール、砂糖、塩のソリ用圧縮食を煮た。沸騰して熱くなると、クリーンは魔法の言葉「フーシュ」と叫んだ。すると一同はストーブの周りに容器を差し出し、クリーンにお粥のようなものを半ポンドずつ入れてもらった。熱々の中身を素早く呑み込み、一同は上顎や喉を火傷しそうなってもまったく怯む様子はなかった。寒さと疲れた身体に染み渡る〈熱さ〉ほど有り難いものはなく、サウスジョージア島へ、救助へと近づくにつれて元気になった。

時には高さ百フィート（約三十メートル）を超える波や時速五十マイル（八十キロ）で襲いかかる巨大な波もある〈大きな墓場〉として知られるドレーク海峡に入った時、高波がボートに襲いかかった。もの凄い威力で迫る水の壁はジェームズ・ケアード号を押しつぶして海底に沈めそうだった。

またもや全員がボートにしがみつき、渇いた身体や睡眠は不可能だった。「ジェームズ・ケアード号が海に呑み込まれるかも知れないと思ったことが何度もあったが、ボートは生き延びた」とシャクルトンは記した。まさにそんな中でアイルランド人のマッカーシーは陽気さを失わず、ワースリーの記憶では「彼を舵から解放すると海が私たちに襲いかかり大波が頭上から被さってきて、私は罵倒しそうになったが、彼はにやりとして『いい天気だなあ』と言った」そうだ。

狂暴な波はやがて気温の低下に代わった。キャンバスの甲板と帆には厚い氷の層ができてボートの上部が重くなり、速力が落ちて転覆する恐れが生じた。この新たな脅威と闘うために、一人ずつ交替で狂ったように揺れ動く甲板へ這って行って、十五インチ（四〜五センチ）の氷の層を片手でたたき割るという危険な作業を行った。この作業は手袋をしていても数分ともたず、冷たさに身をよじって奥に引き返した。海面上に薄い氷が張り出すとオールが凍りつき、解決策よりも多くの問題を引き起こした。最後には、シャクルトンはオールを二つとも船外に投げ捨てろと命令した。帆も氷を除くために何度も降ろしたのでさらに前進が遅れた。

ボート上の全員が凍傷になった。足は白くなって感覚を失い、一人は大きな足指にピンが刺さっていても気づかないぐらい感覚がなかった。医師がいないので稚拙な切断手術を行わざるを得ない可能性もあった。それを防ぐためにシャクルトンは度々暖かい飲み物を飲ませ、各人の健康状態をチェックし、ワースリーによれば、つねに「艱難を緩和する手段」を工夫していた。

海での初めの一週間はこれまでと同様に試練だった。幸い波が静まり、もっと嬉しいことに太陽がとうとう顔を出した。びしょ濡れの寝袋と衣服、靴を乾かしている間、ワースリーは現在地を測るため六分儀を置いた。今までは星の位置を利用するか、それが失敗に終わったときは、風向きを頼りにしていた。両方使ってもボートが絶えず前後に揺れるので正確な読みはひじょうに難しかった。ワースリーは、自分とエレファント島に残っている二十四人の命は自分の航海術にかかっていると思っていた。確実にサウスジョージア島へ向かっていることを祈った。少しでもコースを外れたら悲惨だった。島を外れたら潮流と風で引き返せなくなり、広大な海に迷い出て死を待つのみだった。

一同は息を殺してワースリーの計測を見つめた。南緯十三度五十六分、西経三十八度四十五分——サウスジョージア島への中間地点だった。コースは外れていなかったが、その後、海の逆襲が始まった。

五月五日、真夜中にシャクルトンが水平線を見つめていると澄んだ空に輪郭線のようなものが見えた。よく見ると空ではなかった。もの凄いスピードと音で迫って来る津波だった。「ともかく二十六年間の海の体験で」、「これほど巨大な波は見たことがなかった」とシャクルトンは記した。

警報が発せられるや全員が襲いかかる波への即応体勢を取った。「水がごうごうと唸りながら私たちに覆い被さって……」とワースリーは振り返った。「見えも聞こえもしなかったが、暗闇と強風の中で波が突然現れ、大氷河がひっくり返ったせいだと思った」。

ボートはまだ持ち堪えていたが、目にかかった塩水を手で拭うとボートは海水に覆われ急速に沈みかけていた。慌てて手あたり次第にものを摑んで海水を汲み出してジェームス・ケアード号は危機を脱した。

ところが、最後の水樽が割れて海水が染み込んでしまった。真水はほとんど残っていなかった。シャクルトンはすでに体力を失った男たちへの水の配給を一日半パイント（約〇・三リットル）とせざるを得なくなった。各人は凍傷、外傷、腫れものなどが悪化している状況で「喉の渇きが加わった」。

こんな時ワースリーとクリーンの働きは目覚ましく、臆することなく海からの挑戦に受けて立った。クリーンは激しい風雨の中でも笑みを浮かべながらアイルランド民謡を口ずさみ、荒れる嵐に平然と立ち向かった。また、ワースリーは航海術の専門家としてだけでなく船長としての並々ならぬ力量を示した。混乱の渦中でも動揺せず、つねに冷静で決断力があり、命令は明快だった。シャクルトンの目は確かだった。彼らはシャクルトンの指導者ぶりを補足して成功のチャンスを最大限にした。

五月八日朝、十五日目に海上を漂う昆布の塊を見つけ、その上に二羽の鵜《う》がとまっていた。ワースリーは振り向いてにこりとした。鵜は陸地から十五マイル（二十四キロ）以上は飛ばないと言った。サウスジョージア島は遠くないはずだ。その直後マッカーシーが「島だ」と叫んだ。

前方に崖が見えた時、六人は傷もびしょ濡れも喉の渇きも忘れて、生涯一度きりの安心感と幸福感に浸った。サウスジョージア島だった。ところが、前方の崖は島の南岸であり、一行はストロムネス湾の捕鯨基地がある北側へ着きたかったのだ。だが、ヴィンセントとマクニッシュは必死で、シャクルトンも潮流や風でコースを外れて永久に島から遠ざかるのは避けたかったので、できるだけ早く着岸させる命令を下した。

サウスジョージア島の南西の角にあるキングホーコン湾を目指したが、岩礁と高波に妨げられて沈没する恐れがあった。そんな時の上陸は無謀である。ここまで来て、目標を目前にして余計なリスクは取りたくなかった。もう一晩ボートで過ごし、朝になって再挑戦するという判断は歓迎されなかったかもしれないが、一同は何が危険かを理解した。いかなる代償を払ってでも守らねばならないのは、自分たちの命だけでなくエレファント島に残る仲間の命も同じだった。ワースリーは「暗闇で海が荒れ、初めてで、しかも、地図にもない海岸へ上陸しようなどとは狂気の沙汰だ」と言った。

喉の渇きと闘いながらもその夜はじっとしていられなかったが、夜が明けてもまだ上陸できなかった。強風と波で船が岩にぶつかりそうなほど状況が悪化したのだ。そこで二十マイル（三十二キロ）東のアンネコフ島へ向かうことにした。

それは更なる未知への挑戦の旅であった。ハリケーン並の強風で木製のボートは振動して引き裂かれそうになった。それと同時に波が解体用鉄球のようにボートの両側に何度もぶつかり、その圧力に耐えられそうになかった。これ以上の猛攻には耐えられず、船首の厚い板がこじ開けられた途端に傷んだ船にはさらに水が入ってきて、沈没させまいと狂ったように水を汲み出した。

日が暮れても上陸できそうになくシャクルトンは必死で楽観を装っていた。「夜を乗り切れそうになかった。誰もが最期が近いと感じていたと思う」と語った。ワースリーは悲観して「実に残念だ。この大漂流が誰にも知られないとは」と言った。

傷んだ船が持ち堪えられそうになくなった午後九時頃、嵐が突然静まって、波のうねりが小さくなった。嵐がもう数時間続いていたらすべてが失われていただろう。嵐の勢いはこの海域で五百トンのアルゴス号が沈没したときと同じくらいだった。同船は石炭の積荷も乗組員も失われた。ジェームズ・ケアード号が生き延びたのは奇跡だった。

嵐はおさまったが、夜が明けたとき激しい風で船の進行が阻まれ、四時間以上も湾の入口で漂い続けた。すぐそこにまで近づきながら、まだ大きな危険の渦中にあった。喉の渇きは一刻を争うほどで、もう一晩海で明かすことなど無理だった。どうにかして上陸しなければならないがオールは二本しかなかった。一か八かだった。

残ったオールを凍傷の手で握り、暮れていく明かりの中で風を突き抜けてどこかへ上陸しようと全力で漕いだ。突き出た岩礁をよけながら進んでいくと小さな穴が見えた。流れに逆らってなお進んでいくとついに足下でドンと音がした。ジェームズ・ケアード号は上陸していた。

ボートから降りてふらつきながら近くの水たまりまで行き、膝をつき、水を飲みほした。どうやらサウスジョージア島に辿り着いたようだ。ところが、この湾はどうやら目的地ではなかった。いちばん近い捕鯨基地は島の反対側にあって、一行が安心するには未知の三千フィート（約九百メートル）の山脈を越える必要があった。

34

夜、崖の前の片隅で身を寄せ合って断続的に眠り、目覚めると新たな局面に向き合った。一行はサウスジョージア島には着いたが、安心と救助にはまだ手が届いていなかった。

シャクルトンは、流木の焚火で手を温め、朝食にアホウドリの肉にかぶりつきながらどうするかを考えていた。最終的にはフスビクかストロムネスかグリトビケンのどこかの捕鯨基地で救援を求めるつもりだが、いずれも島の北側にあった。ボートでは百五十マイル（二百四十キロ）あった。隊員の状態からみてマッカーシーとマクニッシュ、ヴィンセントは再度の漂流には耐えられそうになかった。だが、たとえワースリーとクリーンと自分が助けを求めに出ても、破損したジェームズ・ケアード号では成功しそうになかった。相次ぐ嵐で限界に達した上に、上陸の際に舵も失った。方向を定める方法がなかった。

三十マイル（四十八キロ）の行程を徒歩で横断するしかなかった。だが、それには気が引けた。サウスジョージア島の山中を横断したことがある者がいなかったからだ。見た目には尾根が続いているようでも、何があるかわからない。それに、一行はまったくその用意がなかった。マクニッシュとマッカーシー、ヴィンセントは立つのがやっとの状態で登山の道具もなかった。登るには手が頼りだが凍傷とまめで痛がった。

私とチャーリーは世界遠征隊（Trans Globe Expedition）の一部としての北極遠征中に似たような苦境に直面した。私たちは北西航路のエルズミア島を目指して無甲板船で二千マイル（三千二百キロ）航海していたが、気が付くと反対側にいた。雪で覆われた山脈と氷河の島の内陸部を徒歩で横断するしかなくなり、百五十マイル（二百四十キロ）の旅だった。すでに疲労は極限に達していたが、ジニーとの無線連絡が取れて、山登りと氷河トレッキング用装備品と食糧を空輸してもらった。それでも、その行程では私たちの真価が問われた。チャーリーは氷で滑って頭を負傷し、目的地に辿り着いたときには足が風船のように膨らみ、踵は赤く擦りむけて血まみれで、指先は凍傷になりかけていた。相応の装備がなかったら成功しなかったかもしれない。

シャクルトンには選択肢は前進しかないと分かっていたが、一行の半数はそんな状態ではなかったので、救援を求める旅の最終行程は彼とワースリー、クリーンの手に握られていた。しかし、危うい状態の三人をほら穴に残して行くことは気がかりだった。後ろは断崖絶壁で、高潮に襲われるか悪天候にでもなったら逃げ場はなかった。ボートも使えなくなっていたので危険からは逃れられなかった。

しかし、二、三日の休息後、マッカーシーが海を眺めていると、思いがけなく失われた舵が足下に流れ着いた。この幸運に恵まれて全員がケアード号に引き返し、約八マイル（十三キロ）先のキングホーコン湾の安全な場所に移動しようと言った。そこからなら島の奥の尾根は少しは横断しやすいように思えた。

海に戻るのには多少不安があったが、少なくとも天気は安定していた。水平線に嵐の徴候はなく、海は穏やかで、西風を受けて楽に湾へ辿り着き、雪を被った山々に囲まれた小石のある海岸に上陸した。たった一度の苦難のない旅に感謝してシャクルトンは「最高の日」と記した。

アザラシが多いので居残り組が食べ物に不足することはないだろう。しかし、海はほら穴よりも自然の猛威に晒されやすいため、岩の上にボートを逆さまに置いてシェルターにした。ディッケンズの小説『デービッド・カッパーフィールド』のボート暮らしの一家からとってペゴティ・キャンプと名付けた。

それからシャクルトンは山登りに集中した。捕鯨基地までは三十マイル（四十六キロ）あった。条件さえ良ければ丸一日で横断できるはずだ。身軽にするため寝袋とテントは持たずに行くつもりだった。持ち物は三日分の食糧とストーブ、マッチ、双眼鏡、コンパス二個、ロープ五十フィート（約十五メートル）で全部だった。

これはシャクルトンの行動の中で最も大胆だったと思う。速さに拘ったためだったのだろうが、死なないようにすることを前提に、スピードは落とさずに、テントと寝袋を背中に括りつける方法が僅かな時間で考えられたのではないか。

だが、最終準備の最中に天気が変わってボートのシェルターの中へ逃げ込んだ。真冬なので激しい嵐で出発できなくなることを恐れた。横断中に嵐に見舞われて寝袋やテントがなかったらどうなるのか。氷に覆われた山脈を、しかも、悪天候の中で越えるのは最も快調なときでさえ難しかった。しかし、シャクルトンには他にどうしようもなかった。またしても彼は好天に恵まれるのを辛抱強く祈ることしか選択肢がなかった。

際限のない状況でマクニッシュは時間を活用した。ジェームズ・ケアード号の釘を抜いて靴の底に打ってアイゼンにし、流木で杖をつくった。また、手斧の持参を勧めた。貴重な思いつきだった。

五月十九日早朝、前触れもなく嵐がやんだ。シャクルトンはすぐに起き上がって最終準備をするよう指示した。温かい食事をとった後、午前二時にジェームズ・ケアード号の小屋を出ると、残留する者たちに数日内には必ず救援を連れて戻ると言って手を振った。一行はこれが最後の使命であることを願いつつ暗闇の中へ出発した。

マクニッシュのアイゼンと杖のおかげもあって最初の上りは楽で、数百メートルの急斜面をすばやく登った。月明りの下に前方が見えた。雪を被った山頂を通り抜けると雪原と危険なでこぼこ道だった。思ったほど良くなかったが、悪くもなかった。これから先の四十八時間には確実にさらなる挑戦が待っていた。

月はまもなく隠れて濃霧に変わり、先が見えにくくなった。足下のほか先が見えず、シャクルトンは慎重に前進しながら他の二人を摑んだ。二人は絶壁の縁にいた。あと一歩で危うく転落死するところだった。

安全確保のためロープで身体をつないで一列になって歩いた。いつもどおりシャクルトンを先頭に前人未踏の行路を進んだ。ワースリーは後方からナビゲーターを続けて暗闇の中で行路を探った。ところが、数時間後には、後戻りしてやり直さなければならなくなった。一行はキングホーコン湾に隣接するポゼッション湾の方へ周回していただけで、また海へ向かっていたのだ。

がっかりして奥へ戻り、途中で元気を出そうと温かい物を食べたが、その間もワースリーは行路を再検討していた。彼の目には右の通路は楽な登りに見え、いい知らせだった。だが、一行の状況と限られた装備からすれば登りは何であれ挑戦だった。

寒気と高度、おまけに地面がでこぼこで神経が参り、二十分ごとに休まなければならなくなった。「私たちは両手両足を伸ばして仰向けに倒れ、元気を出そうとして深呼吸した」とワースリーは振り返った。

ワースリーは気の毒なことに誰よりも苦労した。シャクルトンとクリーンは極点を目指した時に危険な状況での行進を経験していた。二人とも、自分の身体が止まれと悲鳴を上げたときに、そうしないための精神力の活用法を学んでいた。ワースリーは遠征中に忍耐力については十分すぎるほど証明したが、これはまったく別の挑戦だった。ワースリーの苦労を見てシャクルトンとクリーンは彼を励まし、彼も努力を惜しまなかった。

運よく斜面に入ったときに夜明けの光が差し、躊躇《ためら》いがちに三時間ほど山をよじ登ったが、途中で道が閉ざされていた。山頂で望む方向に繋がる斜面を期待したが逆に急降下だった。「見下ろすと千五百フィート（約四百五十メートル）下に砕氷が見えた。そこには道がなかった」とシャクルトンは記した。再び引き返すことになり予想外に時間がかかりそうな不安が募ってきた。寝袋やテントを持参しなかったことを後悔していたのかもしれない。

新たな稜線峰では前方にどこまでも続く高い山々が見えた。ワースリーはこれから先の労苦を慮って「私たちは人跡未踏の僻地にいた」と記した。聞こえるのは大雪崩と氷河が割れる轟音だけだった。

先に進むと二百フィート（六十メートル）の裂け目で道が遮断されていて、ワースリーは「戦艦二隻」が入りそうなほど大きいと言った。直接横切る方法はなく、引き返すのは問題外で、狭い岩棚で壁面を摑んで慎重に縁を回って行った。手は無感覚で凍傷のために力が入らなかった。

幸い天気は良かった。気温はまだ氷点下で、ぼろを纏って冷たい風が身に染みたが、嵐と格闘せずにすんだ。天気が荒れていたら悲惨なことになっていただろう。

黄昏時に、もう一つの四千五百フィート（約千四百メートル）の山の頂に出たとき、濃霧で先が見えにくくなっていた。先が見えずに暗闇の中を歩き続けるのは愚かだと分かってはいたが、山頂は凍える寒さだった。夜の気温は零下三十度以下になり、シェルターがないので耐えられなくなるだろう。「とてもたまらない。月が出るまでここで待っていたら凍えてしまう」とシャクルトンは言った。

彼が何を選択しても命にかかわる危険があったが、すぐに決断した。「リスクをとらなければ」。山頂で凍死するより前進して死ぬ方を選んだ。

マクニッシュの手斧で斜面に足場を刻みながら降りた。暗闇の中で一行は三十分間で百ヤード（九十一メートル）進んだ。このペースでは寒さで死ぬかもしれなかった。もっと早く降りねばならなかった。シャクルトンには解決法がただ一つあった。「滑ろう」と、コイルを巻いてトボガン（小型ソリ）を作ろうと言った。ワースリーは「無茶だ」と思い、当人も「危険が大きい」のは認めた。

他に選択肢がなく、シャクルトンが先頭に座り、ワースリーとクリーンが後ろに座って両脚で前の者を挟んだ。全員が一瞬身構えた。命を落とすか、見えない岩に激突するかもしれないのにシャクルトンは足を蹴った。「最初の三十秒間は人生でこんな恐怖を味わったことはなかった」とワースリーは記した。「スピードが桁外れだった。暗闇の中を飛んで行くようで息が止まりそうだった」。悲鳴を上げながら滑り落ちて止まるまで恐ろしいほどのスピードだった。千五百フィート（約四千五百メートル）を数秒間で滑り降り、互いに背中を叩き合って安心感から笑いが出た。それは奇跡だったし、これまでも多くの幸運に恵まれた。シャクルトンは無信仰だったが、幸運は神のおかげと思わざるを得なかった。「サウスジョージア島の無名の山々と氷河を越えた長く辛い三十六時間は、私たちは三人ではなく四人なのだという感覚だった」。

午後六時、夕暮れから夜になる頃、温かい食事をとり、クリーンがアイルランド民謡を歌い、その後再び前進した。一行はほぼ二十四時間動き続けて一睡もしていなかった。

出発当初はとうとうストロムネスに近づいたと期待したが、巨大な氷河にぶつかった。これはやっかいだった。前回ストロムネス湾に行った際には、氷河はなかった。明らかに方向を誤ったのだ。「ひどくがっかりした」とシャクルトンは記した。疲れ切った男たちは、いつになったら苦難が終わるのかと思いながら再び引き返した。

午前五時頃には男たちは体力を使い果たした。精神的にも肉体的にも擦り切れていた。ちょっと一休みするとクリーンとワースリーは深い眠りに落ち、シャクルトンは眠気と闘わねばならなかった。ほんの一瞬でも休みたかったが、「こういう状態で眠ると死に直結する」と記した。一行はどうにか歩き続けた。

それでもシャクルトンはもう五分間だけ休もうと言い、リーダーシップの面目として、二人を起こした際に気持ちよさそうに三十分間眠っていたと告げた。心理作戦が成功した。

多少疲れがとれた男たちは周囲が斜面であることにすぐに気づき始めた。ストロムネス湾の周囲の斜面に似ていた。すると、遠くに微かな汽笛が聞こえた。捕鯨基地の船からに違いなかった。「これほど心地よい音色を聞いたのは初めてだった」とシャクルトンは振り返った。食糧が尽きそうになり間一髪のところで救助の手が見えた。

一行は力をつけるために手早く軽食をとった後、捕鯨基地へ向かった。だが、行く手は楽ではなかった。まだ凍った急斜面があり、深い雪を乗り越えた。しかし、屠殺直後のアザラシの臭いに背中を押された。文明がすぐそばにあるしるしだった。

午後一時三十分、沿岸にある最後の尾根を登ると、ストロムネス湾の捕鯨基地がはっきり見えた。他の人間たちを目にしたのは一年半ぶりだった。夢中で二千五百フィート（約七百五十メートル）下のマッチ棒のような人間に手を振り、声を張り上げたが、声は風にかき消された。

それから猛スピードでストロムネス湾へ向かう最後の斜面を下った。興奮ではち切れそうになったがシャクルトンは立ち止まった。目の前に高さ十五～三十フィート（四・五～九メートル）の滝があった。滝を迂回する道はなく引き返すこともできなかった。

大きな丸い岩にロープを結んで順番に懸垂下降《アブザイレン》した。顔に冷水を浴び、服はびしょ濡れになった。すぐに全員が滝の下まで降り、捕鯨基地に一・五マイル（二・四キロ）までに近づいた。

興奮した三人はぼろぼろの服でよろめきながら二人の子供に出会った。この基地の管理者の事務所はどこかとシャクルトンが尋ねると、恐がって逃げ去った。続いて、三人の異様な身なりに驚いた高齢の男も逃げた。三人とも顔は黒く、髭は伸び放題で、悪臭を漂わせ、とても人間とは思えなかった。ワースリーは自分たちが「ぼろぼろで、汚く、悪臭がし、髪も髭も伸び、煤と脂で汚れている。三カ月も身体を洗わず、風呂と着替えは七カ月していない」ので彼らを責められないと言った。

午後四時にストロムネス湾に入った時、ぼろぼろの服でふらつきながら歩く三人を見て人々は疫病でも避けるように逃げ去った。とうとう基地の親方のマティアス・アンダースンが立ち止まったので、シャクルトンはしわがれ声で管理責任者に会いたいと囁いた。アンダースンは三人を事務所に案内し、彼らを外に残したまま責任者のトラルフ・セールと話をしていた。「外に変わった様子の男が三人います。貴方をご存知のようです」と伝えた。確かにシャクルトンとセールは一九一四年にエンデュアランス号が島を立つときに会っていた。

セールは事務所から出て来て、乞食のような男たちを上から下までじろじろ眺めた。彼らには確かに会ったことはなかった。「君たちはいったい誰だ」と町から追い出さんばかりの勢いで声を張り上げた。「シャクルトンです」との返事があった。セールが相手を見つめていると、一年半前に見た覚えのある目の輝きがあった。世間ではアーネスト・シャクルトンは死んだと思われていたが、死なずに、現にここにいた。しかし、やがてシャクルトンが後に残してきた世界は、こうして再び戻った世界とは大きくかけ離れていることを知った。

35

シャクルトンとクリーン、ワースリーの三人は最も過酷な生存の試練を生き延びた。サウスジョージア島の海岸を離れて一年半後に、彼らは船を失い、溶けかけて割れそうな流氷上でキャンプをし、クジラに襲われそうになり、危険なウェッデル海で巨大な波と氷山の脅威に晒されながら数週間を過ごし、相応の装備もないまま地図にない山々を登ってここまで辿り着いた。三人は地獄を経験したようだったが、驚くべき体験談を語るために、かろうじて生き延びた。三人が到着して数時間後には吹雪になった。山中だったら致命的だっただろう。捕鯨基地でのその後の記録には、その冬の後、人間がそういう旅をしてテントや極地服なしで生還できるような期間はなかった。

三人はセールの家で風呂に入り一年半分の汗と汚れを洗い流した。ワースリーは風呂に無上の喜びを感じたことを日記に書き留めたが、私の場合も、極地で風呂に入らず、着の身着のままで九十四日間人力運搬した後、初めてお湯の風呂につかったときの感激を思い出した。そういう時の風呂は、神経の末端まで感覚を麻痺させるほどの至福を感じるものだと思うが、私は前日にお湯のシャワーを浴びたかったのだが断られた。

その後セールの執事から着替えを渡され、コーヒーとパン、ジャム、菓子などを出された。まるで天国のようだった。エレファント島にいる仲間たちはもちろん、この島の反対側にいる者たちへの救助船を準備している時、シャクルトンは「戦争はいつ終わったのですか」と尋ね、故国を遠ざかっていた間の出来事に話が向かった。

一九一四年八月、一行の出発前夜にイギリスはドイツに宣戦布告し、その年のクリスマスまでには終わるだろうと見ている人が多かった。だからシャクルトン一行の誰もが銃声はもう静まったと信じ込んでいた。ところが、セールが言うには、まだ戦争は継続中で情勢は悪化の一途だった。「ヨーロッパは一大事だ。何百万人もの死者が出ている」。彼の話では、塹壕戦や毒ガス、戦車やUボート、大虐殺で人々は戦慄していた。「私たちだけが世界を震撼させる出来事をまったく知らないでいたのか」とシャクルトンは言った。探検隊が氷で立ち往生していた間にヨーロッパは引き裂かれていた。

その晩シャクルトンは眠れなかった。自国と家族がどうなっているかが気になり不安に苛まれた。サウスジョージア島には通信手段がないので、自分が生きていて無事なことを家族に知らせることはできなかった。だが、まだ南極で果たさなければならない仕事が彼にはあった。

シャクルトンがエレファント島に残されて既に一カ月になる仲間たちの救援に奔走していた間に、ワースリーは捕鯨船サムソン号でキングホーコン湾へ向かった。数時間眠った後で髭をきれいに剃ったワースリーは、以前立ち去った海岸を歩いていた。マクニッシュとマッカーシー、ヴィンセントは髭を剃ったワースリーを見て初めは誰だか分からず、声もかけられないほど衰弱していたが、げっそりした顔いっぱいに笑みを浮かべた。辛い試練は終わった。サムソン号はジェームズ・ケアード号を牽引してストロムネス湾に引き返し、三人はようやく休息がとれた。

一方、セールは、シャクルトンとクリーンをエレファント島へ連れて行く船と乗組員を見つけるのを手伝っていた。話が広まり、シャクルトンは建造後四年の蒸気船サザンスカイ号の提供を受け、船長のイングヴァル・トムとノルウェー人乗組員が乗船した。シャクルトンは寄贈品の数々にも囲まれた。探検隊の資金がなくなってから随分経っていたのでこれに深く感謝した。これ以上資金集めに時間を費やしたくなかったからだ。

ノルウェー人たちが懸命に船の準備をしてくれていたので、三人は島の集会所で旅を祝福するための会を催した。脂とタバコの煙の臭いのする満員の部屋でシャクルトンは久しぶりに得意の話術を披露した。ところが、聴衆はなかなか乗って来なかった。ノルウェー人捕鯨業者は海でありとあらゆるものを見ていたので、簡単には動じず、称賛することもなかった。話が終わった時、しんと静まり返っていたが、一人の老人が立ち上がってシャクルトンらを指さし「彼らは男だ!」と言った。その言葉で全聴衆が畏敬に近い思いで三人と熱い握手を交わした。「同じ船乗りであり、ノルウェー人のように海に生きる偉大な民族から発せられた言葉は素晴らしい賛辞であり、私たち全員は誇らしかった」とワースリーは語った。

その翌朝、シャクルトンとクリーン、ワースリーはサザンスカイ号でエレファント島へ向かった。一方、マクニッシュとマッカーシー、ヴィンセントは帰国して戦争に参加することにした。ワースリーが愛情を込めて「でっかくて、勇敢で、つねに笑みを湛え、心優しい海の貿易人」と呼んだマッカーシーは不幸にして僅か六カ月後に海で落命した。

エレファント島に到着した際にシャクルトンが気にしたのは冬の流氷群で、この時期はキャンプ・ワイルドの男たちと一年間接触できなくなる恐れがあった。それが問題なのが分かっていたので、流氷群で閉ざされないうちにどうしても島に到着したかった。だが、最初に氷を見た途端、サザンスカイ号は明らかに航路開削構造にはなっていないのが分かった。十日分の石炭しか積んでおらず時間は限られていた。進路は険しく、この先まだ七十五マイル（百二十キロ）もあったので引き返して別の船を探すことにした。

シャクルトンはサウスジョージア島へは戻らず、約五百マイル（八百キロ）北のフォークランド諸島のポートスタンリーに船先を向けた。そこならもっと相応しい船が見つかるだろうし、ロンドンと連絡も取れる。

一九一六年五月三十一日に到着すると『デイリー・クロニカル』に二千語の電報を打った。シャクルトンは死んだものと思われていたので世間はこのニュースに驚いた。翌日の新聞の第一面に「サー・アーネスト・シャクルトンがフォークランド諸島へ生還」と報じられた。シャクルトンはエミリーにも生きていて「地獄のような一年半」に耐えていたと書き送り、隊員を一人残らず救助次第必ず帰国すると約束した。

これは生易しいことではなかった。氷を砕きながら進む船を見つけるのは想像以上に困難だった。そういう船はフォークランド諸島には一隻もないばかりか、海軍本部に支援を求めると、ディスカバリー号なら送れるが十月以降になると言われた。そんなに待てなかった。彼がエレファント島を出発した時、隊員たちはすでに惨めな状態にあった。あと四、五カ月も待ったら死者が大勢出ることになる。

ワースリーによれば、シャクルトンは「必死で」支援してくれそうな人物に打電した。外務省からはすぐ返電があった。南米で適した船を探したところ、モンテビデオが基地の蒸気トロール船〈漁業研究所第一号（Instituto de Pesca No. 1)〉があった。二百八十トンのこの船は荒海用に建造されていて、食糧と乗組員は無償で提供された。六月十六日にはシャクルトンとクリーン、ワースリーを乗せてポートスタンリーに入港し、再びエレファント島に向かった。

ところが、目的地へあと二十マイル（三十六キロ）のところで船の責任者である二十八歳のルペルト・エリチリベヘティ大尉は撤退を命じた。エンジン故障と、石炭の涸渇で、すでに航海が難渋していたので氷に閉ざされるリスクを負いたくなかったのだ。「置き去りにされた者たちにあんなに近づいたのに到着できなかったのは苦い経験だった」とワースリーは語り、シャクルトンには「断腸の思い」が残った。

ポートスタンリーに戻ると、不在中に英国軍艦グラスゴーが入港していた。同艦は救助には持ってこいのようで、ジョン・ルース艦長は援助したがっていた。海軍本部にエレファント島へ向けた出航許可を得ようとしたところ、厳しい返事が返ってきた。「貴電については不許可」。戦況が厳しく海軍本部はグラスゴーを派遣する余裕がなかったのだ。

シャクルトンは逆上してこれ以上は待てないと、活気ある港と大きなイギリス人社会があるチリのプンタ・アレナスで船を探すことにした。そこで郵便船オリタ号を確保すると、三人は一九一六年七月一日に到着し、同地のイギリス領事チャールズ・ミルウォードは彼らが直面する問題を理解した。五十七歳の領事もかつて南極で難破した経験があり全力で助けようと思った。シャクルトンを紳士クラブの英国マゼラン協会（the British Association of Magallanes）会長に紹介し、シャクルトンは七月九日開催の会合で助けを求めた。

シャクルトンは大勢の前で冒険を語って故国を離れたイギリス人を喜ばせ、支援を訴えた。信じられない話にみなが心を動かされ、イギリス人と富裕なチリ人実業家がただちに基金を立ち上げ、二千ポンド以上の寄付金が集まった。船を出してもらうのではなく、借りる資金ができた。その後七十トンのスクーナー（訳注　二本マストの縦帆式の中型帆船）のエマ号を使うことになった。チリ当局は、取引の一部として、また、石炭節約のために、氷の中でエマ号の牽引を助けるために気船イェルコ号を提供することにも同意した。

エマ号はチリ人水先案内人のレオン・アギーレ・ロメロの指揮下で出航態勢が整ったものの、シャクルトンの楽観視から失敗が生じた。エマ号の機能は漁業研究所第一号以上のものではなかったのだ。この時は、百マイル（百六十キロ）手前で補助エンジンが故障し、船も氷で損傷していた。氷に閉じ込められる危険が増すばかりか、エレファント島の仲間の救助がさらに遅れる恐れが高まった。すぐにエンジンが再起動されて船上の者たちはほっとしたが、これ以上進めないことは明らかだった。出航して僅か三日でエマ号は港へ引き返し、状況はさらに悪化した。

シャクルトンは三隻での三人の救助を諦めざるを得なくなった。一方、仲間たちはほぼ四カ月間エレファント島に取り残されており、彼らのキャンプ地を塞ぐ流氷群は突破できそうになかった。「彼は島の男たちのことを一言も言わなくなった」とワースリーはシャクルトンの絶望について記した。「沈黙は言葉より雄弁だった」。

シャクルトンは緊張から白髪が増え、自ら大失敗だと思う辛さを紛らすためにウィスキーに走った。自分は生き延びたとしても、大勢の隊員の生命を奪ってしまったと思い込んでいた。一年半前までの目標は全員救出だったが、それは出来そうになかった。英雄どころか犯罪者のような気持ちだった。「辛い日々が続いた。夜はどんな思いでいたのだろうか」とワースリーはこの時期を振り返った。シャクルトンが悲しみをウィスキーのボトルに沈めていた時、クリーンは飲むのはほどほどにしろと忠告した。たとえ僅かでも彼らを救出できるチャンスはまだあると言った。

シャクルトンの頼みの綱はディスカバリー号の到着を待つことだった。ディスカバリー号はまもなくイギリスを出港することになっていたが、到着するまでに六週間かかり、また、救護責任者には六十三歳のスコットランド人ジェームズ・フェアウェザー大佐がなることがシャクルトンには伝えられていた。シャクルトンは脇へ退けられた。ひどく腹が立った。残された者たちへの責任はシャクルトン一人にある。土地勘があり、お手の物だった。彼が引き下がることはあり得なかった。

怒りと苛立ちからシャクルトンは別の船を見つけようとした。だが、プンタ・アレナスでは選択肢は限られていた。とくにエマ号の失敗の後では基金は涸渇しかかっていた。イェルコ号なら入手できそうだったが、明らかに使えそうになかった。エンジンとボイラーに不安のある廃船で、氷への耐久性もなかった。その上、最高速度が十一ノット（時速約二十キロ）と遅すぎた。これだけ欠点があるのに、シャクルトンはチリ海軍長官に是非使わせてくれと頼み込んだ。長官は条件付きで承諾した。氷に近づかないことだった。シャクルトンは守れない約束と承知の上で同意した。

八月二十五日、シャクルトンは再び出帆した。今回失敗したら脇に退いてディスカバリー号に任せる外になかった。それに駆り立てられるように船はどんどん進み、エレファント島まで六十マイル（九十六キロ）に達したが、流氷群は見えなかった。しかし、その後、八月二十九日の真夜中近くに流氷が視界に入って分厚い霧に覆われた。シャクルトンは約束を守って引き返すべきだった。視界が悪い中を万全ではない船で流氷群の中へ突っ込むのは狂気の沙汰だった。それでもシャクルトンはチリ海軍の三十四歳の操舵手ルイス・パルドを説得してさらに進んだ。

船の速度を半減し、シャクルトンはブリッジを受け持ち、首に賭けた双眼鏡で霧に目を凝らして進路を誘導した。だが、一行が流氷群に入ると、前回の探検時ほど強固ではなく脇から氷が崩れた。さらに波を切って進み、自分たちの幸運が信じられないほどだったが、夜明けには水平線にエレファント島の山並みが見えた。島に近寄るとシャクルトンは双眼鏡を外し、船を島の基地へ向かわせた。そこには一生懸命に彼に手を振り、飛び上がっている小さな人影が見えた。目を凝らして二十三名全員の無事を祈りながら人数を数えた。「船長、二人しかいない」。「いや、四人。六人、八人いる……全員いるぞ。全員助かった」。まさに喜びの瞬間だった。島を目指してさらに進んで海岸から百五十ヤード（約百四十メートル）まで近づいた。小型船を降ろして、シャクルトンとクリーン、それにチリ人船員四人が乗り込んで基地へ向かった。百二十八日前にまったく異なる状況で立ち去った場所だった。

立ち止まると、シャクルトンに岸辺で大騒ぎする声が、とりわけ救援者が他の誰でもないボス本人だとはしゃぐ声が聞こえた。彼は約束を守って不可能を可能にした。シャクルトンがワイルドに「元気か」と叫ぶと、大親友は「ボス、私たちは全員元気です」と応じた。

エレファント島に上陸する余裕はなかった。とにかく脆弱なイェルコ号が氷に囲まれるかも知れないので、速やかに全員を乗船させる必要があった。一時間で島へ二往復して全員を小船に乗せ、イェルコ号へ運んだ。全員の乗船が完了したとき、シャクルトンは「手の傷が相当ひどい者がいる」ことに気がついた。ブラックボロウはマッキルロイ医師に足指を切断されていた。シャクルトンは隊員の体力を温存させるため、北進する間デッキの下で休むように言った。

それでも、一行はくつろげなかった。船は猛烈な風に向かって再び氷の中へ突進しなければならなかった。幸い運が再び彼らに味方して、神によってそのすべてを獲得した。流氷群は果敢なイェルコ号と乗員が十分苦労したことを知っているかのように再び道を開けてくれたのだ。シャクルトンはようやくワイルドと話ができた。言うまでもなく彼らは暗い時間を過ごしてきていた。

シャクルトンが去るとすぐに食べ物が盗まれ、ワイルドは盗んだ者は撃ち殺すと脅さなければならなくなった。だが〈ボス〉がいなくなると飢えがひどくなり、基地には狂気と無秩序が蔓延し始めた。ワイルドには引き締めを、しかも、速やかに実行する必要があった。彼は、シャクルトンはどうだったかを考え、全員が何より求めているのは希望であることを知り、毎日「ボスは今日来るぞ、準備しておけよ」と彼らに言った。オードリーズによれば、ワイルドの「陽気な楽観主義」と公正さを誰もが敬い、ワイルドは権利より模範を示すことで全員を統率した。全員の尊敬を得られたことで、物事を抑制することができた。優れた統率力であり、シャクルトンはワイルドを称賛した。

だが、ワイルドは十月五日までにシャクルトンが戻らなかったら、自ら五人の救援チームを結成してダンドリー・ドッカー号で二百マイル（三百二十キロ）先のデセプション島まで行こうと決めていたとシャクルトンに告げた。シャクルトンは期限内に間に合ってほっとした。そんなことをしたら船で生き残れる道はなかった。

さて、プンタ・アレナスへの途次リオ・セコに立ち寄って短時間知事を訪問した。イェルコ号がエレファント島の二十三人全員を乗せて入港する予定であることを伝えた。それは祝賀に値する出来事だった。

こうして、九月三日のイェルコ号入港の際には住民総出で手を振り、歓声を挙げて出迎え、ブラスバンドは「イギリス国歌」を演奏した。ヨーロッパではまだ戦争が続いていたが、港内のドイツとオーストリアの船舶まで一行の帰還を祝って国旗を振った。それぞれ相違はあっても、世界中の人々が認める英雄物語だったのだ。その場面をオードリーズは「立派な帰国だった」と言った。

エレファント島から戻った一行は一年十カ月ぶりに文明社会に戻り、市内のロイヤルホテル前で、広報通の〈ボス〉の指示で、ぼろのままで写真撮影をした。一行の脇には髭を剃ってさっぱりしたシャクルトンが任務を完遂した誇りで輝いていた。

その日遅く、シャクルトンはエミリーに手紙を書いて思いの丈を吐露した。「私はやり遂げた」と誇らしく宣言した。「海軍本部ときたら誰が私への対応を決めたのか。失った者は一人もなく、地獄を脱出した。すぐ家に帰ってゆっくり休みたい」。しかし「休む」前に、探検隊の残りの半分はどうなったのだろうか。

シャクルトンはオーロラ号の一行がどうなったかを知る必要があった。オーロラ号はマクマード湾へ向かい、大陸の反対側で苦労しているシャクルトンのことは知らなかった。シャクルトンは、探検は全体としては失敗だが、オーロラ号の一行は少なくとも無事だと思っていた。だが、シャクルトンはまもなくオーロラ号一行が無事どころでないことを知り、エンデュアランス号の残りの隊員たちが戦争に加わるために帰国した一方で、再度救助に当たるためにニュージーランドへ向かった。

36

サウスジョージア島に上陸以来、シャクルトンにはオーロラ号がマクマード湾で氷に閉ざされているという断片的な報告しか聞こえてこなかった。だが、マッキントッシュ一行に危機が迫っていることを信じる根拠はなかった。一行には三、四年分の食糧備蓄があり、オーロラ号は港へ戻っていて彼らの所在が不明だったからだ。なぜ一行がまだ救出されていないのかは彼には分からなかったが、間もなく救助されるに違いなかった。いずれにせよ、サウスジョージア島での彼の優先順位はオーロラ号より危機的状況にあるエレファント島の一行の救出だった。

オーロラ号一行が氷に閉じ込められているのを知って、シャクルトンはワースリーとともにパナマへ行き、ニュージーランド行の船に乗った。エミリー宛に「この二年間の緊張と不安の後にやっと家に帰れると思っていたが仕方がない」と書き送った。彼はオーロラ号の隊員に対する責任は自分にあると思っていたし、救助が必要なら率先してやるつもりだった。しかし、出発時に今度は事情がまるで違うことに気づいた。

探検で不在中にイギリスとニュージーランド、オーストラリア各国当局には今回の探検に対する批判が高まっていた。オーロラ号は明らかに資金不足、準備不足であり、これが隊員の生命を危険に晒したというのだ。モーソンが述べた通り、当局は「今後、探検隊は事前に十分な資金を集めた上で出発し、任務終了を政府に通知すること」を重視した。非難はすべてシャクルトンに向けられ、エレファント島の一行を救出したのに彼をマクマード湾の救助作業に入れようとはしなかった。事実、ニュージーランドのウィリアム・ファーガソン・マッセイ首相はシャクルトンが来訪する「理由なし」と通知した。

シャクルトンは怒り心頭だったが、モーソンは「正しいやり方をしなかったからそれが自分にはね返ってきた」と突き放した。

シャクルトンは冷遇されたばかりか、救助隊員の責任者にも選ばれなかった。シャクルトンがオーロラ号の初の南極探検隊の船長だったステンハウスが望ましいと示唆すると、彼は退けられた。救助費用は約二万ポンド（現在価値で八万五千ポンド）であり、当局が経費を負担するからには隊長も決めるつもりだった。ステンハウスも一回目に氷に閉ざされたことで非難されていた。結局、当局は一等航海士としてニムロド号探検隊への参加経験のあるジョン・キング・デービスを統率者に指名したが、シャクルトンは当初彼にエンデュアランス号の指揮を依頼していた。

チリでは英雄としてもてはやされたので、ニュージーランドで犯罪者扱いされたことは受け入れ難かった。しかし、到着するまで、オーロラ号をデービスの指揮下に置いてはならないという要求を立て続けに打電したこと以外にはほとんど何もすることがなかった。当局は無謀な探検隊にうんざりしていたし、ヨーロッパの戦争の脅威もあって強硬な態度を崩さなかった。戦争ではガリポリ（現トルコのゲリボル半島）だけで一万人以上のオーストラリア兵とニュージーランド兵が戦死していた。だが、シャクルトンはすぐに離脱するつもりはなかった。

十二月二日にシャクルトンとワースリーはウェリントンに到着し、ロバート・マクナブ海軍大臣を往訪した。人間関係を上手に操る名人のシャクルトンは、怒鳴ったり、喚いたりしても埒が明かないのが分かっていたので、愛嬌を振りまいて大臣に再考を促した。シャクルトンがオーロラ号を指揮することになるか、少なくとも乗船はできるだろう。妥協が成立した。オーロラ号の船長はデービスで変更はないが、シャクルトンも〈臨時役員〉として乗船し、必要に応じて陸上活動を監督することになった。上陸の際、要望によりシャクルトンが救助活動を指示している間は当局には責任を任せられる人物がいた。

デービスは乗組員二十五名を集め、十二月二十日にポート・チャーマーズを出港した。シャクルトンは指揮を執りたいと頑張ったが、そうならなかったことで少しは気が楽になった。乗組員と楽しく語らい、山頂から酷寒の大気へ蒸気を吐くエレバス山など過去の思い出をかみしめる時間もあった。

シャクルトンは四十二歳になった。すでにエミリーへの手紙に「差し当たって南極を拝むことはないだろう」と書いていた。これが氷を目にする最後の機会だと思って一瞬一瞬をかみしめていた。デービスがこの旅について述べたとおり「過ぎ去りし航海」だった。

一月十日にロイズ岬に接近すると、八年前にニムロド号の基地として使い、現在は氷に閉じ込められたロス海組の基地になっている小屋が見えた。船上では後方で気楽に過ごしていたが、いざ上陸となり、オーロラ号の隊員二名を従えて救助に向かった。

ところが、小屋に着くと誰もいなかった。基地をエバンス岬のスコットの旧い小屋に移したとのメモがあった。

さっそくエバンス岬に向かい、シャクルトンとオーロラ号の二人は、ぼろぼろの服の男たちがよろよろと近づいて来るのが見えた。数週間前のシャクルトンと同じだった。十名のはずが七名のみだった。汚れと垢がこびりついていたが、シャクルトンはアーネスト・ワイルドとコウプ、ゲイズ、ジャック、ジョイス、リチャーズ、スティーブンスだと分かった。マッキントッシュとヘイワード、スペンサー＝スミスはどうしたのか。七名がオーロラ号に乗ってから、マクマード湾での恐怖の体験が明かされた。

一九一四年十二月、タスマニアからロス海へ向けて船出した一行はやがてロイズ岬へ上陸し、氷舌（Glacier Tongue）で知られる浮遊氷河に錨を下ろした。しかし、荷下ろし中に鎖が切れて、船は大事な食糧や衣服、装備品もろとも漂着した流氷群へ押し流されてしまった。十人が置き去りになり、生き残れるだけの食糧はなかった。この窮状を何とかするためロイズ岬のシャクルトンのかつての小屋をあさり、その後はエバンス岬のスコットの基地に移って以前の遠征隊の残留物を探した。残り物は僅かで、一行はデポ設置より自分たちの生き残りが優先になった。それまでに犬は死んでしまい、ソリなどの運搬道具は船に積まれたままだった。

だが、マッキントッシュは、シャクルトンは自分たちを当てにしていると思っていた。ちょうどこの時大陸の反対側ではエンデュアランス号が氷に閉じ込められていて、横断計画がほぼ終っていたことなど思いも寄らなかった。彼は「体験したことがない生と死が絡み合う挫折と驚き、それに（シャクルトン）の人生のようにつねにダモクレスの剣とともに生きるのは辛い――責任がつねに私の肩にかかってくるからだ」と記した。そして彼は、危機的状況でもどうにかしてデポを設置しなければならないと言った。シャクルトンは彼らを頼りにしていた。全員が賛成した。彼らの目的は棚氷を横断してベアードモア氷河の麓までの間にデポを五カ所設けることだった。そのためには四頭の犬の力と、不十分なソリと食糧で、千マイル（千六百キロ以上）を一日十五マイル（二十四キロ）のペースによる人力運搬を毎日やり遂げなければならなかった。これは八年前にシャクルトンとニムロド号一行がポニーとソリ、それにもっと十分な食糧で実行したときよりも早いペースだった。一行は、一日五マイル（八キロ）以上は進めないほど難渋していた。

やがて全員に緊迫感が広がり、とくにジョイスと〈片目の〉マッキントッシュとの間がひどく、ジョイスが「あんなひどい責任者は初めてだ」と言ったほどだった。すべてはシャクルトンのせいなのだが、こういう状況でマッキントッシュが矢面に立たされてかなり運が悪かった面もあるが、他に人がいなかったのだ。

コウプとゲイズ、ジャックが途中で脱落し、スペンサー＝スミスは疲労困憊の上壊血病で体調が良くないのに頑張った。彼は症状が悪化してテントに留まり、残る五人でデポ設置のためにホープ山まで行った。

五人がスペンサー＝スミスのテントへ戻る時には、全員に壊血病の症状が現れていた。明らかにハット岬に引き返す時だった。彼らは人間の力の限界まで遠くへ行った。スペンサー＝スミスはソリで運ばなければならないほどの状態になり、マッキントッシュも運搬できなくなったので、ジョイスとリチャーズ、ヘイワード、アーネスト・ワイルドの肩にはさらに重荷が加わった。悪天候の中で燃料が底をつき、食糧も減り、ヘイワードも衰弱して運搬できなくなって状況はさらに悪化した。マッキントッシュは自分が死んだ場合のことを考えて家族に手紙を書くほど追い詰められていた。

一九一六年三月七日、ハット岬まで三十マイル（約五十キロ）の地点でマッキントッシュが動けなくなった。一行は戻って来ると約束して彼を残して前進を続けた。しかし、戻ったが、三月九日にスペンサー＝スミスは昏睡状態になって死んだ。彼は三十二歳で、ロンドンを出発する五日前に司祭に任命されていた。スペンサー＝スミスの死を悼む時間もなかった。ハット岬へ急がねばならず、ヘイワードはしがみつくだけで精一杯だった。それから先も苦難が続いたが、死にそうになりながらもついにハット岬に着いた。すぐにも食べ物と休息が必要で、ヘイワードは小屋で回復を待つことにして、ジョイスとリチャーズ、ワイルドは壊血病対応にアザラシの肉を持って棚氷のマッキントッシュのもとへ引き返した。

どうにかマッキントッシュのもとへ辿り着き、彼は肉を食べると少し回復して、四人をハット岬へ向かわせた。ところが、不安定な氷でエバンス岬への行路が遮断され、他のルートがなかった。南極の冬の暗闇に包まれ、安定したルートが現れるのを待つほかなかった。

長々と七週間待った後でマッキントッシュは五月八日にもうこれ以上待てなくなった。安全なルートは見つからず、まだ暗かったが、彼はヘイワードと行くことに決めた。ジョイスは自殺行為でしかないと言って止めようとしたが、二人は聞く耳を持たなかった。暗闇の中へよろよろと歩き出すと、足下で薄い氷がきしんだ。再び彼らの姿を見ることはなかった。

残った者たちはみな最悪の事態を恐れていた。オーロラ号は南極海に沈んだが、シャクルトンは無事に大陸を横断中だと考えていた。うまくゆけば三月二十日ごろには予定通り彼らに追いつくはずだった。だが、シャクルトンは現れなかった。シャクルトン一行は死んでいて自分たちだけが生き残ったと思った。

オーロラ号は鎖が切れて船上に残った隊員とともに海原へ押し流され、約千六百マイル（二千五百キロ）北へ行った。一九一六年三月にようやく流氷群から解放された時、舵が壊れて操縦不能になった。幸いまだ無線が通じたので、無線技師のライオネル・フックにニュージーランドの無線局と交信させて自分たちの位置とエバンス岬で氷に閉じ込められた一行のことを知らせた。だが、モールス信号の通信は簡潔で伝言ゲームの繋がりのようだった。そんな途切れ途切れの内容がシャクルトンがサウスジョージア島に着いたことを知らせていたので、マクマード湾に引き返すことにしたのだ。

シャクルトンはこの話を聞いて悲しみに打ちひしがれた。想像を絶する苦難の中を自分のためのデポ設置作業で三人が命を落としてしまった。その過程で一行はソリ走行千二百十五地理マイル（二千二百五十キロ）の世界記録を達成し、約二百日間棚氷で過ごした（この記録が破られたのは一九九三年で、私とマイク・ストラウドはまったくサポートを受けずに千三百五十地理マイル、二千五百四キロを人力運搬した）。

シャクルトンはマッキントッシュとヘイワーズの死の知らせ受けて胸が塞がれた。「二人が共に天国へ召されんことを」と低くつぶやき、ジョイスを称えた。「君の長く苦しい南極の旅——とくにマッキントッシュが倒れた後は——を私は評価し、世間がそのことを知った暁には南極遠征の最高の業績の列に並べるだろう」。

シャクルトンは彼らが死んだとき数千マイル離れた場所にいたが、その死に対して全責任を引き受けた。彼のオーロラ号の混然とした管理も良くなかったが、一行はあらゆる不運な目にも会った。それでも、シャクルトンは「私の名前は探検家として、探検隊隊長として知られている。称賛も非難も隊長にある、まさにそのとおり」と記した。

ロス海組の多くの隊員もシャクルトンを責め、軽蔑を隠そうとしなかった。ジョイスでさえ批判的だった。オーロラ号の人選については「応接間パーティに相応しい者だけ」で、「オーストラリアでの船の装備に」合う者たちだったと批判した。しかし、ジョイスはシャクルトン一行の凄絶《せいぜつ》な体験を知ってからは、彼もロス海組と「同じくらいの苦難に耐えた」ことが分かって少しは落ち着いたことだろう。

シャクルトンが深刻に悩んでいたので、オーロラ号の医師のフレデリック・ミドルトンは彼を診察し「大きな影響」を受けて「かなり動揺して」いて、「サーEHSの状態は決して良くない、体調が良いとは思わない」と書いた。

混乱の一切はシャクルトンの無謀な性急さのせいだった。南極大陸横断の全体計画は大胆かつ立派なものだったが、一歩一歩、着実な準備がなければ成功は覚束無かった。五十八年後に私たちの南・北両極を通過する地球一周を計画する時に参考になり、それを教えてくれたのはアーネストの息子のエディ・シャクルトンが当時会長だった王立地理学会だった。

一時期私たちのライバルだったノルウェー人のアーリング・カッゲはかつて「ネズミだって一口なら象を噛める」と書いた。シャクルトンは目標とライバルに勝利することに執着し過ぎて、近道し過ぎたため全隊員の命を危険に晒した。彼の氷上、および、その後の救助活動におけるリーダーシップは英雄的だったが、二度と自分や隊員をそういう状況に置いてはならない。

意気揚々とイギリスへ帰ることにはならず、シャクルトンは今やスペンサー＝スミスとヘイワーズ、マッキントッシュの死への罪悪感を抱えて帰国した。彼の人生で最悪の時期だったが、それとともにシャクルトンの伝記作家たちが「英雄時代」と称した南極の時代は終わった。

37

オーロラ号と隊員一行とともにニュージーランドへ戻ると、シャクルトンには悪評の洗礼と長期未払金の支払要求が待っていた。事態が泥沼化する前に解決しなければならず、そう努める中で大きな支援があったことに深く感謝した。

ニュージーランド人で古い友人のレオナード・トリップは、負債に見合う資金を調達して、怒る債権者と有利になる交渉をし、また、二万ポンド以上かかった救助費用の窮地からシャクルトンを救ってくれた。オーロラ号の売却代金は一万ポンドで、買値の三倍だったが、戦争で船が高値で売れることを見越した上での手練手管によるものだった。トリップはこの資金でロス海組員の賃金を全額支払った。

だが、延滞支払いがエンデュアランス号の隊員の多くとの争いの種となっていた。シャクルトンは隊員が氷上にいた全期間分の支払いを約束したかと思えば、今度は船が最初に氷に閉じ込められた一九一五年一月までは支払えると言う。この発言を苦々しく思って彼に背を向けた者もいた。だがもうお金がなかったのだ。シャクルトンはその代償としてジョイスとクリーンなどには立派な推薦状を書き、船員のウォルター・ハウには無利子の融資を提供するなどできるだけのことをした。また、戦争で重傷を負ったジェームズ・マッキルロイを度々見舞った。

オーストラリアとニュージーランドに滞在中にシャクルトンは次の著書『南極（*South*）』に取りかかった。これもゴーストライターのエドワード・ソンダースの手によるものだった。しかし、自分の収入にはならないので入れ込みすぎることはなかった。著作権はサー・ロバート・ルーカス－トゥースにあり、探検の際に貸した五千ポンドの担保となっていた。

シャクルトンは天真爛漫に自分が耐えたことのすべてを吐き出した。トリップはソンダースに語るシャクルトンを見ていて、彼が苦しそうに言葉を選び、涙が溢れそうになりながら「トリップ、君には私がどんな体験をしたか分かるまい。それを繰り返せといわれてもできない」と言ったことを思い出した。本はどうにか完成して一九一九年に刊行された。現在も出版されている。

シャクルトンはできることは何でもしたし、探検隊の全員が帰国したので、家族の元へは帰らずに講演会の開催を手配していたアメリカへ渡った。エンデュアランス号が最後の探検になるだろうから体験談を利用できるうちに資金調達をしなければならなかった。ところが、例によって、収益の大部分を慈善事業とマッキントッシュ未亡人のための信託基金に寄付した。

アメリカ行きを決めたもう一つの理由は、帰国すれば自分の冒険が終わると思っていたからだ。再び南極へ行くには確かに年を取り過ぎていたし、病気があった。それにすべてが終わった今、誰が戻ってくるだろうか。トリップは彼にそのことをはっきり伝えていた。「君はこの先しばらくは探検はやめたほうがいい。たとえ万事上手く行っても、十分な資金ができるまでは探検は何であれ無理であり、事故に遭遇したときのためのお金を持っていなくては困るだろう」と言った。

シャクルトンは家族には会いたかったが、家庭生活に愛着がないことははっきりしていた。彼を待ち受けている家庭に入ると一生そのままになることが分かっていた。家族とはもう三年間会っておらず、自分を理解してくれる妻がいることはとても幸運だった。エミリーは夫が家に帰りたがらないことについて「アーネストには僅かでも家庭生活が退屈なのです」とトリップに語った。

だが、アメリカ巡回講演は不調だった。シャクルトンの入国直後にアメリカは参戦し、もはや探検家の冒険談には関心がなく、聴衆は集まらなかった。シャクルトンはタコマでの講演後に「タコマ（TACOMA）は間違いだ――TとAを落として『コーマ（COMA　昏睡状態の意）』と読むべきだ」と言った。一抹の悲しさに襲われた。かつての聴衆の熱は冷めつつあり、終わりは近かった。家族への手紙で「嫌気がさしてきて、寂しい」と告白した。かつてのシャクルトンの片鱗の見せ場もあった。とくに満員のカーネギーホールでは、大入り満員のせいで彼の最も良いところが出た。その晩観客の中にいたサー・シェーン・レスリーは「シャクルトンは南・北両極や赤道を発見した男のようでした……全員が熱狂しました……アメリカ合衆国で私が参加した最も興奮した素晴らしい講演でした」。残念ながらそういう講演はごく少なくなってしまった。

五月半ばになると巡回講演は終了し、運命には逆らえなくなった。ニューヨークで乗船して、まもなく三年前の出発当時とは様変わりしたイギリスに到着した。ニムロド号が成功して帰還した時のような大歓迎はなく、出迎えは一人もいなかった。イギリスは戦争の渦中にあって前線では多数の兵士が命を落としていた。戦いを逃れた者に称賛などあり得なかった。

出迎えの大歓迎もなく、彼は家族が暮らす静かな郊外のイーストボーンへ帰った。帰りを遅らせようと手を尽くしたが、再び家族に、とくに子供たちに会えてとても嬉しかった。レイモンドは十二歳、セシリーは十歳、エドワードは五歳になり、子供たちは父親が家にいた記憶がほとんどなく、失われた時間を取り戻すチャンスだった。だが、シャクルトンはほどなく苛立ち始めた。何の目的もない、最善の日々も、再び成功することもないという不幸な思いに囚われた。エミリーは「夫が何かに興味をもってくれるといいのですが。静かな家庭生活に馴染めないのです」と述べた。

夜になると（ドーバー）海峡の向こう側から大砲の轟きが響き渡り、シャクルトンは戦争に行きたくてたまらくなったが、四十三歳では徴兵は無理であり、事務職は彼の山師的な性格には合わず、前に懲りていた。彼が心底望んでいたのは自分にぴったりで、再び本領を発揮できることであり、自分はまだ頂点を過ぎてはおらず、まだまだ多くを与えられると思っていた。

その時過去の思いつきが浮かんだ。日露戦争末期にシャクルトンは船舶によるロシア兵の帰還を思いついた。今度もロシア兵は雪の降る冬季に輸送を必要としていた。シャクルトンは自分以外にそれに相応しい者はないと考えた。しかし、外務省はその話にはのって来ず、彼はイーストボーンに閉じこもったままだった。

ほかにどうすれば軍務に就けるのか、もう一度公海上の異なる土地へ船出できるのかについて頭を悩まし、新しい思い付きが浮かんだ。アルゼンチンやチリなどの南アメリカ諸国は戦争に中立であり、イギリスは必死で味方に引き入れようとしていた。シャクルトンはこの地域での人望があったので、支援獲得ための広報宣伝活動で派遣してはもらえまいかと思いついた。このアイデアは採用され、彼は急遽家族に別れを告げて冒険に出発し、航海途上でエミリーに「ボールが足下へ来たから、慎重に、強く蹴ろうと思う。愛する君へ――君の『ミッキー』より」と書き送った。

だが、一九一八年四月にはもう帰国した。南アメリカでの活動はたいした効果がなく、戦争への支援は得られなかった。彼の苛立ちは強まった。エンデュアランス号とオーロラ号の隊員のほとんどは前線で何らかの役割を果たしていたが、前途にどんな困難があろうとも恐れないリーダー、シャクルトンは戦争からははみ出していた。

再びシャクルトンの悪い癖が始まった。酒の量が増え、他の女性と連れ立って歩くようになった。ローザ・リンドの名前でロンドンの舞台に立つロザリンド・チェットウッドやシャクルトンがドナルドソン山と名付けたベル・ドナルドソンが再び登場した。だが、もう命知らずの冒険者の輝きはなかった。ドナルドソンにもう一度南極へ行くと語った時も、むしろ目的を探して過去の良き日々を夢想するかのようだった。

ところが、一九一八年の夏に、事もあろうに北極圏という潜在的チャンスが飛び出した。北極圏開発公社はシャクルトンにスピッツベルゲン島へ行き、金と石炭などの鉱物資源調査の指揮を執ってもらいたいと依頼した。同時に島でのドイツの存在の有無を探ることになった。信じられないほどいい話だった。遠隔地の冒険では必ず危険と陰謀があり、ようやく財産を築くチャンスでもあった。幸いワイルドとマッキルロイが同行すると言ってくれた。

七月中旬に出発してノルウェーの港トロムセーまで行ったところで、戦争省からすぐにロンドンへ戻れとの連絡があった。これは良い口実になったかもしれない。シャクルトンは体調が優れなかった。例によって呼吸困難の症状が出てマッキルロイが診察したが、心臓は調べなかった。しかし、切実な問題だった。

ロンドンへ戻ると任務が待ち受けていた。革命後のロシアで内乱が起きたのだ。重要な戦略港のムルマンスクとアルハンゲリスクでイギリスの国益が脅威に晒され、ドイツがすでに混乱を利用しようする構えを見せていた。そこでシャクルトンは現地へ赴いて港湾を保護し、反革命派の白系ロシア人に食糧と装備品を支援する任務が課せられた。この知らせにシャクルトンは大喜びした。

一九一八年七月二十二日は臨時に少佐に任ぜられて派遣された。ワースリー、ステンハウス、ハッセー、マクリン、そしてマーシャルなど昔の探検隊の仲間が多数同行した。ワースリーは「昔の仲間たちよいざ出陣！」と記した。

シャクルトンは短期間だけ最高の気分になれた。旧友に囲まれ、再び冒険に出て、功名を立てるチャンスに恵まれた。シャクルトンの上司のメイナード少将はすぐに彼の魔力にかかりこう言った。

シャクルトンはみんなの想像力をしっかり摑んだ。誰もがシャクルトンの過去の経験を聞きたがり、彼が吹き込む教訓を肝に銘じた。彼は確かに朗らかな人物で、一九一八～一九年の長く暗い冬の期間に彼がいてくれたおかげで我々は暗く沈んだ気分に陥らずにすんだ。彼はたちまち私の本部のスタッフと仲良くなり、冗談をいい合い、全員に楽しさを与えようと振る舞っていた。

残念ながらシャクルトンはロシアに長くは滞在しなかった。到着後わずか二週間で第一次世界大戦は終了した。ロシアの内乱は続きそうだったが、イギリスはもう港湾でのドイツの脅威には関心がなかった。一九一九年二月、シャクルトンは帰国中だったが、意気消沈どころか、お金になりそうな仕事の話が待っていた。

ロシアに短期間滞在した後、彼はアルハンゲリスクとムルマンスクの港周辺の戦後開発から利益が得られないかと考えた。漁業と木材、鉱山採掘の独占権を持つ会社を設立すれば、世界中に輸出できるのではないかと考えた。「ロシアの潜在力にはすごいものがある……鉱物生産で世界一になると言っても過言ではない」と述べた。再びシャクルトンは困惑するエミリーに大成功を収めたと吹聴した。「貿易だけで二十五万ポンドの価値がある。すべてよし、だ」と書き送った。

何も起こらなかった。彼には資金もなく、野心的プロジェクトを実現させる事業経験もなく、資金力ある人たちは彼には任せなかった。またもや一文無しで、無職、無気力になった。トリップは「領事の仕事が向いているのではないか」と勧めたが、考えただけでも堅苦しすぎる役目だった。今できるのは講演だけだった。

少なくとも講演では声高に唱えることができた。講演は著書『南極』の出版とエンデュアランス号でのハーリーの素晴らしい映像と写真とも重なった。そのおかげでシャクルトンはたちまちロンドンのフィルハーモニー・ホールでの一日に二回、週六日間、五カ月間の講演で会場を「大入り」にさせた。自信満々で魅力はすぐに戻ったが、収入にはならなかった。信じ難いことだが、彼はミドルセックス病院などへの多額の寄付を続けていて気前の良さに対する受けを気にしていた一方で、著作権と映像権は借金を清算するまで他人の所有になっていた。

やがて講演は頭打ちとなり、会場の半分はがら空きで以前と同じだと感じた。見通しは暗かった。ジャネット・スタンコンブ‐ウィルの施しに頼らざるを得なくなり、自分は実業家ではなく、事務職には適さないことを知った。戦争が終結した今では軍絡みの可能性もなくなった。自分は探検隊の引率に向いていることを思い知らされ、考えれば考えるほどそれしか残されていないと思い込んだ。

シャクルトンが好きなテニスンの詩『ユリシーズ』の一つのテーマのように、彼はさらなる冒険を求めて故郷に戻った王であり「沈む夕陽と西に輝く星たちを超えて死ぬまで航海する」と自分の最期を見届けたい思いでいっぱいだった。エミリーへの手紙に「私は仲間たちと自然の中へ行くほかに好きなものはない。厳しい自然の中で嵐に立ち向かうほかには役に立たないと思う」と自認していた。

シャクルトンは、形勢は不利でも一九二〇年の春に昔の仲間たち数人を誘って最後の遠征に乗り出そうとした。なんとかして氷に戻ろうと決心したが、今度は一筋縄ではいかなかった。

第五部

「何があなたをそれほど南極へ引き寄せるのでしょう」

38

シャクルトンは南極点到達や南極大陸横断はできなかったが、確かに南極は一生分見てしまっていた。だから、もう一度南極へ行くより、今度は北極で運を試すことにした。

新しい目標は北極点到達と未踏破北極地域の探検だった。その過程で見つからないイヌイット族を発見し、磁気を調査しようと考えた。実行するには五万ポンドが必要と見積もった。しかし、成功の可能性が高くとも、上流社会のコネを使い、以前のニムロド号の中途半端な成功に頼っても成功は覚束無かった。時代もシャクルトンも大きく変化した今ではなおさら厳しかった。

第一次世界大戦後のイギリスでは、もう誰も探検隊のことを騒ぎ立てなかった。そういう国家主義的な征服に喜ぶより反省期にあったようだ。スコットの死と最近のシャクルトンの大惨事とが相俟って未知の土地へ探検に出そうとする動きも鈍った。イギリスは大勢の死者の喪に服している最中であり、戦後の貧困対策に資金を使うべき時に極地遠征に巨費を投じるのは愚かだと考えられた。

以前ならシャクルトンはこういう問題を彼の魅力で乗り越えたかもしれないが、歳月はその光を弱めた。タバコ、深酒、事業計画の頓挫、そして、家庭内のいざこざから彼は終始沈みがちだった。目を輝かせた意志強固な若い雄牛は過去の遠い記憶にすぎなかった。

政府にも、以前の支援者たちからもほとんど見向きもされなくなり、最盛期でもその気がなかった王立地理学会はエベレスト征服へ関心を移した。シャクルトンはディスカバリー号やニムロド号、エンデュアランス号の昔の仲間たちに最終の勝利に向けて一緒に行こうと説得したが、多くの者たちにとって最後の探検の傷は深かった。二度とシャクルトンに命を預けたくないと思う者もいたし、酷寒を味わうのはもうご免だと言う者もいた。クリーンなど多くの者は危険な冒険をするには年を取り過ぎたと言った。全員が家庭生活を営み、それなりに満足していた。シャクルトンもそう考えた時期があったのだろうが、それでは満足できなかった。

とにかく、シャクルトンは、北極からは締め出されそうな状況になっていたが、さっそく計画立案に取り掛かった。北極へ行くためにはカナダ政府の許可が必要だった。ところが、カナダ側は彼の計画、いや実は、彼があまり気に入らなかったのだ。とても確実とは言えず、当局は最終条件として万一の際の救助費用の負担を求めた。

計画は頓挫しそうで、シャクルトンも老け込んで退屈な家庭生活を送っていた時、昔の思いがけない人物が助け舟を出してくれた。シャクルトンのダリッジ校での友人のジョン・クィラー・ローウェットはラム酒で財産を築き、世界市場を独占するほどだった。シャクルトンが別の探検を計画していることを耳にして、ぜひ喜んで寄付したいと申し出た。ローウェットは費用がかなり不足しているのを知り、費用をもつことにし、旧友に七万ポンドを寄付した。

銀行口座にお金が入ったので、例によってシャクルトンはカナダ政府の許可を待つ考えはなかった。ノルウェーへ向かい、そこで彼は建造四年目の木造船フォカ1号を一万一千ポンドで手に入れ、クエスト号と改名した。急いで犬百頭と食糧や装備品を発注した。電熱器付きの見張り台、船の進路を測定する走行記録計《オドグラフ》なども あった。最も高価な買い物は飛行機だっただろう。北極で飛行機が役立つかどうかは分からなかったが、新しい島やサンゴ礁、無線中継に適する場所や気象観測所の発見に利用できると考えた。

これほどの大金を使ったのに、一九二一年五月の時点でカナダ政府はまだ許可を出さなかった。シャクルトンは許可を急いでもらうためにカナダまで説得に行ったが聞き入れられなかった。一九二一年の夏にとうとう返事が来たが、期待通りではなかった。

カナダ政府は総選挙を控えていて、成功の見込みの薄い北極探検には後ろ向きだった。しかし、一縷の望みはあった。カナダ政府は、もし政権にとどまったら、翌年に許可を出すと言った。それではどうしようもなかった。シャクルトンはすでに船と食糧などを準備していていつでも出発できる態勢にあり、もう一年自宅で過ごすのはご免だった。逃げ出したかったのだ。そこで北極行きの準備が整っていたのに南極へ戻ることを決意した。

南極点到達や大陸横断は除外し、ぎりぎりで大陸一周計画を思いついた。エンダービーランド（訳注　南極大陸東部）の二千マイル（三千二百キロ）の人跡未踏の地を測量するもので、完了まで二年かかると見積もった。遠征での富の発掘につねに熱心な彼は、海賊ウィリアム・キッド船長の失われた財宝探しや、豊富な鉱物資源を求めて南大西洋も探索したいと望んでいた。当局の許可取得のために地域の気象パターンと氷河の形成を調査することも約束した。

ところが、期待に胸膨らませて新発見をしようとする意志は徐々に弱まっていった。中年に差し掛かり、エンデュアランス号とオーロラ号の惨劇が心に引っかかっていたシャクルトンは、なぜ探検を続けるのかと問われると「逃げ出したい」とか「探検が好きで、それが私の仕事だから」と答えるだけだった。再び南極を目指しはしたが、かつて彼の中で燃えていた炎は消えかけていた。地理上の新記録を塗り替えて力を誇示しようとするのではなく、何かをすることになった。

シャクルトンの南極再遠征が報じられると、昔の仲間たちが集まって来た。つねに忠実なワイルド、マッキルロイ、ハッセー、ケール、マクリン、マクリード、グリーン、デル、そしてワースリーもいて、ワースリーはクエスト号の船長を務めることになった。シャクルトン＝ローウェット探検隊について一行の中の皮肉屋は「シャクルトンの長きにわたる自己中心的ではない暴走」と評した。確かに真摯な発見の航海というよりもＯＢ会のようなものだった。

シャクルトンが今度の遠征へメディアの関心を向けようとしていた時、エミリーは夫の留守中にガールガイドとボーイスカウト運動の中心的人物となり、ボーイスカウト二名の団員の参加を決める競技会をしてみたらどうかと言った。それが『デイリーメール』に取り上げられて千七百名以上の応募があり、ロバート・バーデン＝パウエルが幸運な二名を選考した。十八歳のジェームズ・マーと十七歳のノーマン・ムーニーである。

八月中旬にクエスト号がロンドンに到着した時、恒例となっていた王室謁見ではシャクルトンの無事へ祈りが捧げられた。国王ジョージ五世より絹の国旗が授けられ、シャクルトン憧れの七十七歳になられたアレクサンドラ皇太后も訪れた。ここでも遠征に出発しようという高揚感よりも儀礼的雰囲気が漂っていた。まるで人気が衰えて久しいロックスターが最後の大演奏旅行に出かけようとしているようだった。

九月十七日、クエスト号は南極を目指す周航準備が整った。だが、シャクルトンの体調を気遣う声が出てきた。彼は確かにかつての青年ではなかった。体重は増え、顎はたるみ、皺や白髪が目立ち、扁平足で動きも鈍かった。シャクルトンはハッセーに「氷上に着いたら、足の具合が悪ければ、ソリに乗って君に引いてもらうから、そばを走ってくれ」と言った。ところが、他にも悪いところがあってすべてうまく行かなかった。

シャクルトンの最盛期を知るミルは、旧友は疲れ切っていて、顔は「長年の苦労の末にすり切れた」表情をしていると思った。ワースリーも「当初は以前探検隊を率いたときの彼と同人物には見えなかった」と似たようなことを言った。もちろん、これは意外でも何でもないが、シャクルトンをよく知る人物は心臓に問題があることに気づいていた。シャクルトンは診察を受けたがらず、今度も心臓の診察を拒否した。彼の健康問題は消化不良とリウマチということになった。体調が万全だとは思っていなかっただろうし、見逃すはずはなかった。

出発前にプリマスでエミリーとお別れをした。以前も「何年も私の我儘を許してくれた君は素晴らしい女性だ」と告げていた。その点については疑いがあろうはずはなかった。再び彼女は夫がいつ帰って来るか知らずに、あるいは、二度と会うことはないかも知れずに、家族の世話と一家の切り盛りを任された。夫は家庭生活が苦手なことを知っているので、夫の安らぎを歓迎しただろう。あるいは、いつかシャクルトンがすべての夢を達成して戻って来て幸せに暮らしたいと望んだかもしれない。最後になるだろうこの探検で彼の望みがすべて叶うことを祈った。

船が荒れ模様の大海原を進むにつれて、またもや探検向きでない船を買ったことが明らかになった。最速でも五ノット（毎時九・三キロ）で、予定より遅れ、ボイラーにひびが入り、エンジンは震動し、船は甲板がつねに水浸しになるほど水面下に沈んでいた。
リスボンで緊急修理が必要になり、その結果、荒海でクエスト号の索具が歪み、エンジンのクランクシャフト（訳注　エンジンのピストン往復運動の力を連接棒が伝達することで連動して動く回転軸）がずれ曲がっているのが分かった。マデイラでさらに修理が必要になった時、シャクルトンはエミリーに「氷の中に入る前に正常な状態を確かめ、あまり時間を取るようなら、今年から来年初めにかけてだけ島々を探検し、氷の中に入らなくても探検を正当化するのに十分な成果が得られかもしれない」という手紙を書いた。修理後もリオデジャネイロまでに問題が生じていた。入港後の検査で、航海を続けるにはさらに一カ月ほどの修理が必要なことが分かった。シャクルトンは気が動転した。リオで船のために動き回り、彼の精神状態を観察したシャープス船長は次のとおり記した。

気の毒なサー・アーネスト。彼はここでは辛い思いをしていた。船のエンジン室の何もかも調子が悪かったようだ。みんなに笑顔を見せて良い方へ考えようとしていた。だが、死ぬほど気にしていたはずだ……顔を見ればそれが分かった。あの小船には彼の希望と野心が詰まっていたのに、船は彼をひどく落胆させたのであの船が嫌いになった。私は彼が船から離れると嬉しかった。私と彼の二人だけの時しばしば船から離れたが、彼はランチに座り込んでぼうっとしたまま、船から町までの三十分間ひと言も喋らなかった。

昔の仲間との南極への旅は魔力の再発見になるかもしれないとシャクルトンは思っていたが、魔法の効き目はなかった。マクリンは「この旅では彼はいつもとは少し違うが、どう違うかは分からない」と記した。シャクルトンは家でも、海でも、幸せを感じず意気消沈していて、力強く社交的な昔の人柄とはかけ離れていた。「結局、人生は寂しい」とエミリーに書き送ったが、自分には真の幸福は訪れないと思ったのだろう。

十二月十七日、彼は突然息苦しさを覚えた。マクリンは心臓発作を心配して急いで駆けつけた。しかし、シャクルトンは彼の心配をはねつけて診察を拒み、エミリーに「私は少し疲れているが大丈夫だ。君は素晴らしい」と書き送った。

翌日クエスト号がリオを出航した際、シャクルトンは明らかにいつもの彼ではなかった。いつもはデッキをぶらついているのだが、その日は鍛錬でもしているのか船室に閉じこもっていた。マクリンも彼が「狭心症の発作を防ぐために」朝シャンパンを飲むらしいことに気がついた。だが、以前シャクルトンに同行した者たちは、病気を跳ね返す彼の強靱な力を知っていたので過度な心配はしなかった。

予定がかなり遅れたため、ケープタウンに寄って食糧と装備品を積み込む時間はなかった。その代わり、シャクルトンは自分の最大の栄光の場であるサウスジョージア島へ戻って、ソリ道具と犬、衣服を入手しようと思った。島に短期間滞在してその多くが良い思い出のあるノルウェー人捕鯨業者とかつての誇らしい追憶話にふけることにもなっただろう。

サウスジョージア島へは相変わらず難航した。クエスト号は一週間以上も激しい嵐に晒され、シャクルトンはこんなにひどいのは初めてだとみんなに言ったが、それは何かを伝えようとしていた。ようやく嵐が静まると、船酔いした男たちは、飲料水の主タンクが水漏れでほぼ空になっているのに気づいた。厳重な給水制限が始まり、もっと悪いことが続いた。船の炉が漏れを起こして減速したのだ。「炉の亀裂が深刻なら遠征を諦めねばならないかも知れない」とシャクルトンは日記に記し、「私は年を取って疲れた」と付け加えた。

ある晩、マクリンがシャクルトンの様子を見て、その振る舞いが気になった。「ボスはサウスジョージア島の後はどうするか分からないと率直に言った」と記した。「ボスの態度が不可解だ――どうすればいいのか。装備品と食糧の責任者としては、この不確実さは非常に不安である」。そういう優柔不断と悲観的な考えはとても昔の大胆で勇敢なシャクルトンらしくなかった。

船室係代行のネスビットも不安を感じて「ボスは何かが気になり始めると手が付けられなくなる――何もかもだ」と記した。「食事の際に不満があると――温料理で皿を温めていないとか、マカロニのチーズがさらさらでないなどの不手際があると」。以前の遠征ではシャクルトンは辛いことがあるとみんなに笑顔を見せて自ら進んで辛抱した。今や彼の短気は彼をずっと悩ましている疑心暗鬼の旋風を引き起こした。

彼は氷を見ると短期間はエネルギッシュになった。「昔懐かしい光景が過去となった激動期を蘇らせた。あの頃は若さに溢れていて、我先に闘った」と記した。一月四日にサウスジョージア島へ戻ると歓迎され、元気づけられた。上陸して昔の友人との旧交を温め、六年前のエンデュアランス号からの奇跡の脱出劇について語り合った。元気を取り戻し、新たな探検の始まりとともに、陽気なシャクルトンはクエスト号に乗り「素晴らしい夜だ。陽が暮れかかる湾に宝石のような星が一つ輝いていた」と日記に記した。

一九二二年一月四日から五日にかけての夜、シャクルトンは次にやるべき事を考え、なぜ自分はこういう生き方をしたのかと思いながら静かに眠りについた。ところが、午前二時頃、背中に激痛を感じて目覚めた。マクリンの診察でアスピリン三錠を処方されて安心するようにと告げられた。確かにいろいろやりすぎたし、お酒も飲み過ぎていた。この先の探検に万全の健康で臨みたかったのでシャクルトンは言われた通りに休むと約束した。だが、一時間後マクリンが様子を見に戻ると、どんなに強く起こそうとしても、みんなから〈ボス〉と慕われた男は目覚めなかった。

39

翌日夜が明けると、ワイルドは乗組員を周りに集めた。「みんな、悲しい知らせだ。ボスは今朝三時に急逝した。探検は続ける」と厳粛な面持ちで伝えた。衝撃と悲しみの中で誰もがシャクルトンの望み通りになったと思った。彼は肘掛椅子に座って栄光の日々を夢見ながら消えていくのではなく、最大の勝利のただ中で、冒険に意気込みながらこの世を去った。シャクルトンを崇拝する『デイリーメール』の記者は「彼の死に場所はヨーロッパではなかっただろう。いつか探検中に死にたかったのだ。『そして私はひたすら進み続ける。ある日戻らなくなるまで』とかつて言ったことがある」と述べた。

マクリンが検死を行ってシャクルトンの心臓を調べた結果、「冠動脈の脂肪性広範囲アテローム」と判明したことを意外に感じた者はいなかった。つまり、シャクルトンは四十七歳にして心臓麻痺で死去したのだ。

エミリーは夫の死と遺体のロンドンへの搬送が速やかに行われている旨を告げられた時、自分の希望はさておき、夫の心はつねに南極、とりわけサウスジョージア島にあったと言った。そこへ埋葬してほしいと頼んだ。夫にとっていちばん幸せであり、英雄として知られるところだと考えたのだ。最後の最後までエミリーはシャクルトンを誰よりもよく理解していた。

一九二二年三月五日にシャクルトンはグリトビケンの、かつて救助の際に登った雪に覆われた山々の陰の小さな木造教会に埋葬された。だがシャクルトン＝ローウェット探検隊は続行中だったのでハッセーのみが葬儀に参列し、ノルウェー人捕鯨業者の行列に交じってシェトランド諸島の六人の元軍人が棺を運んだ。捕鯨業者たち全員が弔意を表して帽子を取った。

一カ月後クエスト号は予定されていた一連の調査を終えてグリトビケンに戻り、ワイルド一行はボスを見送ることができた。ワイルドは旧友の墓前にひざまずき、感情がこみ上げて「サー・アーネストは自分が眠る場所を決めていたにちがいない。ここで永眠したかったのだ」と記した。実は、ワイルドは一九三九年に南アフリカで死去して遺体は二〇一一年まで発見されないままだったが、この年に最期まで親友だったシャクルトンのグリトビケンの墓の隣に埋葬され、来世でも友情を分かち合っている。

グリトビケンの簡素で感動的な葬儀とは対照的に本国では手厚い葬儀が行われた。生前はあまり良く思われていなかったかもしれないが、後に聖ポール大聖堂で行われた追悼式は故人となった英雄に相応しいものだった。最前列に並ぶエミリーと子供たち、昔の級友、探検隊仲間、王室、軍のほかに王立地理学会各代表までが参列し、素晴らしい人生を生きた人物への敬意を表した。

ところで、式典はシャクルトンにとって非常に重要だったが、彼は伝説になりたかった男である。そこで、死後百年たった現在、シャクルトンはどう思われているのだろうか。

死去した当時とその後の数十年間、シャクルトンの功績に対する評価は、一時はライバルであり国中がその死を忘れなかったスコット隊長に比べると見劣りしていた。教育審議会は約七十五万人の学童にスコットの物語を学校で教えさせたが、二人のライバルの名声に不釣り合いな差が出たのはフリート・ストリート（Fleet Street　新聞社街として知られ多くの新聞社の本社・支社がある）のせいだったかもしれない。新聞はスコットをプロの競争相手に破れた素人南極探検家としてではなく、また、偉大なリーダーであり探検家として描くことなく、逆境に負けず目標達成のために死んだ人物として描いて国民を奮起させた。

シャクルトンは確かに失敗ばかりで一度も目標を達せられなかったが、探検中に英雄死しなかったことは極めて重要である。彼の最大の業績であるエンデュアランス号の隊員救出は戦争で影がだいぶ薄らいでしまった。当時国民は栄光を求めて自ら招いた苦難を生き延びた者たちにはさほど関心を寄せず、また、欧州の戦場の前線では数百万人が自由のために戦って死んでいたのだ。国民感情は戦争の英雄が探検の英雄に置き換わっていた。しばらくシャクルトンへの無関心は続き歴史上忘れられかけていた。

五〇年代にシャクルトンの娘のセシリーが語った話は名士としての彼がどれほど地に落ちたかを物語っている。「少し前に郵便配達が来て『シャクルトンという人はクリケット選手でしたっけ』と言いました。私が『違います』と言うと、彼は『そうでしたか。ここにはどなたか名士がお住いだと思いました』と言いました」。

ところが、七〇年代にシャクルトンの記憶の形勢が逆転した。南ア人ジャーナリストのローランド・ハントフォードが著書『地上最後の地（*The Last Place on Earth*）』でスコット隊長を容赦なく批判したのである。私はこの本はかなり不正確で、私見では間違っていると発言してきた。ハントフォードは同書が話題になり売り上げを伸ばしたいがために露骨な中傷を行っていると私には思えた。同書に描かれているスコットは、私が長い間調べたり、彼の歩みを辿ったりして知り得た人物像とはまったく違う。残念ながらこのハントフォードの著書は誤情報と偽情報をうまく混ぜあわせたもので、広く賞賛されたためスコット伝説をかなり矮小化した。

ハントフォードは、シャクルトンに関しては、伝記で彼を「いわゆる南極探検の英雄時代の卓越した唱道者」と呼び、はるかに思いやりがある。これでシャクルトンの名声が甦り、彼の話、とくにエンデュアランス号の話に爆発的に関心が高まった。

ハントフォード後のシャクルトンの名声は、最終的には極地研究者や愛好家などの比較的狭い層を越えて幅広く広がり、彼の探検は世界中の人々の想像力を摑んだ。本やテレビのドキュメンタリー、映画を通じて彼の南極探検物語が伝えられ、逆境時のリーダーシップとして有名になった。

それ以来、隊員にやる気を起こさせ、集団の利益を何よりも優先させる彼の能力が広範囲に研究されてきた。ハーバード・ビジネススクールではシャクルトン基準が授業になり、マーゴ・モレルとステファニー・キャパレル共著の『シャクルトン方式――偉大な南極探検家のリーダーシップの教え（*Shackleton's Way: Leadership Lessons from the Great Antarctic Explorer*）』ではシャクルトンは「地上に現れた唯一の最も偉大なリーダーである」と述べられている。

シャクルトンは南極点へは到達できなかったが、二〇一九年にはＢＢＣの視聴者投票による国民の好きな南極探検家に選ばれるという復活劇が生まれた。それは実績以上の業績がどの世代にも反響し続けている彼の人柄の威力である。

シャクルトン本人はこのことをどう思っているのだろうか。彼はとても喜んでいると言うべきだろう。確かに彼の性格の一面を批判して失敗者と見做すのは容易である。多くの人々の目には、彼は遠征目標への到達に失敗し、金銭処理に拙く、良き夫でも父親でもなかったと映る。それでも、少なくとも彼の個々の探検には大成功の及第点を出せると思われる。シャクルトンはアムンセンとスコットの南極点到達への道を切り開いた。何よりも、想像を絶する危機の連続にもかかわらず、エンデュアランス号の全員を生還させたのだ。

シャクルトンの南極大陸横断計画は所詮失敗に終わる運命にあり、隊員の生命を不必要に危険に晒したと言う人たちがいる。私は七〇年代に大先輩のサー・ヴィヴィアン・フックスとこのテーマで議論したことがある。フックスはシャクルトンがヴァーセル湾に到達したとしても、それでも彼は失敗してほぼ確実に途中で死亡したと確信していた。フックスの考えでは、南極の夏は非常に短いので、ヴァーセル湾とホープ山の間のほとんどを占める前人未踏の高原は誰であれ横断はできない。シャクルトンはおそらく大幅に冬期に入りオーロラ号のロス海組が設けたホープ山の第一デポまで千マイル（千六百キロ）以上ある未知の領域を通って行くことになっただろう。サー・ヴィヴィアンは一行が命を落とすと考えたが、僭越ながら私は同意しない。

一九九三年に私とマイク・ストラウドが支援なしの人力運搬で南極大陸を横断した際、私たちはシャクルトンが計画していたのと同じルートを取った。出発前にみんなから不可能であり試すのさえ無茶だと言われたが、私たちは始動荷重四百八十五ポンド（約二百二十キロ）を人力で千三百五十マイル（二千百六十キロ）運んでこの離れ業をやり遂げた。シャクルトンが旅の途中でどんな条件に直面するかは分からないが、シャクルトン一行は当時の私とマイクよりも若くて力があったことは確かであり、カロリー消費と気象条件は同じはずである。私たちの成功で、批評家が何と言おうと、準備不足は多々あるにしてもシャクルトンの大陸横断は可能だったと言える。

しかし、本書で一貫して来たところだが、単なる南極征服それ自体はシャクルトンの夢の全体ではなかった。若い頃から彼は姉妹にロンドンを大火から救った英雄と報じられた勇敢な行為の話を聞かせて楽しませた。実人生では隊員を氷から救出するという英雄的な行為でこの夢を生きた。ほとんどの人間が重圧に屈したであろう時、彼は統率力と賢明な意思決定を示し、百年以上も強い感銘を与え続けている。シャクルトン本人は気づいていなかっただろうが、エンデュアランス号の失敗を通して彼は南極点に到達していようがいまいが、英雄願望を実現していた。彼のエンデュアランス号／ジェームズ・ケアード号の航海は、緊迫する重圧の下で見事なリーダーシップを発揮した例であり、未来永劫に誇れる偉業だったのであって、すべての人間が学べる教訓がある。

シャクルトンの極地体験と同時代人のサー・レイモンド・プリーストリーは彼についてこう要約している。「科学上のリーダーシップという点についてはスコット。迅速かつ効率的活動の点ではアムンセン。しかし、絶望に塞がれて出口なしに見える時は、跪いてシャクルトンに祈るべし」と言った。これ以上の言葉は思いつかない。

謝辞

ジェームズ・レイトンおよび本書の出版に関わったペンギン出版のすべての方々、とくにローランド・ホワイトとアリエル・パキエル、私の代理人のキャサリン・サマーヘイズに心から感謝いたします。また、王立地理学会とスコット極地探検研究所資料館、および、これらの団体の多くの友人に感謝するとともに、家族の忍耐にも感謝します。また、グリーンランズチームに感謝いたします。ジル・ファーマンには判読不能に近い文書を辛抱強く解読していただきました。さらに、以下の方々と、ここに挙げられなかった方々に感謝いたします。

ダンディー・ヘリテージ・トラストのギル・ポルター、および、情報入手にお力添えいただいた英国南極研究所（BAS）とスコット極地探検研究所資料館（SPRI）、王立地理学会（RGS）の皆様、ジュリアン・ダウズウェル博士（SPRI前所長）とジョー・スミス教授（RGS会長）、アン・セイヴァーズ・シャーリー、ロバート・ヘッドランド（SPRI研究所会員）、BASのピーター・ウォッダムスとボブ・バートン（サウスジョージア博物館前館長）、SPRIのピーター・クラークソン博士の皆様です。

さらに、アントン・ブラウニングと故アンドリュー・クロフト名誉大佐、故サー・ヴィヴィアン・フックス、故ジョン・ヒープ博士、故サー・ウォーリー・ハーバート、ローレンス・ハウェル、アントン・ボウリング、ジル・ボウリング、アンドリュー・ライリー（チャーチル史料センター上級公文書保管係）、ＲＧＳ文書館のアラステアとユージン、ナイジェル・ウィンスター、マイク・ストラウド教授、オリバー・シェパード、故チャールズ・スウィジンバンク、マイク・ウィンゲート・グレイ准将、ＳＡＳグループ本社の皆様、ジョナサン・シャクルトン、ジェレミー・ラーケン准将、ブラッド・ボーカに感謝いたします。

訳者あとがき

本書は世界的に有名なイギリスの探検家で、数々の著書があるラヌルフ・ファインズが二〇二二年に発表した*SHACKLETON*の翻訳です。ファインズは一九四四年にイギリスで生まれ、生後間もなく軍人の父を亡くして一家は南アフリカへ生活の場を移しました。少年期にイギリスへ戻り、イートン校で学び、ロイヤルスコッツグレイズおよび英国陸軍特殊空挺部隊（ＳＡＳ）に在籍した後、オマーン国軍に派遣され勇敢勲章を授与されました。その後、軍務を退き、探検家として活躍します。彼は南・北両極を巡る世界一周（Trans Globe Expedition）を成功させた他、無支援での南極大陸横断、北極点への単独歩行、エベレスト登頂、サハラ砂漠ウルトラマラソン走破などの素晴らしい業績を残し、現役の最も偉大な探検家の一人と言われています。ファインズは慈善事業にも熱心であり、一九九三年に探検家としての業績および社会貢献によって英帝国四等勲士（ＯＢＥ）を授与されました。本書では探検の協力者だった幼なじみの伴侶、故ジニーさんへの深い愛情が随所に滲み出ています。

十九世紀後半から二十世紀初めは極地探検の英雄時代と称され、数多くの探検家が競い合うように偉業を成し遂げました。シャクルトンはこの時代の探検家の一人であり、南極へ三度挑戦し、記録更新は遂げたものの南極点到達の目的は果たされず、歴史に名を残す夢を実現することはできませんでした。シャクルトンは、死後しばらくは探検家として目立った評価を得られていませんでしたが、現代の偉大な探検家である著者は、自らの体験を通じてシャクルトンに多くを学び、困難をどのように切り抜け挫折を乗り越えたかという観点からシャクルトンに着眼し、深く共鳴しました。本書ではそれをもとにシャクルトンの人生と探検を再評価しています。著者はまた、ローランド・ハントフォードのスコット批判に苦言を呈してもいます。

訳者は七年前に既刊『最後のヴァイキング』でアムンセンの生涯を辿り、その天才ぶりに驚嘆しましたが、アムンセンが幼少期から探検家を目指して鍛錬と準備を積んでいった天才であるのに比べ、シャクルトンは詩を読み、語りを得意とする夢多き人物であり、初めは、シャクルトンという人は探検家になるべき人物ではなかったのではないかと思われました。彼は商船航海士になったことがきっかけで海洋へ、さらにエミリーとの結婚のために名誉と財産を求めて南極へ行く決意をし、南極の雪と氷の世界の魔力の虜になって人生が展開します。陸上ではさまざまな仕事に就きますが失敗を繰り返し、妻エミリーのおかげで生活が成り立っていたところがありました。そのシャクルトンが冒険人生の最後になって見せた救出劇では、彼の人物像が一変したような印象を与え、優れたリーダーシップを発揮しました。そこには南極での苦難を乗り越えることで彼の人間性が変化した証と、時代や環境も含めて個人の選択を超えた運命のようなものを感じます。著者ファインズはシャクルトンの偉大さを評価し、シャクルトンはサウスジョージア島のお墓の中で、人懐っこい笑顔で感謝しているのではないでしょうか。

最後に本書の出版にあたり、国書刊行会の佐藤今朝夫前社長、編集の中川原徹氏、編集にご協力いただいた萩尾行孝氏のご尽力に心より感謝いたします。

二〇二四年十一月吉日

小林　政子

索　引

ア行

カ行

サ行

タ行

ナ行

ハ行

マ行

ヤ行

ラ行

ワ行

参考文献

Alexander, Caroline, *The Endurance*, Bloomsbury, 1999
—, *Mrs Chippy's Last Expedition*, Bloomsbury, 1997
Amundsen, Roald, *The South Pole*, John Murray, 1912
Armitage, Albert B., *Two Years in the Antarctic*, Bluntisham Books, 1984
Bernacchi, L.C., *Saga of the 'Discovery'*, Blackie & Son, 1928
Bickel, Lennard, *Mawson's Will*, Stein & Day, 1977
—, *Shackleton's Forgotten Men*, Adrenaline Classics, 2000
Borkan, Brad and Hirzel, David, *When Your Life Depends on It*, Terra Nova Press, 2017
Brown, Paul, *The Last Wilderness*, Hutchinson, 1991
Browning, Robert, *Poetical Works*, Oxford University Press, 1970
Cameron, Ian, *Antarctica: The Last Continent*, Cassell, 1974
Cherry-Garrard, Apsley, *The Worst Journey in the World* (first pub. 1922), Chatto & Windus, 1951; Picador, 1994
Churchill, Winston, *The Great War*, George Newnes Ltd, 1933
Davis, J. K., *His Antarctic Journals*, Melbourne, 1962
Doorly, Gerald, *The Voyages of the 'Morning'*, Smith Elder, 1916
Dowdeswell, Julian and Hambrey, Michael, *The Continent of Antarctica*, Papadakis, 2018
Dunnett, H. M., *Shackleton's Boat*, Neville & Harding, 1996
Evans, Edward (Mountevans), *The Antarctic Challenged*, Staples Press, 1955
Fiennes, Ranulph, *Beyond the Limits*, Little, Brown, 2000
—, *Captain Scott*, Hodder & Stoughton, 1993
—, *Colder*, Simon & Schuster, 2016
—, *Hell on Ice*, Hodder & Stoughton, 1979
—, *Icefall in Norway*, Hodder & Stoughton, 1972

—, *Mind over Matter*, Sinclair-Stevenson, 1993
—, *To the Ends of the Earth*, Hodder & Stoughton, 1983
Fisher, M. and J., *Shackleton*, Barrie Books, 1957
Fuchs, Sir Vivian, *Of Ice and Men*, Anthony Nelson, 1982
—, *A Time to Speak*, Anthony Nelson, 1990
Fuchs, Sir Vivian and Hillary, Sir Edmund, *The Crossing of Antarctica*, Cassell, 1958
Giaever, John, *The White Desert*, Chatto & Windus, 1954
Gran, Tryggve, *The Norwegian with Scott* (first pub. 1915 in Norwegian), HMSO, 1984
Headland, Robert, *The Island of South Georgia*, Cambridge University Press, 1984
Herbert, Wally, *A World of Men*, Eyre & Spottiswoode, 1968
Huntford, Roland, *Scott and Amundsen*, Hodder & Stoughton, 1979
—, *Shackleton*, Atheneum, 1986
Hurley, F., *Argonauts of the South*, Putnam, 1925
Hussey, L. D. A., *South with Shackleton*, Sampson Low, 1949
Huxley, Elspeth, *Scott of the Antarctic*, Weidenfeld & Nicolson, 1977
John, Brian S., *The Ice Age*, Collins, 1977
Joyce, E. M., *Correspondence*, SPRI, n.d.
Keir, David, *The Bowring Story*, Bodley Head, 1962
Lansing, Alfred, *Endurance*, Hodder & Stoughton, 1959
Law, Phillip, *Antarctic Odyssey*, Heinemann, 1983
Lees, T. O. H., *Antarctic Journal*, Turnbull Library, n.d.
Limb, Sue and Cordingley, Patrick, *Captain Oates: Soldier and Explorer*, Leo Cooper, 1982
Mackay, A. Forbes, *Nimrod Diary*, SPRI, 1909
Markham, Sir Clements, 'The Antarctic Expeditions', *Geographical Journal* vol. XIV, no. 5 (1899)
Marshall, E. S., *Nimrod Diaries 1907–1908*, RGS, n.d.
Mason, Theodore K., *On the Ice in Antarctica*, Dodd, Mead, 1978
Mawson, Sir Douglas, *The Home of the Blizzard*, Heinemann, 1915

McKenna, John and Shackleton, Jonathan, *An Irishman in Antarctica*, Lilliput press, 2003
Mear, Roger and Swan, Robert, *In the Footsteps of Scott*, Jonathan Cape, 1987
Messner, Reinhold, *Antarctica: Both Heaven and Hell*, Crowood Press, 1991
Mill, H. R., *The Life of Sir Ernest Shackleton*, William Heinemann, 1923
Mills, Leif, *Frank Wild*, Caedmon of Whitby, 1999
—, *Men of Ice*, Caedmon of Whitby, 2008
Mitchener, E. A. (Ted), *Ice in the Rigging*, Southerly Press, 2008
Morrell, M. and Capparell, S., *Shackleton's Way*, Nicholas Brealey Publishing, 2003
National Maritime Museum, *South: The Race to the Pole*, National Maritime Museum, 2000
Partridge, Bellamy, *Amundsen*, Robert Hale, 1953
Peat, Neville, *Shackleton's Whisky*, Preface Publishing, 2013
Richards, R. W., *The Ross Sea Shore Party, 1914–17*, SPRI, 1962
Riffenburgh, Beau, *The Myth of the Explorer*, Belhaven Press, 1993
—, *Nimrod*, Bloomsbury Publishing, 2005
Royds, Charles, *Diary*, T. Roger Royds, 2001
Sarolea, C., 'Sir Ernest Shackleton: A Study in Personality', *Contemporary Review*, vol. 121 (1922)
Savours, Ann, *The Voyages of the Discovery*, Virgin Books, 1992
Scott, Robert Falcon, *The Diaries of Captain Robert Scott*, University Microfilms, 1968
—, *Scott's Last Expedition*, Smith, Elder, 1913
—, *Scott's Last Expedition: The Personal Journals of Capt. R. F. Scott CVO RN*, John Murray, 1973
—, *The Voyage of the 'Discovery'*, 2 vols, Smith, Elder, 1905
—, *The Voyage of the 'Discovery'*, 2 vols, Macmillan, 1905
Seaver, George, *Edward Wilson of the Antarctic*, John Murray, 1933
—, *The Faith of Edward Wilson*, John Murray, 1948

Shackleton, Ernest, *The Heart of the Antarctic*, Heinemann, 1932
—, *Letters to Emily Shackleton*, SPRI, n.d.
—, *South*, Heinemann, 1919
Smith, Michael, *Shackleton: By Endurance We Conquer*, Oneworld Publications, 2014
—, *An Unsung Hero: Tom Crean – Antarctic Survivor*, Collins Press, 2000
Solomon, Susan, *The Coldest March*, Yale University Press, 2001
Steger, Will and Bowermaster, Jon, *Crossing Antarctica*, Bantam Press, 1991
Strachey, Lytton, *Eminent Victorians*, Penguin, 1986
Stroud, Mike, *Shadows on the Wasteland*, Penguin, 1993
—, *Survival of the Fittest*, Jonathan Cape, 1998
Sugden, David, *Arctic and Antarctic*, Blackwell, 1982
Swithinbank, Charles, *An Alien in Antarctica*, McDonald and Woodward Publishing Company, 1997
Tyler-Lewis, Kelly, *The Lost Men*, Bloomsbury, 2006
Wheeler, Sara, *Terra Incognita*, Jonathan Cape, 1996
Wild, Frank, *Shackleton's Last Voyage*, Cassell, 1923
Wilson, D. M. and Elder, D. B., *Cheltenham in Antarctica*, Reardon Publishing, 2000
Wilson, Edward, *Diary of the Discovery Expedition to the Antarctic Regions 1901–1904*, Humanities Press, 1967
—, *Diary of the Discovery Expedition to the Antarctic Regions 1901–1904*, ed. Ann Savours, Blandford Press, 1966
Worsley, Frank A., *Endurance*, W. W. Norton, 1931
—, *Shackleton's Boat Journey*, Folio Society, 1974

画像のクレジット

P ＝口絵ページ

Courtesy of Ran Fiennes, p.4: 12b; p.7: 21b; p.8: 23b; p.10: 25b, 26; p.11: 27; p.13: 33b; p.15: 39

© C. R. Ford/Royal Geographical Society via Getty Images, p.2: 5

© Christies/Bridgeman Images, p.2: 7

© Ernest Shackleton/Royal Geographical Society via Getty Images, p.4: 12c; p.5: 13; p.6: 16

© Frank Hurley/Royal Geographical Society via Getty Images, p.4: 12a; p.7: 20, 21a; p.8: 22, 23a; p.9: 24a, b, d; p.10: 25a; p.11: 28, 29; p.12: 30, 31a & b; p.14: 35

© Illustrated London News, p.5: 15

© John Thomson/Royal Geographical Society via Getty Images, p.3: 8

© Mrs W. Parke/Royal Geographical Society via Getty Images, p.14: 34

© Royal Geographical Society via Getty Images, p.3: 11; p.4: 12d; p.5: 14; p.9: 24c; p.13: 32; p.16: 41

© Scott Polar Research Institute, University of Cambridge, p.6: 18

Unknown, p.1: 1–4; p.2: 6; p.3: 9, 10; p.6: 17–19; p.13: 33a, p.14: 36, 37; p.15: 38, 40

使用の許可をくださった権利者の方々へ、感謝申し上げます。
まちがいや表記もれ等がございましたら、お伝えくださると幸いです。
重版の折、記載させていただきます。

著者紹介　ラヌルフ・ファインズ

著者は南・北両極を巡る世界一周を成し遂げた探検隊（故チャールズ・バートンはこの稀有な旅に同行）の中でただ一人今も健在である。川船やホバークラフト、手動のソリ、スノーモービル、ランドローバー、スキーなどを操り、記録的な遠征を達成した。

『*Mad Dogs and Englishmen*』、『*Mad, Bad and Dangerous to Know*』、そして『*Captain Scott*』などのベストセラー作家。

シャクルトンの足跡を辿った数少ない人物でもある。本書では自己の体験をもとにシャクルトンの非凡な人生と不朽の遺産を詳らかにする。

訳者紹介

小林政子（コバヤシ・マサコ）

1972年明治学院大学英文学科を中退し外務省入省。リスボン大学留学。1988年に外務省を早期退職して翻訳を志す。主な訳書以下のとおり。

『私の見た日本人』（パール・バック著、2013年）、（『壊血病』（2014年）、『最後のヴァイキング』（2017年）共にスティーブン・R・バウン著）、『現代の死に方』（シェイマス・オウマハニー著、2018年）、『2084年報告書』（ジェームズ・ローレンス・パウエル著、2022年）など（以上　国書刊行会より出版）。『ギリシャ人ピュテアスの大航海』（バリー・カンリフ著、2023年　青土社）。

極《きょく》地《ち》探検《たんけん》家《か》　シャクルトンの生涯《しょうがい》

2024年12月17日　初版第１刷発行

著者　ラヌルフ・ファインズ

訳者　小林政子

発行者　佐藤丈夫

発行所　株式会社国書刊行会

〒174-0056　東京都板橋区志村1-13-15

TEL 03（5970）7421　FAX 03（5970）7427

https://www.kokusho.co.jp

印刷　創栄図書印刷株式会社

製本　株式会社ブックアート

装幀　真志田桐子

ISBN 978-4-336-07627-4